中原智库丛书·青年系列

约翰·菲尼斯
伦理思想研究

ON JOHN FINNIS'S ETHICS

唐东哲　著

社会科学文献出版社
SOCIAL SCIENCES ACADEMIC PRESS (CHINA)

前　言

约翰·菲尼斯（John Finnis）不仅是当今声名卓著的法哲学家之一，还是一位出色的伦理学家。在伦理学领域，菲尼斯被视为自然法伦理学当代阐释的权威，他从分析法学的方法论及当代哲学研究的视角出发，对自然法伦理学作出了有力的辩护。这一辩护不仅回应了针对自然法伦理学的种种批评和质疑，还在传统自然法命题与当代哲学语境间建立起了一座联结之桥，赋予了自然法伦理学新的生命力，这使得任何致力于自然法伦理思想研究的学者都必须认真对待菲尼斯的理论。

从广义上说，菲尼斯的自然法理论包括他的伦理理论、法律理论、政治哲学理论等各个方面；从狭义上说，菲尼斯的自然法理论则专指其带有自然法性质的伦理思想。菲尼斯的伦理思想可以被概括为依次递进的三个部分，即基本善理论、道德理论和行动理论。基本善理论是菲尼斯伦理思想的核心及出发点，他提出人类完满存在一种多元的面向，也即诸种基本善。这些基本善具有前道德性、实践上的客观性和不可通约性，而人生的幸福就在于这些客观的基本善的实现。道德理论是基本善理论的衍生及综合，菲尼斯严格区分了"善"和"道德"的概念内涵，对于菲尼斯而言，基本善不是一项道德价值，个人完满的活动也不是一项道德活动，道德规范要求个人完满的活动不能建立在损害他人基本善实现的意图之上。这一表述下的道德原则构成了一种与功利主义相对立的绝对性要求，也是自然法伦理学所要证立的核心命题。最终，基本善的目标以及道德原则的要求要在行动中得到实现，基本善只有在行动中才能完成从理念到现实的过渡；同样，道德性也只有在现实的实现基本善的具体行动中才能展现。而基本善在道德的行动中便表现为每一个人的"自然权利",是任何情形下都要加以保障的,这也是菲尼斯最重要的著作《自然法与自然权利》(*Natural Law and Natural Rights*)书名的寓意所在。

菲尼斯的伦理思想呈现出强烈的融合性特征,他试图采用当代的哲学视角为传统自然法伦理学的核心命题辩护。在此过程中,他不仅采纳了后休谟时代事实与价值二分的哲学立场,还调和了自然法的立场与自由主义的立场,在尊重多元价值的基础上证立了绝对的道德规范。菲尼斯的一些具体论证虽然仍存在缺陷,但从整体上说,菲尼斯的伦理思想为我们审视伦理学中一些基本而重要的命题提供了富有创新性的视角,并且具有一定的现实意义。

目　录

导　论

第一节　选题依据与缘由

一　菲尼斯对伦理学若干理论问题的创新性解读

作为 20 世纪最负盛名的法哲学家之一哈特（H. L. A. Hart）的得意门生，约翰·菲尼斯的学术成就不仅体现在法学领域的诸层面，更为重要的是，菲尼斯使自然法伦理学这一古老而深远的理论在久经风霜后重焕新生，使传统的自然法命题在新的伦理语境下开花结果。

在菲尼斯的理解中，"自然法"这一术语不仅包含伦理学的理论，还包括法学以及政治哲学的理论。但是无论是作为法学的自然法理论，还是作为政治哲学的自然法理论，其都是以伦理的自然法理论为根基和前提的。因此，从狭义上说，当我们谈论菲尼斯的伦理思想时，专指的是他的伦理的自然法理论。菲尼斯伦理思想的构建首先要回应的是针对自然法理论的批评，传统自然法理论面临来自三个方面的批评：与上帝间的纠缠不清、绝对规范与多元价值间的矛盾以及事实与价值间的混淆。针对这三方面的批评，菲尼斯对自然法伦理学进行了辩护。在菲尼斯看来，自然法命题绝不是上帝意志的表达，绝对的道德规范与多元价值的存在是兼容的，并且在自然法命题的证立中不存在从事实到价值的非法推论。在这一辩护的过程中，菲尼斯不仅回应了针对自然法理论的种种诘难，还表达了与伦理主观主义以及功利主义原则的诀别。

为了对自然法伦理学进行辩护，菲尼斯采纳了分析法学的方法论及当代哲学的立场，这些方法论及立场在很大程度上是和传统的自然法理论有所区别的。也正因如此，菲尼斯在其伦理思想的构建中，不免要对伦理学理论中的一些基本的概念和命题作出富有创新性的解读。这体现在如下几个方面。第一，从后休谟时代 is 和 ought 相区分的立场出发，菲尼斯认为我们对善的把握并非从事实出发推论的结果。相反，我们对善的把握是纯粹在实践、生活中发生的，这样被我们把握到的善有一种实践上的客观性。第二，通过亚里士多德的"最终目的"（ultimate end），菲尼斯发展出了他的多元目的论，也即被他称为基本善（basic goods）的理论。与价值多元主义者不同而与亚里士多德主义者一致的是，菲尼斯虽然承认价值是多元的，但认为这些价值是客观的，绝非个人的主观偏好。第三，通过严格区分"善"和"道德"，菲尼斯认为个人对基本善追求的活动不是一项道德的活动，道德性体现在以一种整全性的方式追求基本善，道德原则要求我们在进行人类完满活动的过程中不能故意妨碍其他基本善的实现。第四，通过对"绝对性"的解读，菲尼斯指出道德规范之所以是绝对的、无一例外的、无条件的，其根基在于基本善之间的"不可通约性"（incommensurability）。相反，任何预设了价值之间的可通约性的观点都不能得出一种绝对性的道德规范理论，也正因如此，自然法伦理学和功利主义原则是格格不入的。第五，通过借鉴分析法学中"核心情形分析法"和"内在观点分析法"，菲尼斯首先指出我们不能以一种非此即彼式的视角去进行伦理学研究，我们应区分出一些概念的核心情形和边缘情形，并且不能因一个概念的示例是一种边缘情形就将这一示例从该概念中剔除。亚里士多德就曾区分了三种友谊，包括有用的友谊、快乐的友谊以及因德性之故而产生的友谊，前两种是类比意义上的、不完满的友谊，而最后一种是真正意义上的、完满的友谊。而根据内在观点分析法，菲尼斯认为，我们对一个行动进行评价时，应当从内在视角（行为人）而非外在视角（观察者）评价，也就是说，应当根据一个行动者的意图去进行道德评价，而非根据一个行动者所造成的结果去进行道德评价。

除此之外，菲尼斯还将各种现代的伦理学理论引入他的理论构建中。例如，他在论证善的客观性时，引入了维特根斯坦（Ludwig Wittgenstein）的"自我反驳"（self-refuted）论证；又例如，通过对朗尼根（Bernard Lonergan）的"洞察"（insight）理论的借鉴，菲尼斯构建起了他的基本善认识理论等。基于菲尼斯在伦理学理论中的这些富有创建性的论述，自他的代表作《自然法与自然权利》出版以来，他的思想便在学术领域引起强烈反响并受到了学者们的普遍关注。

二　菲尼斯的学术地位及伦理思想的影响

自认为是菲尼斯追随者的普林斯顿大学教授罗伯特·乔治（Robert P. George）在《菲尼斯的哲学成就》（The Achievement of John Finnis）中对菲尼斯本人的学术成果作出了极高的评价，在他看来，菲尼斯无疑是 20 世纪最有影响力的哲学家之一。菲尼斯的独特之处在于，他不仅复兴了传统的自然法伦理学并为其注入新的生命力，还在法学、政治哲学等领域中转换了我们一贯的研究视角。[1] 而菲尼斯在伦理学领域中的成就也使得天主教会吸纳其为最具权威的国际神学委员会的成员之一，以此表达对其伦理理论的认可。

菲尼斯的伦理思想确实是独树一帜的，就如霍尔丹（John Haldane）所言，菲尼斯教授不仅采用当代分析哲学的方式进行讨论，并且坚守了传统时代所推崇的理性至上的传统。[2] 因此，我们可以认为，菲尼斯尝试探索出一条连接当代语境与传统观念的独特路径。一方面，他坚持了后休谟时代的普遍立场，即不能从事实推出价值，伦理学的结论不可能通过形而上学的观点达致；另一方面，他又同意人类并非一种无本质的存在，人类的本性决定了

---

[1] Robert P. George, "The Achievement of John Finnis," in John Keown, Robert P. George eds., *Reason*, *Morality and Law—The Philosophy of John Finnis*, Oxford University Press, 2013, p. 1.

[2] John Haldane, "Reasoning about Human Good, and the Role of the Public Philosopher," in John Keown, Robert P. George eds., *Reason*, *Morality and Law—The Philosophy of John Finnis*, Oxford University Press, 2013, p. 37.

我们可以追求什么。在和自由主义者罗尔斯（John Bordley Rawls）以及哈贝马斯（Jürgen Habermas）论战的过程中，一方面，菲尼斯拒绝将伦理道德视为一种个人态度，提出在我们的行为中存在绝对的对与错；另一方面，菲尼斯的伦理思想也并非罗尔斯所主张的一种"综合性的教义"学说，菲尼斯并不认为在伦理的层面上，人类的善生活具有单一的模式，而是认为人类的善生活是有着多种可能性的。

菲尼斯伦理思想的这种独特性使其受到了广泛的关注，就如我们可以在《菲尼斯文集》（*The Collected Works of John Finnis*）以及《理性、道德及法律——菲尼斯的哲学》（*Reason，Morality and Law—The Philosophy of John Finnis*）中所看到的那样，在伦理学、法学以及政治哲学的诸多领域，菲尼斯都和许多著名的理论家展开了深入的探讨及论战。在伦理学领域，诸多当代伦理学家都对菲尼斯的文本及观点展开过讨论。首先，在托马斯主义内部，拉尔夫·麦金纳尼（Ralph McInerny）就曾多次撰文对菲尼斯的诸多观点进行批判。菲尼斯的一个重要的哲学基础就是阿奎那（Thomas Aquina）的哲学，或者可以说，菲尼斯本人的许多重要的观点建立在他对阿奎那哲学的创新性的解释之上。如前所述，菲尼斯希望找到一条连接当代语境与传统观念的独特路径，那么这种尝试必然会触及对阿奎那哲学的传统解读。在《自然法原则》（The Principles of Natural Law）一文中，麦金纳尼就对新自然法学派（同时也是菲尼斯）的三个观点进行过批判，分别为事实与价值的分离、自然法首要原则的前道德性质以及基本善间平等的观点。而菲尼斯和格里塞茨（Germain Grisez）也共同撰文作出了回应[①]，该文不仅在托马斯主义内部引起了反响，同时也在自然法伦理学内部产生了极大的反响，成为任何从事自然法理论研究的学者都不可绕过的文本。

除此之外，菲尼斯的伦理思想也引起了托马斯主义阵营外部的广泛关注。首先，亚里士多德主义者亨利·维奇（Henry Veatch）曾撰文就菲尼斯事实与

---

① 参见 John Finnis, Germain Grisez, "The Basic Principles of Natural Law: A Reply to Ralph McInerny," 26 *Am. J. Juris*, 1981, p. 21。

价值的分离的论点进行过讨论。维奇的论点是建立在亚里士多德哲学之上的，他认为，就如"自然"的概念既可以在亚里士多德的《物理学》（*Physics*）中找到，也可以在亚里士多德的《尼各马可伦理学》（*Nicomachean Ethics*）中找到，事实与价值之间并不存在一堵分离之墙。在亚里士多德的视域中，我们不需要超脱于自然去发现价值，价值是一种自然的事实，而人的善或价值也可以在自然的秩序中发现，因为人也是自然秩序的一部分。①

在伦理学领域之外，菲尼斯的许多论述也延伸至了法学以及政治哲学的领域。在著名的法哲学家约瑟夫·拉兹（Joseph Raz）看来，虽然他和菲尼斯在具体的法律和政治问题上有分歧，但是他们以共同的视角去理解伦理学和实践理性（practical reason）—价值。② 在《价值——一份问题清单》（Value a Menu of Questions）一文中，拉兹不仅对菲尼斯的价值的观点展开了详细而深入的分析，而且对菲尼斯的"价值"概念展开了犀利的批判。③同时，菲尼斯关于堕胎等现实伦理难题的论述也受到了诸多自由主义者的关注，其中就包括哈贝马斯以及朱迪斯·汤姆森（Judith Thomson）等人。而菲尼斯也与这两位自由主义者就"公共理性"以及"权利"等话题展开了深入的讨论和论战。由此可见，菲尼斯的理论在国外学界已经产生了一定程度的影响力。

三 国内对菲尼斯伦理思想的研究还不够充分

菲尼斯的伦理思想在中国学术界的受重视程度远远比不上其在西方学术界所产生的广泛影响。中国学术界虽然有一些对菲尼斯思想的研究，但专门对其伦理思想进行研究的还很少，并且在这方面也没有硕士以及博士学位论文。原因是多方面的，首先在于，早些时候国内对菲尼斯的著作翻译明显不

---

① Henry B. Veatch, *Rational Man*: *A Modern Interpretation of Aristotelian Ethics*, Indiana University Press, 1962, p. 29.

② 参见 Raz, "Value a Menu of Questions," in John Keown, Robert P. George eds., *Reason*, *Morality and Law—The Philosophy of John Finnis*, Oxford University Press, 2013, p. 13。

③ 参见 Raz, "Value a Menu of Questions," in John Keown, Robert P. George eds., *Reason*, *Morality and Law—The Philosophy of John Finnis*, Oxford University Press, 2013, pp. 13-15。

足，中国最早对菲尼斯著作的翻译可以追溯到 2005 年中国政法大学出版的《自然法与自然权利》一书，此后竟有很长一段时间没有再出现过对菲尼斯文献的翻译，直至近两年来，对菲尼斯以及新自然法学派著作的翻译才渐渐多了起来。其次，菲尼斯一直是以法学家的身份出现在国内学术视野中的，而在伦理学领域中，他却很少为国内学者所知。这可能有两方面原因，一方面，菲尼斯师从法哲学家哈特，并在哈特的指导下写成了他的博士学位论文《论司法权的观念》，后来于牛津大学法学院执教；另一方面，这一现象的产生可能与《自然法与自然权利》的文本相关，国内对菲尼斯思想的研究基本上是基于这部著作的，虽然这是菲尼斯最负盛名的著作，但这部著作可以称得上是半法学半伦理学的著作，特别是菲尼斯在这部著作中并没有对道德原则的理论进行过详细的论证。这两个方面可能造成了国内学术界对菲尼斯思想的研究偏重法学而忽略伦理学的局面。

然而就菲尼斯的理论体系而言，他的整个理论构建所采用的一个核心方法即"核心情形分析法"，这样的一种方法发端于亚里士多德，也被菲尼斯的导师哈特用来区分法律概念中的暗区与中心地带。对于菲尼斯而言，"法"的核心情形是以道德为中心的"法"，严格意义上说，只有这种法才能被称为法律。这就表明，伦理学理论是菲尼斯整个理论体系的根基，我们如果不先廓清这一伦理学根基，就无法对菲尼斯的其他思想进行充分的研究。实际上，菲尼斯本人撰写过多部伦理学的著作以及论文，在数量上甚至比他的法学著作还要多。其中比较集中地记述了他的伦理思想的有《伦理学原理》（*Fundamentals of Ethics*）、《道德绝对性——传统、修正及真理》（*Moral Absolutes—Tradition, Revision, and Truth*）以及《实践原则、道德真理与最终目的》（*Practical Principles, Moral Truth, and Ultimate Ends*）三部著作，其中，除了最后一部外，其他两部著作至今还没有中译本。

第二节　研究现状综述

总体来说，针对菲尼斯伦理思想的研究在国外较多，而在国内较少。在国外，对菲尼斯伦理思想的元伦理层面、规范伦理学层面以及应用伦理学层面都有了一定的研究。而在国内，对菲尼斯思想的研究主要集中在他的"法学"层面以及法律的自然法理论层面，虽然也有一些论述菲尼斯伦理思想的期刊论文，但还是少数。就学位论文来说，有在法学层面对菲尼斯进行研究的硕士学位论文，而目前还没有就菲尼斯的伦理思想来进行系统研究的学位论文。

一 国外研究现状

在国外，对菲尼斯伦理思想的讨论和研究比较集中地记述在罗伯特·乔治主编的《理性、道德及法律——菲尼斯的哲学》① 中。该书以论文集的方式编纂而成，系统地汇集了众多思想家对于菲尼斯各个观点的解读和评价，其广泛地涉及菲尼斯的伦理学、法学、政治哲学等各个层面。其中不仅有来自新自然法学派内部的讨论，同时还有来自伦理学科外部的讨论，而在该论文集的结尾，菲尼斯本人也对这些意见进行了回应。除了该书之外，还有诸多以期刊文章形式出现的针对菲尼斯伦理思想的一些评价，菲尼斯以及格里塞茨等人也专门撰文作出了论战性的回应。比较著名的几篇文章为，麦金纳尼的《自然法原则》（The Principles of Natural Law）、维奇的《自然法及事实与价值的问题》（The Natural Law and the Is-Ought Question），以及《是否格里塞茨—菲尼斯学派的理论建立在了一个错误之上？》（Does the Grisez-Finnis-Boyle Moral Philosophy Rest on a Mistake？）。② 菲尼斯以及格里塞茨也分别撰文《自然法及事实与价值的问题：对维奇教授的邀请》（Natural Law and the Is-Ought Question：An Invitation to Professor Veatch）以及《自然法的基本原则：对麦金纳尼的回应》（The Basic

---

① John Keown, Robert P. George eds., *Reason, Morality and Law—The Philosophy of John Finnis*, Oxford University Press, 2013.

② 分别参见 Ralph McInerny, "The Principles of Natural Law," *The American Journal of Jurisprudence*, Vol. 25, 1980; Henry Veatch, "The Natural Law and the Is-Ought Question," *The Catholic Lawyer*, Vol. 26, 1981; Henry Veatch, Joseph Rautenberg, "Does the Grisez-Finnis-Boyle Moral Philosophy Rest on a Mistake?" *The Review of Metaphysics*, Vol. 44, 1991。

Principles of Natural Law：A Reply to Ralph McInerny）① 对前两篇文章进行回应。这几篇文章都比较深入地触及菲尼斯哲学体系中的一些十分重要的话题，表明菲尼斯伦理思想在国外的研究处于一个较为成熟的阶段。

在国外学界对菲尼斯伦理思想的讨论中，提到最多的就是菲尼斯关于事实（is）与价值（ought）关系的论述。在这个问题上，菲尼斯站在了分析法学（哈特以及拉兹等人）的立场上，也就是说，菲尼斯站在了传统自然法理论的对立面。除了麦金纳尼和维奇对菲尼斯进行过批判外，霍尔丹在《对人类之善的推理以及作为公共哲学家的角色》（Reasoning about Human Good，and the Role of the Public Philosopher）② 一文中也对菲尼斯的事实与价值间的过度区分作出了批评。在他看来，人作为自然秩序的一部分，其自然倾向就是对自然目的的倾向，仅仅从实践上去把握目的的方法未免过于薄弱，我们也有可能从人类的本性去认识到我们的善，这样的一种"本性"并不是严格的形而上学的，而是从经验中被我们所知道的。因此，伦理学不必被视作和事实因素无关的学科，价值或善既是实践的又是和我们本性相联系的。

同事实与价值的话题相联系的另一个重要话题即"善"的来源问题。菲尼斯将事实与价值严格区分开来的一个后果是，我们无法从人性中推出"善"。因此，亚里士多德哲学中的从"自然欲望"或者是"人类特有的理性功能"出发进行的推论都不可避免地被批判为事实到价值的非法推论（non sequitor）。对此，亨利·维奇在《自然法及事实与价值的问题》一文中针对菲尼斯的观点作出了回应。首先，他部分同意菲尼斯的观点，他指出，虽然实践理性的第一原则不同于思辨理性的第一原则，伦理学与形而上学有着独立的第一原则，但是这并不是说要完全割裂开两者之间的联系，就

---

① 分别参见 John Finnis，"Natural Law and the Is-Ought Question：An Invitation to Professor Veatch，" 26 *Cath. Law*，266，1981；John Finnis，Germain Grisez，"The Basic Principles of Natural Law：A Reply to Ralph McInerny，" 26 *Am. J. Juris*，1981，p. 21。

② John Haldane，"Reasoning about Human Good，and the Role of the Public Philosopher，" in John Keown，Robert P. George eds.，*Reason，Morality and Law—The Philosophy of John Finnis*，Oxford University Press，2013，pp. 34–54.

如对亚里士多德的物理学的解释依赖于亚里士多德的形而上学一样，我们对伦理学的解释也在某种程度上依赖于自然科学。其次，在"人性"的层面，人的本性并不是一成不变的，人的本性的展开是一种动态的过程，它凭借着自然倾向趋向于我们的目的即善。因此，在他看来，菲尼斯的论述是有缺陷的。

基本善理论是菲尼斯伦理思想的一个重要部分，许多学者对菲尼斯伦理思想的评价也集中在对基本善理论的评价中。菲尼斯基本善理论的核心观点是，基本善是客观的以及基本善之间是平等的。拉兹对此提出了两点批评。首先，拉兹认为，菲尼斯所说的一些"善"是没有价值的，如某些宗教或者友谊根本不能称得上是一种价值，因此善不是客观的。其次，针对菲尼斯所说的每一种基本善都同等重要的观点，拉兹也提出了挑战。在他看来，如果我们有一个人生的理想规划，那么有时对这个规划有帮助的价值可能是更有价值的，除此之外的价值则不是那么有价值的。在基本善的等级秩序这一话题上，当代的托马斯主义者大多不认同菲尼斯的观点。他们虽然承认基本善对于每个人来说都有可能是同等重要的，然而客观来说，存在一种至善，这样的一种至善在客观上要优于其他的基本善，而对至善的追寻和享有便成了人类最有价值意义的活动。在这个基础上，霍尔（Pamela M. Hall）、阿什利（Benedict Ashley）以及麦金纳尼等人对菲尼斯作出了批判。这一批判沿着两条不同的路径展开，对于阿什利而言，所有的基本善都指向了上帝①，而对于麦金纳尼而言，他虽然也认同对于上帝的讨论不应该从属于阿奎那的道德哲学，但是他又反对菲尼斯将各基本善视为平等的。麦金纳尼坚持了亚里士多德的传统，将沉思视为最高的善，这一善在本质上要明显优于其他的善。②

在道德规范方面，菲尼斯的伦理思想区别于传统自然法理论的一个重要

---

① 参见〔美〕约翰·戈耶特、马克·拉特科维奇、理查德·迈尔斯编《圣托马斯·阿奎那与自然法传统——当代视角》，杨天江译，商务印书馆，2015，第221页。

② Ralph McInerny, "The Principles of Natural Law," *The American Journal of Jurisprudence*, Vol. 25, 1980, pp. 1-15.

之处在于，菲尼斯将自然法的首要原则仅仅视为"前道德性"的。菲尼斯认为，自然法原则的一些原理已经在我们还没有意识到它们存在的时候就已经在指引着我们的行动了（作为一种基本善，如生命的价值），而道德原则建立在对自然法首要原则的整全理解之上，它要求我们不偏不倚地去尊重每一个以基本善为内容的自然法首要原则。因此，在菲尼斯看来，自然法原则不是道德原则，因为自然法原则（实践理性的指引）即使在我们作恶时也在指引着我们。因此，在某种程度上说，自然法原则只是我们的"指引原则"，而并非"指导规则"。它并不告诉我们"应当"如何去做，而是告诉我们在实践上什么"是"善。在这一论题上，菲尼斯明显地表现出了与传统自然法理论分道扬镳的态度，这一直接的影响就是将"善"从"道德"领域中剔除。这样的一种论述在自然法理论中显然是比较独特的，这就相当于是说所有的基本善都不是一种道德上的价值。当然，在后文我们会指出，菲尼斯对"道德"一词的使用有着非常明显的当代特征，道德活动不是人类完满的活动，"道德"指向了行动中的规范性，并且在与他人的关系中显现。

在国外对菲尼斯伦理思想的研究中，也有不少对他的一些应用伦理主张的讨论，如在堕胎的问题以及核威慑的道德正当性方面的讨论和评价。在堕胎的问题上，菲尼斯站在了自由主义的对立面，认为胎儿在任何时候都享有不可侵犯的生命权，这一点不能够被身体使用的"自由权"所支配。菲尼斯曾和主张堕胎具有合理性的汤姆森就"权利"一词的使用展开论战。菲尼斯认为，在对权利的概念分析中，自然权利的概念应优先于我们一般情况下所使用的公共理性中的权利。按照霍菲尔德式的权利概念分析的思路，权利应首先被理解为霍菲尔德式的要求权[①]，在其中有着严格的义务与其对

---

① 霍菲尔德（Wesley Newcomb Hohfeld）从两个行为着的主体与一个行为的描述这三重关系的事态中描绘出了"权利"的四种范式：要求权、自由权、权力、豁免权。霍菲尔德认为所有的权利行为都可以纳入这四种范式中的一种或几种的组合。在这四种权利范式中，被霍菲尔德称为严格的权利的是要求权，所谓一个人有要求权指的是如下情形，我们假设有两个权利行为主体 A、B，在他们之间存在一种行为模式 X。

应，在堕胎这一具体事宜中，我们存在不去侵犯胎儿生命的严格义务。然而，在汤姆森看来，一项权利典型地体现为所有权，如我对我身体的所有权，而所有权的来源问题归根结底来自承认或准许。堕胎权也是这样一种权利，我们有堕胎的权利的根据在于他人的许可或者"容忍"，他人之所以能许可或者容忍，是因为堕胎这一事情和他们无关，不属于公共商讨的范围之内。在她看来，一个人显然拥有"决定在一个人的身体上发生什么的权利"①，就此而言，禁止一个人堕胎的行为就是对这个人权利的侵犯。在核威慑的道德正当性的问题上，菲尼斯立足于意图在道德评价中的优先性立场指出，核威慑从来都不是一种虚张声势，而是包含了一种赤裸裸的谋杀"意图"，任何参与并支持这一项计划的人都是意图杀死那些无辜的平民，因此在道德上是不正当的。关于核威慑的不正当性的表述记述在《核威慑，道德和现实》（*Nuclear Deterrence, Morality and Realism*）② 一书中，此书在出版之后便引起了学界的广泛讨论，出现了众多书评性质的文章。例如，威廉·梅（William E. May）曾撰文指出，菲尼斯等人在核威慑的话题上提出了比结果主义者更为合理的观点。③ 此外，在公共理性的话题上，霍尔丹也曾将菲尼斯的思想和罗尔斯以及哈贝马斯的公共理性讨论放在一起进行比较，认为菲尼斯对普遍的人权以及人的尊严的强调是现代自由主义的一种有力的补充及推进。④

综上所述，菲尼斯伦理思想在国外已经有了比较多的研究和讨论。在国外的研究中，其讨论和评价不仅涉及伦理学原理的话题（事实和价值的关系、"善"的概念等），还涉及规范伦理学的话题（我们应当如何行动、道

① Judith Thomson, "A Defense of Abortion," *Philosophy and Public Affairs*, Vol. 1, 1971, p. 55.

② John Finnis, Joseph Boyle, Germain Grisez, *Nuclear Deterrence, Morality and Realism*, Oxford University Press, 1987.

③ William E. May, "Review: The Morality of Nuclear Deterrence," *Review of Politics*, Vol. 50, 1988, p. 779.

④ John Haldane, "Reasoning about Human Good, and the Role of the Public Philosopher," in John Keown, Robert P. George eds., *Reason, Morality and Law—The Philosophy of John Finnis*, Oxford University Press, 2013, p. 54.

德原则的内容），并且还深入应用伦理的话题中（堕胎、核威慑、"公共理性"的概念等）。不难看出，菲尼斯的伦理思想在国外学界引起了不小的影响，并且国外学界对菲尼斯思想的研究并没有局限在法学领域，而是更多地集中在伦理学或者道德哲学的领域，这一点与菲尼斯本人的整个思想脉络是一致的。对于菲尼斯而言，他明显地关注实践科学，其中就包括伦理学和法学两个领域，而在这两个领域中，实践理性是占据着解释上的核心地位的，而实践理性首先即伦理层面的实践理性。也正是在这个角度上，法律必须是指向"善"的。这都表明，如果我们要对菲尼斯的法学思想有一个清晰的认识，就不得不先去了解他的伦理思想。国内的研究现状恰恰是这两种情形的颠倒，研究多集中在他的法学思想上，而忽略了他的伦理思想。

二 国内研究现状

就著作而言，国内系统研究菲尼斯理论的著作可以追溯到吴一裕的《菲尼斯新自然法理论研究——自然法上"善"的追寻》① 以及田夫所著的《菲尼斯自然法理论研究》②。这两部著作虽然大体上是围绕菲尼斯的一些法理学的基本问题所著（如菲尼斯在法学层面探讨的"权利"、"权威"以及"义务"的概念），但这两部著作也都部分涉及一些菲尼斯伦理思想的基本问题，如在吴一裕的著作中的第二章第一节以及第二节，就谈到了"自然"的概念以及"自然法"的概念，并且指出了基本善理论作为自然法理论的基础以及实践理智要求作为自然法理论的核心，都是符合菲尼斯思想脉络的；又如在田夫的著作中的第一章第二节中提到了菲尼斯在"是"和"应当"问题上的态度③。这些问题都是菲尼斯伦理思想的重要的组成部分，并在某种程度上构成了菲尼斯整个思想体系的核心前提。

就学位论文而言，目前为止，还没有系统研究菲尼斯伦理思想的学位论文。仅仅有 3 篇研究菲尼斯的法学思想的学位论文。分别为，西南政法大学

---

① 吴一裕：《菲尼斯新自然法理论研究——自然法上"善"的追寻》，法律出版社，2009。
② 田夫：《菲尼斯自然法理论研究》，方志出版社，2015。
③ 参见田夫《菲尼斯自然法理论研究》，方志出版社，2015，第24页。

郑静的《折衷，还是融合？——菲尼斯对法律实证主义的批判与吸收》（2008年）、吉林大学崔灿的《"分析的"自然法学——解读菲尼斯自然法理论的分析主义进路》（2007年），以及华东政法大学刁济明的《从基本善到自然权利——一条理解菲尼斯新自然法理论的路径》（2007年）。这3篇硕士学位论文的共同研究特点如下。首先，基本上都以菲尼斯的《自然法与自然权利》一书为研究文本；其次，用一种比较的视角于西方法理学的内部考察菲尼斯的思想，其核心关注点在于菲尼斯的自然法主义的法律理论与实证主义的区别与联系。例如，在《折衷，还是融合？——菲尼斯对法律实证主义的批判与吸收》一文中，作者指出菲尼斯的自然法性质的法律理论虽然反对了拉兹、凯尔森等人的法律实证主义的观点，但又对他们的一些立场采取了采纳和吸收的态度；又例如，在《"分析的"自然法学——解读菲尼斯自然法理论的分析主义进路》中，作者强调了菲尼斯在构建自身理论体系时对分析法学的"核心情形分析法"的运用，这一方法典型地体现在哈特的《法律的概念》一书中。

　　就学术论文而言，近两年对菲尼斯伦理思想研究的学术论文渐渐多了起来，一些主要的学术论文如下。吴彦的《菲尼斯实践哲学概要》[①]、杨天江的《英语世界自然法理论复兴中的格里塞—菲尼斯学派》[②]、陆幸福的《自然法理论的认识论难题——菲尼斯的解决方案及其反思》[③]，以及刘清平的《自然法何以不自然？——菲尼斯自然法理论批判》[④]。其中，第一篇论文以梳理的形式描绘出菲尼斯的整个思想的框架，并着重揭示了道德哲学于菲尼斯整个思想体系中的核心地位；第二篇论文则详细揭示了菲尼斯伦理思想的产生背景以及其伦理思想在整个自然法理论复兴历程中的独特地位；

---

① 吴彦：《菲尼斯实践哲学概要》，《苏州大学学报》（法学版）2019年第2期。
② 杨天江：《英语世界自然法理论复兴中的格里塞—菲尼斯学派》，《苏州大学学报》（法学版）2019年第2期。
③ 陆幸福：《自然法理论的认识论难题——菲尼斯的解决方案及其反思》，《法制与社会发展》2019年第2期。
④ 刘清平：《自然法何以不自然？——菲尼斯自然法理论批判》，《南京社会科学》2020年第2期。

第三篇以及第四篇论文则集中讨论了菲尼斯伦理思想的一个核心立场——菲尼斯在事实与价值间的严格区分，这样的立场在国外学界遭到了普遍的批评。

因此，我们可以看出，国内学界对菲尼斯伦理思想渐渐地重视了起来。这种转变一部分归功于近两年来菲尼斯著作及论文的翻译陆续在国内出版，如吴彦编译的《自然法理论》①，其中《阿奎那的道德、政治与法律哲学》一文可以说是菲尼斯整个思想体系脉络的凝练。又如，吴彦所翻译的新自然法学派的最重要的代表作《实践原则、道德真理与最终目的》②，这本书以简要凝练的方式阐述了新自然法学派伦理思想的主要脉络及核心观点，是任何想要踏入菲尼斯伦理思想研究领域的学者都不可绕过的一本译著。再有，杨天江所译的《圣托马斯·阿奎那与自然法传统——当代视角》③ 一书（论文集），不仅包括了阿奎那哲学研究的最新研究现状，还包括了对新自然法学派的思想的核心观点讨论，以及针对菲尼斯等人的论战性质的论文。

总体来说，国内对菲尼斯思想的研究呈现出以下几个特征。第一，重视法学层面的研究，忽视伦理学层面的研究。第二，研究所基于的文本主要为《自然法与自然权利》，在一定程度上忽视了对菲尼斯其他文本的解读，特别是他最为重要的伦理学著作《伦理学原理》、《道德绝对性——传统、修正及真理》和《实践原则、道德真理与最终目的》。《自然法与自然权利》毋庸置疑是菲尼斯最为重要的一部著作，该书是综合性的，涵盖了法学、伦理学、政治哲学的多方面内容。其中虽然探讨了一些伦理学的基本问题，如事实与价值的关系，以及善的来源等，但其缺乏系统的论证，并且没有将其放置于整个西方的伦理思想流派中去考察，而完成这一工作的是菲尼斯在稍

---

① 〔英〕约翰·菲尼斯：《自然法理论》，吴彦编译，商务印书馆，2016。
② 〔美〕杰曼·格里塞茨、〔加〕约瑟夫·波义耳、〔英〕约翰·菲尼斯：《实践原则、道德真理与最终目的》，吴彦译，商务印书馆，2019。
③ 〔美〕约翰·戈耶特、马克·拉特科维奇、理查德·迈尔斯编《圣托马斯·阿奎那与自然法传统——当代视角》，杨天江译，商务印书馆，2015。

后出版的《伦理学原理》一书，这一文本在国内缺乏足够的重视。第三，国内缺乏对菲尼斯伦理思想的系统性研究。国内的研究主要围绕菲尼斯的"自然法"概念展开。但实际上，菲尼斯的"自然法"是一个既庞大又狭小的概念。在广义上说，当我们谈到菲尼斯的自然法思想时，其可以广泛地涵盖菲尼斯的伦理思想、法学思想以及政治哲学思想；而在狭义上讲，菲尼斯"自然法"则专指伦理学中的"实践理性推理的首要原则"。而国内研究所使用的"自然法"概念主要是指的法律理论中的"自然法"。综上所述，现阶段国内对菲尼斯伦理思想的研究还不够全面、系统。

第三节 本书创新点及选题意义

如前所述，国内对菲尼斯思想的研究呈现出"重"法学而"轻"伦理学的倾向，并且针对菲尼斯伦理思想的研究还不够全面系统。基于这两点原因，本书试图在以下几个方面作出创新。

一 系统分析菲尼斯伦理思想的内在结构及核心内容

虽然菲尼斯的著作及论文众多，但熟悉菲尼斯文本的学者可能都会注意到，菲尼斯对其思想的表述并不是十分的集中。例如，菲尼斯的法学思想主要集中在他的《自然法与自然权利》中，而他的伦理学思想则主要集中在《伦理学原理》中，对伦理学概念的澄清和展开则主要集中在《菲尼斯文集》的第一卷和第二卷中。并且，菲尼斯在进行思想阐述时，并不是按照严密的逻辑展开的，这也是菲尼斯饱受诟病的地方之一，也使得读者在读起他的著作时非常的吃力。总的来说，不仅国内缺少对菲尼斯伦理思想的系统把握，国外研究中也没有对菲尼斯本人思想的总体性分析和评价。

二 研究所基于文本的不同

国内对菲尼斯思想的研究主要围绕《自然法与自然权利》展开，这虽然是菲尼斯教授的一部最为重要的著作，但也是他的第一部著作，我们在其稍晚的著作中可以看到菲尼斯在基本善以及价值问题表述上有稍许的变化。① 在这本综合性的著作中，"道德"的问题并不是一个主要的议题。而本书在研究菲尼斯伦理思想的过程中，试图在兼顾《自然法与自然权利》文本的解读的基础上，将研究重心放在对如下著作的解读上，其中一些还未被国内翻译。除此之外，还包括一些未被收入《菲尼斯文集》的论文以及与其他学者的论战性质的文章，在此不一一列举。

1. John Finnis, *Fundamentals of Ethics*, Georgetown University Press, 1983.

2. Germain Grisez, Joseph Boyle, John Finnis, "Practical Principles, Moral Truth, and Ultimate Ends," 32 *Am. J. Juris*, 1987.

3. John Finnis, *Moral Absolutes—Tradition, Revision, and Truth*, The Catholic University of America Press, 1991.

4. John Finnis, "Aquina's Moral, Political and Legal Philosophy," Standford Encyclopedia of Philosophy, 2005.

5. John Finnis, *Reason in Action*, Collected Essays, Vol. I, Oxford University Press, 2011.

6. John Finnis, *Intention and Identity*, Collected Essays, Vol. II, Oxford University Press, 2011.

7. John Finnis, *Human Rights and Common Good*, Collected Essays, Vol. III, Oxford University Press, 2011.

8. John Finnis, Joseph Boyle, Germain Grisez, *Nuclear Deterrence, Morality and Realism*, Oxford University Press, 1987.

---

① 参见 Raz, "Value a Menu of Questions," in John Keown, Robert P. George eds., *Reason, Morality and Law—The Philosophy of John Finnis*, Oxford University Press, 2013, pp. 13–14。

三　展示菲尼斯伦理思想与西方伦理学流派间的内在关联

菲尼斯伦理思想的理论基础是自然法理论，他也与波义耳（Joseph Boyel）、格里塞茨等人一道被合称为"新自然法学派"。菲尼斯伦理思想在如下几个方面区别于传统的自然法理论。首先，善并非建立在形而上学或人性的事实之上；其次，自然法原则（以基本善为内容）仅仅是前道德性的；最后，基本善以及道德命题的证立不依赖于上帝的存在。

菲尼斯伦理思想的核心是基本善理论，就每个人的最终目的在于人类完满这一基本立场而言，菲尼斯伦理思想既是阿奎那主义的也是亚里士多德主义的。然而与亚里士多德以及阿奎那所不同的是，菲尼斯很少对德性作出具体的说明，对于菲尼斯来说，"德性是一些性格特征，它们将复杂的人类人格的各个不同面向组织在一起"①。德性是一个道德上良善之人必然展现出的性格特征，然而就重要性而言，德性不能替代道德原则的作用，就指导我们成为一个道德上良善的人而言，道德原则具有优先性。

与传统自然法理论一样，菲尼斯最终要论证出绝对的道德规范。然而与传统的绝对道德规范理论（包括康德的伦理学）所不同的是，菲尼斯也特别在意人类完满和幸福的实现。正因如此，菲尼斯就要回答他的伦理学到底是一种目的论的伦理学还是一种义务论的伦理学。在这个问题上，菲尼斯认为，"目的论—义务论"的区分不能很好地解释亚里士多德以及阿奎那的伦理学。② 实际上，就菲尼斯伦理思想来说，其蕴含着调和目的论和义务论两种流派的意图。

菲尼斯伦理思想首先是目的论的。虽然菲尼斯本人明确反对功利主义式的目的论思想，功利主义原则一直是菲尼斯伦理体系中一个恒定不变的批判对象，它无法和自然法伦理学相兼容。然而在另一方面，菲尼斯伦理思想就人类完满为最终目的而言是亚里士多德式的，或者是阿奎那式的目的论，人

---

① 参见〔美〕杰曼·格里塞茨、〔加〕约瑟夫·波义耳、〔英〕约翰·菲尼斯《实践原则、道德真理与最终目的》，吴彦译，商务印书馆，2019，第9~10页。

② John Finnis, *Fundamentals of Ethics*, Georgetown University Press, 1983, p. 84.

类目的是客观的，并且与我们的本质及自然倾向相关。菲尼斯伦理思想同时也是义务论的。菲尼斯强调在人类完满中存在绝对不可侵犯的道德原则，并且意图以及动机在评价道德行为的性质方面具有优先性的地位。然而与康德的义务论所不同的是，菲尼斯认为实践理性不只是具有一种消极的功能——限制我们的欲望，其还有一种积极的功能——主动把握基本善。并且，与康德所不同的是，菲尼斯认为"至善"并非和我们的欲望无关，而是我们的自然倾向所指向的（即诸基本善）。

四 为解读伦理学的一些基本问题提供不同视角

菲尼斯伦理思想广泛地涉及伦理学理论中的各种概念和命题，菲尼斯对这些概念和命题作出了许多富有创新性的诠释和论证，这不仅能够帮助我们以不同的视角审视伦理学的一些理论问题，同时能够在一些现实伦理难题的解决上为我们提供思路。

在理论层面，菲尼斯在善的不可通约性、客观性的论证上，以及道德命题的"真理性"问题上都作出了创新性的解释。在善的不可通约性问题上，菲尼斯引入了亚里士多德"实践"与"技艺"的区分作出说明，通过技艺我们塑造着外在世界，而通过实践我们进行自我塑造。因此，每个人追求、实现基本善的过程都是塑造自我的过程，而我们无法在不断塑造着自我的个体之间进行比较，因此也无法在基本善之间进行比较。在善的客观性上，善虽然是通过实践被我们把握到的，但这并不意味着善缺乏了客观性维度，实践上的客观性完全不同于理论上的客观性，这种实在性并不是和先在的秩序符合而是和将来的秩序符合，它不表现为 is，而表现为 is to be，在我们逐渐实现更高程度的人类完满的过程中，这一客观性就逐渐展现出来了。善的客观性以及不可通约性的论证为道德规范的证立起到了基础性的作用。对于菲尼斯而言，他反对休谟（David Hume）、麦基（John Mackie）等人将真理仅仅局限在"事实"领域的做法，菲尼斯引入了大卫·威金斯（David Wiggins）的真理理论，指出了一个命题成为一个真理的条件，符合这些条件的不仅有事实上的真理，还有理论上的真理。

在现实层面，菲尼斯对诸多现实伦理难题发表过自己的看法，其广泛地涉及生命伦理、战争伦理及法律伦理的各个层面。而菲尼斯论证所主要使用的两个工具就是双重效应原则以及自然权利理论。双重效应原则拥有较为广泛的适用范围，甚至几乎所有道德难题都可以根据双重效应原则加以解读。然而，也有哲学家质疑这一道德原则，如斯坎伦（Thomas Scanlon）就曾质疑双重效应原则，并指出这一原则的吸引力是虚幻的。① 菲尼斯作为双重效应原则的拥护者，曾发表多篇论文为这一原则辩护。在这些讨论中，菲尼斯不仅回应了双重效应原则的一般困难，还在双重效应原则应用的各个环节中为这一原则作出了辩护。这些辩护能够带领我们重新审视这一原则，并启发我们将这一原则应用到现实伦理难题的解决之中。"自然权利"也是菲尼斯伦理思想中的一个重要概念，菲尼斯应用伦理学的诸多论证都是基于这个概念展开的。基于霍菲尔德对"权利"概念的分析，菲尼斯指出自然权利并非一种虚幻的权利，而是符合权利概念的一般范式的权利。在内容上，自然权利以基本善为内容，并首要地体现为生命权；在优先性上，自然权利要优先于社会权利，不受任何法律及协商的限制。

总的来说，菲尼斯不仅在论述中触及伦理学理论中的一些十分基础和重要的问题，还以一种较为自洽的方式对这些问题作出了富有创见的说明，这都能够帮助我们转换伦理学研究的视角。因此，菲尼斯伦理思想值得我们认真对待。

---

① 〔美〕托马斯·斯坎伦：《道德之维：可允许性、意义与谴责》，朱慧玲译，中国人民大学出版社，2014，第1页。

第一章

自然法视域下的伦理思想

当代自然法学说正呈现出复兴之势，这一趋势很好地体现在自然法学者海因里希·罗门（Heinrich Rommen）的著作《自然法的永恒复归》（*Die ewige Wiederkeher des Naturrechts*）的标题中。然而，就如另一位自然法学者耶夫·西蒙（Yves Simons）所言，"如果没有对自然法的持久反对就没有对自然法的永恒复归"①。事实上，在近代，自然法理论就如一位饱经风霜的老妇人，在经历了华丽的绽放后逐步走向凋零。对自然法理论的攻击从未停止，而与此相对应的，对自然法进行挽救的努力也从未间断。菲尼斯就是当代捍卫自然法传统的一员悍将，他与格里塞茨以及波义耳等人一道，在对阿奎那自然法理论创新解释的基础上，创造了一种新的自然法理论。菲尼斯—格里塞茨学派的意图极具针对性，在他们的共同著作《实践原则、道德真理与最终目的》中我们可以看出，几乎每一个论点的提出都是对自然法理论批评者的一个回应，每一种观点都不同程度地涉及自然法理论如何能够在现代哲学语境中生存的问题。那么，菲尼斯伦理思想在其整个自然法体系中是一种处于何种地位的存在？作为同样是法学家以及伦理学家的菲尼斯，他

---

① 〔法〕耶夫·西蒙：《自然法传统——一位哲学家的反思》，杨天江译，商务印书馆，2016，第9页。

又是如何处理他的自然法体系中法律与伦理的关系的？这是在讨论菲尼斯伦理思想的实质内容之前首先要解决的问题。并且，在对菲尼斯伦理思想的自然法背景的阐述过程中，我们可以窥探到菲尼斯伦理思想的基本意图及框架。

第一节　菲尼斯自然法体系中的伦理思想

一　自然法体系中的"伦理"及"法律"

菲尼斯是作为"新自然法学派"的一员出现在学术界的，一般来说，可以将菲尼斯的整个学术思想称为自然法思想，就如他在《自然法与自然权利》中所述，"通常理解的自然法原则，不仅可以在道德哲学，或者伦理学以及个体行为中寻找，而且也可以在政治哲学和法理学、政治行动、法院判决以及市民生活中寻找"①。虽然从著作标题来看，该书似乎是一部伦理学的著作，然而从篇章结构中不难发现，菲尼斯不仅讨论了伦理学中自然法的一些基本而重要的问题，还讨论了自然法视域下的法律、宗教以及政治哲学的学说。这与他的体系构建的一贯逻辑是一致的，就是用自然法的视角去审视人类实践领域的各个方面。在这种努力下，菲尼斯不仅在法学内部，在与其导师哈特争论的过程中，进一步丰富了法律作为一种指引性力量存在的内涵；同时在伦理学中，菲尼斯进一步澄清了伦理的自然法理论的若干理论问题及矛盾；更富有意义的是，在一些现实的实践问题上，菲尼斯根据其自然法原理进行了独特的思考，并且在一些道德难题上提出了不同以往的解决方案。例如，他根据自然权利去捍卫堕胎难题中胎儿的权利；又如，他根据意图在道德评价中的优先性原则去坚决抵制核威慑作为一种政治军事政策。因此，从广义上说，当谈到菲尼斯的自然法思想时，实际上是在指涉一个庞大的学术体系。

---

① 〔英〕约翰·菲尼斯：《自然法与自然权利》，董娇娇、杨奕、梁晓晖译，苏苗罕、张卓明统校，中国政法大学出版社，2005，第 19 页。

从狭义上说，菲尼斯的自然法理论可以被理解为伦理的自然法理论，它是关乎善恶的一般性理论，同时也关乎前文所谈论过的有关人类选择与行动对错的一般理论。菲尼斯进一步区分了伦理的自然法理论以及法律的自然法理论，这样的一种区分在传统的古典自然法学说那里是不存在的，就如阿奎那和洛克（John Locke）等人仅仅将自然法理解为一种指向人类诸目的的理性规则那样，其只是一种客观的伦理规则，不包含"法律"这一维度；而为了应对近现代以降各种形式的怀疑论，特别是法律实证主义的攻击，一些新时代的自然法思想有意无意地突出了自然法理论的"法律"维度，就如美国法哲学家朗·富勒（Lon L. Fuller）在《法律的道德性》（*The Morality of Law*）一书中区分了实体的自然法理论以及程序的自然法理论。实体的自然法理论指向了人类的诸种目的之善，这样的一些善先于法律的创立并且要通过法律加以保障和实现，程序的自然法理论则是专指法律内部的自然法理论，其不具备实体目标，"而是一些建构和管理规范人类行为的规则系统的方式，这些方式使得这种规则系统不仅有效，而且保持着作为规则所应具备的品质"[1]。富勒的这样一种分野似乎给了菲尼斯以启示，在菲尼斯的文本中，富勒所谓实体的自然法理论可以与伦理的自然法理论相对应，而程序的自然法理论可以与法律的自然法理论相对应。

（一）伦理的自然法理论

伦理的自然法理论在形式上便是常说的古典的自然法理论，这种理论致力于论证一种普遍的善恶观念，在这个基础上，提出一个或一组关于行为对错的客观判断，这种自然法理论也可以用富勒的术语表述为实体的自然法理论，它主张存在客观的善恶价值，也因此存在客观的道德规范。

菲尼斯在《自然法》（Natural Law）一文中指出了伦理的自然法理论者的命题域。首先，自然法理论给出了规范性的命题，指出了行为的对错；其次，对这一规范性命题的认识论以及客观性的保证。[2] 菲尼斯也是按照同样

---

[1] 〔美〕富勒：《法律的道德性》，郑戈译，商务印书馆，2005，第114页。

[2] 参见 John Finnis, "Natural Law," in *Reason in Action*, Collected Essays, Vol. I, Oxford University Press, 2011, p. 200。

的方式进行着自身伦理的自然法理论构建。菲尼斯首先确立起了一组"善"的价值，也即被他称为基本善的体系。有了客观的善，随之便有了客观的道德规范，凡是以一种整合性的方式尊重、维持或促进基本善的行动都将在道德上被评价为正确的行动；反之，凡是意图贬低、牺牲或破坏基本善的行动都将在道德上被评价为错误的行动。自然法理论往往被视为一种康德主义的义务论观点，其要求我们时刻保持一种纯粹的善良意志，并且按照一种任何情况下都不能违反的道德规范去行事。然而康德的道德理论过于空洞，因为在这样一个体系中，实践理性没有识别出具体的"善"，从而也难以指引我们的行为，从而引导我们从善避恶。[1] 菲尼斯的基本善理论是对康德的这样一种形式化命令的补充，它要求人们在行动时不仅要尊重基本善的价值，而且要将众多基本善视为平等且不可通约的，任何试图以一种更大的价值去衡量某种"善"，从而牺牲掉一种较小的"善"的计算都将落入功利主义的诡计之中。菲尼斯在《自然法与自然权利》一书中提出了七种基本善，分别为生命、知识、游戏、审美、友谊、实践合理性及宗教。

菲尼斯的道德总体原则可以表述为"保持与人类整全的实现相一致的意愿"[2]，具体来说，这一总体原则要求我们不仅要把每一个人当成目的而非手段，还要在行动中不偏不倚地尊重每一个基本善，因为每一个基本善都是每一个人的可能的自我实现的一个面向。

（二）法律的自然法理论

提到自然法理论时，可能更多引起关注的是法学内部分析实证法学派以及自然法学派的对峙，而非上述那样一种伦理的自然法理论。法律的自然法理论建立在伦理的自然法理论之上，并且是伦理的自然法理论的进一步推进。在菲尼斯的法律的自然法理论中有两个关切，其直接关切是法律因伦理而得以可能，其最终关切是伦理理想要通过现实的法律制度得到实现，这也

---

[1] 参见 John Finnis, "Natural Law," in *Reason in Action*, Collected Essays, Vol. I, Oxford University Press, 2011, p. 204。

[2] John Finnis, *Moral Absolutes—Tradition, Revision, and Truth*, The Catholic University of America Press, 1991, p. 45.

是为什么法律构成了菲尼斯自然法体系的一个重要的不可或缺的环节。

　　法哲学所关注的一般问题或者说最核心的问题是，法律的权威由何而来。在这一问题上，分析实证法学派倾向于从事实渊源中寻找答案，站在这样一种立场的法学家们往往落脚于法律的实存之上，也即主张法律即"是其所是"，富勒如是总结道："法律实证主义学派的内部争论几乎全部都是围绕着如何确立分配法律创制权的唯一或多项原则而展开的。于是有了约翰·奥斯丁的'受到习惯性遵从的唯一或多项（原则）'、凯尔森所假设的'基本规范'以及哈特所称的有'经验'根据的'承认规则'。"① 而法律的自然法学派则倾向于在伦理反思中寻找答案，站在这样一种立场的法学家们往往落脚于道德的规范性之上，就如对于菲尼斯而言，"如果有观点认为应当把法律义务看成起码的道德义务，那么这类观点就成为法律观点的中心情形"②。作为分析实证法学派代表哈特的学生，菲尼斯认为在讨论法律的合法性的问题上，凯尔森（Hans Kelsen）等人的观点忽略了法律的实践特质，而实践的思想考虑的是一个人应当做什么，也就是说法律应当成为一种指引性的存在引导人们的行动。而什么要素的存在才能够成为指引人们行动的力量？如果将法律视为一种纯粹的事实，是一种来自统治者的命令或者说是像边沁（Jeremy Bentham）所说的由符号所组成的一组表述，那么这样的一种纯粹的事实如何才能构成人们的行动的理由？能够构成我们行动理由的一定是某种价值性的存在，某种美好的、有意义的事态，并且这种价值或事态是与作为理性的存在者息息相关的，这样的一种理由就是伦理反思中的"善"。

　　法律的制定以及实行从来都是一门实践的技艺，该观点不仅是自然法学派的一致观点（就如我们在阿奎那以及富勒那里看到的），而且获得某些分析实证法学派的赞同，对于哈特而言，法律是一种实践的艺术，而实践领域又是由一个个实践者所构成的场所，因此将法律仅仅视为一种强制的手段或者说是一种由统治者颁布的命令则是一种"对他人的漠不关心"。富勒则在

---

① 〔美〕富勒：《法律的道德性》，郑戈译，商务印书馆，2005，第222页。
② 参见〔英〕约翰·菲尼斯《自然法与自然权利》，董娇娇、杨奕、梁晓晖译，苏苗罕、张卓明统校，中国政法大学出版社，2005，第12页。

分析实证法学派以及自然法学派之间小心翼翼地行走着，对于富勒来说，实体的自然法理论关乎法律的外在实体目标，这些实体目标催生于道德领域，而程序的自然法理论关乎法律的构成原则以及品质的理论，也就是说某些原则构成了法律的要素。而在"法律何以成为法律"这一问题上，富勒认为仅仅从"内在道德"的观点出发就可以了，具体来说，也即从他提出的法治八项原则出发就足够了。然而这样的一种"内在道德"绝非伦理意义上的道德，它并不指向实质的正义，而只是"程序正义"的替换术语。

即便如此，菲尼斯的法律的自然法理论似乎还是从富勒的程序的自然法理论中汲取了资源及营养。富勒将法体系视为一项参与者与制定者之间的互动合作的事业，这实际上是对法体系参与者的重视、对其个人利益的关心。然而富勒却拒绝在这样一个问题上走得更远，因为"内在道德"实质上仍是一种法律上的形式化原则，其缺乏具体的道德理念，从而也就是对参与者利益的一种空洞诉求。菲尼斯继承了阿奎那的观点，将法律视为共同体的管理者为共同善颁布的理性的命令。菲尼斯对法律进行了两方面的阐释：第一，法律的参与者应当被视为一种协作中的自由人，其利益与自我实现的诉求应当被充分尊重；第二，更为重要的是，法律应当以实现"善"为目的，法律的运作不是统治者对参与者的压迫，而是为了实现参与者的善（下文将指出，在菲尼斯的文本中，"共同善"从根本上说是一种个体的基本善）。

总的来说，菲尼斯的法律的自然法理论可以说建立在对分析实证法学派的批判以及对富勒的程序的自然法理论的反思之上，虽然菲尼斯没有明确这一点，但在他的文本中可以明显地看到与二者相契合之处。法体系永远是以伦理为核心的法体系，"法"在其最为根本的意义上指的是一种理性的指引力，如果缺乏了对基本善以及道德规范的考量，而只是一种就如奥斯丁及凯尔森所言的命令及强制，那么法律如何才能够成为一种理性上具有吸引性的规则呢？同时，这样一个善及规范也不是一种程序上的规范，而是以基本善为具体内容的实质上的规范，法律的最终目的是实现由自然法所确立的基本善。也正是在这个意义上，这样的一种法律理论被称为法律的自然法理论。菲尼斯如是看待法哲学及伦理学之间的关联——"法哲学并非以一种独立的方式区别于伦理学以及政治哲学，相反，它依赖于后两者。"① 这一理论是建立在伦理的自然法理论之上的，然而却并非以一种随意的分支的形式出现在菲尼斯的自然法体系中，菲尼斯的法律的自然法理论是其整个自然法体系中的一个重要的不可或缺的环节，如果说善只是一种伦理及知识层面的理念，要想将善落实在行动中并以一种充分的方式将其实现，那么唯有通过一种合理的规划及框架，即法律的指引性规划。

二 "伦理"作为自然法体系的核心

菲尼斯的自然法体系在内容上看是一个庞大的体系，不仅包括狭义的自然法理论——伦理的自然法理论，还包括他的法律理论、政治理论等。然而，菲尼斯虽然将自然法体系描绘得如此之宏大，无一例外的是，所有的这些分支都是以伦理的自然法理论为核心的，所有的关于法律、政治的论述都是以他的伦理的自然法理论的一些基本原则或结论为基础的，也正因如此，菲尼斯才可以将这些不同于伦理学的学科分支纳入他的自然法体系中。

（一）伦理命题作为论证的前提

菲尼斯并不是通过从一般到特殊的演绎方式构建出其整个思想体系的，而是遵循着从特殊到特殊，从伦理的自然法理论出发延伸到整个法律、政治等领域，从而综合地构建起一种系统性学说。其做法是，将其伦理思想中的结论当作另外的讨论的前提，由此引申出各个领域中一般命题下的特殊结论。

在菲尼斯看来，法律是以伦理的自然法理论为核心的，并且以实现伦理的自然法理论中所确立的基本善为最终导向。菲尼斯认同阿奎那的观点，将法体系视为一种辅助性的体系，法律以及社会的唯一功能就是帮助个体实现基本善，并逐渐达成人类完满。除此之外，菲尼斯的理论广泛地

① John Finnis, "What is Philosophy of Law," *American Journal of Jurisprudence*, Vol. 59, 2014, p. 133.

涉及政治伦理、生命伦理等诸领域，菲尼斯在这些层面上的伦理论述同样来自他伦理思想的一些一般结论。例如，政治哲学的一个基本问题就是如何在公民中进行资源（物质、能力或尊严等）的分配，菲尼斯对此提出了一个一般性的标准——共同善以及人类完满。而与此一般性标准相对应的就是分配的界限的标准，菲尼斯以个人的充分的自我实现及自治为界限，超出了这个界限，便应将资源交予国家，从而帮助更多的人维护及发展自身，"在正义中，对于共同善来说属于私人正当拥有的但可由公共使用的东西，超过某一点，应该再次变成公共积累的部分"①。除此之外，菲尼斯也对政治哲学中的重要概念——公共理性（public reason）进行了伦理上的反思，在他看来，罗尔斯等人所使用的公共理性一词有着如下的缺陷。第一，理性商讨的范围不包括一些未出生的胎儿；第二，理性商讨实际上在某些层面侵犯了个人的自然权利，此种概念暗含社会权利优先于自然权利的逻辑。

菲尼斯伦理思想在其整个自然法体系中不仅起着基础的作用，还起着类似于三段论中的大前提的作用，关于法律、政治哲学及一些具体事务的论述都是由此出发得出的结论。这实际上与阿奎那构建自身的哲学体系有着一致的进程，因此，诸如"像爱自己一样爱自己的邻人"的道德原则要求我们将视角从自身转向他人、从个体转向共同体，当我们的视角转向共同体后，我们直接面对的就是被称为政治共同体的存在，而共同体中最为核心的秩序即法律的秩序，这是因为法律的目标不是别的，而是以一种充分的方式实现共同体所有成员的善。

（二）新自然法学派的兴起

就如海因里希·罗门所指出的，自然法理论在近现代以降有了明显的复苏趋势，特别是在二战结束以后，这样的一种关于客观的道德规范的理论以一种新的面貌回到人们的视域中。也正因如此，在现代兴起了一股自然法复

---

① 参见〔英〕约翰·菲尼斯《自然法与自然权利》，董娇娇、杨奕、梁晓晖译，苏苗罕、张卓明统校，中国政法大学出版社，2005，第140页。

兴的浪潮，这样的一股浪潮朝着两个方向推进，一方面沿着伦理的自然法理论复兴推进，另一方面沿着法律的自然法理论复兴推进，由此形成了各具特色的自然法学派。

法律的自然法理论的复兴以富勒和菲尼斯为代表，他们所着手的是调和法律和道德之间的关系，以此消除分析实证法学派的一些根本弊病，富勒甚至不惜重新赋予"道德"以不同含义，由此有了法律的"内在道德"（internal morality）和"外在道德"（external morality）之分。富勒的新自然法理论和菲尼斯的新自然法理论就"道德"一词的使用完全不同，用富勒的话来说，如果菲尼斯复兴的是实体的自然法理论，那么他所复兴的就是程序的自然法理论，从根本上说，富勒关心的不是法律"为了什么"的问题而是法律"如何是"的问题。菲尼斯不仅要求法律的制定及秩序应时刻以道德为最终目标，还将法律视为个人伦理中自我实现的一种手段。

就伦理的自然法理论复兴而言，其主要致力于回应近代以来对自然法理论的一些批评，并在此基础上重新解释传统的自然法理论。菲尼斯复兴的自然法理论在内容上是以阿奎那提出的自然法理论为出发点的，并且为了回应自然法理论的不同批评而重新解释阿奎那关于自然法理论的不同文本。伦理的自然法理论复兴的重要代表除了菲尼斯之外还有拉尔夫·麦金纳尼、杰尔曼·格里塞茨以及约瑟夫·波义耳等人。特别地，菲尼斯还和后两者一道，构成了菲尼斯—格里塞茨学派。总的来说，麦金纳尼的新自然法理论与菲尼斯—格里塞茨学派之间共享了某些一致的前提。首先，为了回应对自然法理论的一个常见批评，他们都主张，当谈论自然法的理论时，应该摆脱神学的语境。自然法虽然在阿奎那的解释中是对"永恒法"（eternal law）的分有，然而在首要的意义上，它是人类实践理性的运作方式，因此，在解释自然法时，"上帝"的因素将是处于一种次要的地位。其次，为了回应针对自然法不是真理的批评，他们一致同意自然法的首要原则具有其自身的真理性，这样的一种真理性并非形而上学中的客观与主观一致的真理性，而是一种类似于数学原则的不证自明的真理性，"自然法的首要原则是不可证明的，无法经由思辨真理或理论真理，或者经由关于人性的知识推导出来"①。

然而即便如此，菲尼斯的新自然法理论还是在很大程度上区别于其他的"新"自然法理论，这体现在如下几个方面。第一，严格区分事实与价值，虽然自然法的首要原则能够在人类的本性中找到来源，但绝非从人类的本性的事实性描述中推导出来，事实与价值之间存在一堵不可逾越的分离之墙。第二，菲尼斯认为基本善之间不存在等级秩序，诸善皆平等，这一点也在很大程度上超越了传统自然法理论的解释，并因此而区别于其他的"新"自然法理论。当代自然法学者大多不认同菲尼斯的基本善之间的平等无秩序的观点，虽然他们承认，基本善对于每个人来说都有可能是同等重要的，却存在一种至善，这样的一种至善在客观上要优于其他的基本善，而对至善的追寻和享有便成了人类最有价值意义的活动。

菲尼斯—格里塞茨学派的新自然法理论不但以一种独具特色的方式区别于其他的"新"自然法理论，并且在这一学派内部，也有一些细微上的差别，这都需要引起我们的注意。例如，在构建伦理学的具体方法上，菲尼斯是以分析法学的方式为构建手段的，特别注重对哈特"内在观点分析法"及"核心情形分析法"的使用；而格里塞茨的伦理学则大多建立在对《神学大全》（Summa Theologica）的重新解读上。在善的类别上，菲尼斯列举出了七种基本善，而格里塞茨也以不同的方式及侧重提出了七种基本善。②在基本善的划分方法上，菲尼斯虽然没有作出细致的甄别基本善的方法论描述，但在《自然法与自然权利》中，菲尼斯倾向于从实证调查概括，以及对人类表现出的兴趣冲动的留意来列举七种基本善，"这些调查研究确实使我们可以作出相当自信的断言。所有人类社会都关注人类生活的价值；在所有的人类社会中，自我保存通常被认为是行动的合理动机，没有非常明确的

---

① 参见〔美〕约翰·戈耶特、马克·拉特科维奇、理查德·迈尔斯编《圣托马斯·阿奎那与自然法传统——当代视角》，杨天江译，商务印书馆，2015，第228~229页。

② 参见吴彦主编《菲尼斯与新自然法理论》，商务印书馆，2020，第12~13页。

正当理由而杀害他人在任何社会都是不会被允许的"①。而格里塞茨则是根据对人类本质的结构划分而区分出不同的善，作为肉体的存在，人有生命之善；作为理性的存在，人有知识及审美之善；作为同为身体及理性的存在者，人有工作及游戏之善；作为能动的存在者，人又有着各种和谐之善。

在自然法理论复兴的浪潮下，菲尼斯的新自然法理论无疑成了一股最为强大的力量。而在他的自然法体系中，其伦理思想又是整个体系的核心及基石，在很多层面上，菲尼斯都颠覆了大家对传统自然法理论的认知并且以一种强有力的方式对传统自然法理论的攻击者进行了回击。总的来说，菲尼斯伦理思想既是其自然法体系的出发点，也是其自然法体系的归宿。

三 "自然"及"法"的概念澄清

伦理自然法理论有着悠久的历史，与哲学中的其他概念不同，伦理自然法理论的内涵及核心在其深远的发展进程中却很少发生大的变化，并且呈现出承前启后、一脉相承的特点。就如众多自然法理论者（无论是传统的还是现代的）所指出的那样，自然法理论都试图论证一个命题——"本质上正确或错误的行为的观念"②，而为了论证这一命题，就需要一个更进一步的命题，那就是要确立一个或一组普遍客观的"善"的观念，这样一个善的观念在自然法理论的发展中同样有着明显的一致性，最为显著的例子就是"生命"的价值的确立。但即便如此，在对"自然"（natural）及"法"（law）的概念的具体理解上，还是有细微的偏差，正是这种偏差在某种程度上导致了自然法理论陷入危机之中，也促使菲尼斯在这一基础上对自然法理论进行挽救。那么，何谓"自然"？又何谓"法"？菲尼斯又是如何理解这两个概念的？只有先解决了这些问题，我们才能对菲尼斯的整个伦理思想

---

① 〔英〕约翰·菲尼斯：《自然法与自然权利》，董娇娇、杨奕、梁晓晖译，苏苗罕、张卓明统校，中国政法大学出版社，2005，第70页。

② 参见 John Finnis, "Natural Law," in *Reason in Action*, Collected Essays, Vol. I , Oxford University Press, 2011, p. 13；〔法〕耶夫·西蒙《自然法传统——一位哲学家的反思》，杨天江译，商务印书馆，2016，第9页。

提出的背景有一个初步的了解。

（一）"自然的"即"理性的"

哲学史上对于自然法中的"自然"的解释有如下几种形式。第一种解释将自然理解为理性的（rational），也就是说是和理性相符的，这样一种解释来自阿奎那，并且在当代受到了菲尼斯以及麦金纳尼等人的支持；第二种解释将自然视为亚里士多德《物理学》中的"自然"（phusis），它可以意指实体、本性等，这都与一物的生长、发展及完善相关。只要存在自然，就存在趋向一种目的或"善"的指向，在这种理解下，属人的心灵中的自然法指引着人们从作为潜能的本性走向现实、从不完善走向完善，说"自然"就是说"与本性相关"或是符合本性的，这样的一种立场我们可以在耶夫·西蒙的著作中找到依据①；第三种解释将"自然"理解为一种外在的客观秩序，这样的一种解释来源于斯多葛学派的自然法学说，芝诺（Zeno）及其追随者认为理性作为一种永恒的秩序是宇宙的本质同时也寓于人的心灵之中，因此存在一种普遍的法则约束着所有的人，没有文化、种族及地域的区分，而人也应该按照这一普遍的法则去实践自身的有序——按照理性的生活，以期求和宇宙的整体和谐相一致，"我们个人的本性都是普遍本性的一部分，因此，主要的善就是以一种顺从自然的方式生活"②。这样的一个普遍的法则即理性法，也被称为"自然法"，这里的"自然"主要还是本体论意义上的，它是指宇宙的一种本质的秩序，与斯宾诺莎相一致的是，斯多葛学派倾向于将"自然"领会为主宰以及支配性原则，在某种意义上说，即"神"以及上帝。在斯多葛学派的理解中，自然法类似于某种支配性的力量，它是客观的、约束着所有人的规则，不以人的意志为转移。站在这一立场的是众多的实证主义法哲学家，他们在抨击自然法理论时倾向于认为自然法理论混淆了自然的客观规律以及人的主观能动性。

实际上，这三种解释并不是完全对立的，而是相互联系、各有侧重的。

---

① 参见〔法〕耶夫·西蒙《自然法传统——一位哲学家的反思》，杨天江译，商务印书馆，2016，第88~89页。

② 北京大学哲学系外国哲学史教研室编译《古希腊罗马哲学》，商务印书馆，1961，第375页。

例如，第二种解释将自然理解为一种生长状态，这样的一种生长状态指向一个事物的目的或完满，这样的一个过程既可能是理性筹划的，就如人的自主筹划（第一种解释），同时又可能是一种客观普遍的规律，就如我们在植物的生长中看到的那样（第三种解释）。反之亦然，第一种解释将自然理解为符合理性的，在这种解释下，我们可以通过理性的筹划实现自己的本质（第二种解释），同时这样的一种符合理性的规则也可能是普遍的、寓于所有人的心灵之中的，"类似"于客观规则的那样一种存在（第三种解释）。这三种解释之所以纠缠在一起，是因为这三种解释分别以不同侧重反映了自然法理论的不同性质，它们共同统一于所有自然法理论的共同前提——共同的"善"观念。

在菲尼斯的文本中，第一种将自然法中的"自然"理解为"理性的"才是解释自然法概念的核心情形。菲尼斯采纳这一解释的深层用意可能在于，如果过于侧重第二种或第三种解释，那么将会导致一系列理论上的问题并且造成自然法理论的一系列危机（例如，从事实过渡到价值的困难）。菲尼斯对自然的解释正是在对阿奎那自然法理论的继承及反思的基础上完成的。提到自然法理论我们不得不提到托马斯·阿奎那，无论是否有哲学家在他之前提出系统的自然法理论，无可争议的是，阿奎那首先站在"人"的立场给这样一种理论冠名并系统详尽地阐述了这一理论。在阿奎那的阐述中，"自然"及"法"的概念内涵逐步确定下来，而在菲尼斯的哲学体系中，不单单是"自然"的概念，还有"法"的概念，我们都能在很大程度上发现阿奎那理论的影子。阿奎那曾从两方面进行自然法概念的论证。阿奎那的第一种论证指出自然法是永恒法的分有，是上帝完美计划在人心灵中的不完美展现；阿奎那的第二种论证将自然法与人类心灵的理性思维相联系，进而认为自然法原则实际上就是实践理性的首要原则，自然法对于实践理性，就如非矛盾律对于思辨理性的地位一样，是我们实践思维的方式，是我们实践理性的起点，而实践思维运行的终点，正是那些与我们本性相关的"善"或"目的"。在这样的理解下，自然法是我们理性思维运行的规律。虽然阿奎那关于自然法的论证有两条进路，但在菲尼斯以及麦金纳尼看来，第二种论证是阿奎那在伦理学上的解释，而第一种论证实际上是神学上的解释，他们一致认为阿奎那的道德哲学不依赖于任何宗教性的因素，并且在人类事务这一特殊的领域中，我们仅仅从实践理性出发讨论就足够了。① 因此，在伦理学的讨论中，当我们提及自然法，它首要指的是人类理性的思维规律，菲尼斯如是说道："阿奎那非常清楚，在该语境下，当且仅当那个被称谓的事物（一项法律或一种德性）与理性、实践理性或实践理性之要求相一致，该事物才被称为'自然的'。"②

因此，在菲尼斯的文本中，"自然"在首要的意义上指"理性的"，这样的一个"理性的"是指人类独特的思维模式。这一思维模式虽然普遍地寓于每个人的心灵之中，但绝非一种客观的、不以人的意志为转移的普遍的宇宙秩序；同时，这样的一个"理性的"思维模式虽然与人的"善"的实现相关，但人的自我实现却不是像植物或动物那样由"本性"所设定好的，而是由"理性"所把握的，因此在解释上，"理性"的解释要优先于"本性"的解释。

（二）"法"即指引性规则

当谈到"法"时，分析实证法学派倾向于将自然法（natural law）和实在法（positive law）两组概念对立起来，并且宣称在某种程度上自然法不是"法"，就如拉德布鲁赫（Gustav Radbruch）在他的早期作品《法学导论》中对自然法进行的批判："它把想使之生效的法律冒充为已经生效，把想使之失效的法律冒充为已经失效。"③ 这是因为在分析实证法学派看来，只有那些由人类颁布、权威机构授权并且能够被人们加以明确和认知的"法"才是真正的法，这种"法"也即我们平时说的社会中的法律。然而，当阿奎那使用"法"（lex）的概念时，他在相同的"法"的意蕴上使

① 参见 Norman Kretzmann, Eleonore Stump eds., *The Cambridge Companion to Aquinas*, Cambridge University Press, 1993, p. 201; John Finnis, "Aquina's Moral, Political and Legal Philosophy," *Stanford Encyclopedia of Philosophy*, 2005。

② 〔英〕约翰·菲尼斯：《自然法理论》，吴彦编译，商务印书馆，2016，第96页。

③ 〔德〕拉德布鲁赫：《法学导论》（修订译本），米健译，商务印书馆，2013，第37页。

用了"人定法"（lex humane）以及"自然法"（lex naturalis）的表述，这是因为在阿奎那看来，"法"（lex）不过是指引人们行动的规则和尺度。[①] 就"法"（law）的概念而言，菲尼斯同样认为"法"是一种指引性的规则，但其并非一种独立于人的意志的存在，而应被理解为一种在理智上有指引性的规则，"法是一个理智指引的问题，指向它所指引的那些人的理智和理性"[②]。

菲尼斯如此理解"法"的概念不仅是对阿奎那的"法"的解释的继承，还是对其导师哈特对于"法"的理解的进一步认同：法体系的核心永远是一种指引性的法，就算是由人所制定的"实在法"，也绝非奥斯丁以及凯尔森等人所理解的是一种命令及外在的强制，而是作为一种指引性规则而存在的。菲尼斯指出，"至于'法'一词，在自然法这一概念中理解，并非暗示着相关原则和规范具有准确地作为号令、指令或高级意志的命令的指示性强力"[③]。

实际上，当阿奎那谈论法时，他是沿着从一般到特殊的路径进行的，也就是说，先一般地谈论法的形式是什么，再分别探讨永恒法、自然法以及人定法（法律）等问题。而菲尼斯则没有从一般的法的原则出发进行讨论，而是将自然法的概念视为一种类似于阿奎那的法体系那样更为宏大的体系。自然法与人定法并非一种并列的存在，菲尼斯倾向于认为，法律中的理性指引力来自自然法中的理性指引力，这是因为法律要实现自然法中所确立的那样一种善。菲尼斯在一篇论文中曾将自然的"法"和法律的"法"作出比较，进而指出"'自然'一词意味着相关标准并非实定的，相较于实在法更为高级，并为之提供标准或前提"[④]。因此，自然法的概念以及内涵要更为

---

① 参见〔意〕托马斯·阿奎那《神学大全》（第6册），周克勤、高旭东等译，台湾碧云学社出版社，2008，第2页。

② John Finnis, "Aquina's Moral, Political and Legal Philosophy," *Stanford Encyclopedia of Philosophy*, 2005, part. 7.

③ John Finnis, "Natural Law," in *Reason in Action*, Collected Essays, Vol. I, Oxford University Press, 2011, p. 200.

④ 参见 John Finnis, "Natural Law," in *Reason in Action*, Collected Essays, Vol. I, Oxford University Press, 2011, p. 200。

广泛，在一个成熟完整的自然法体系中，必定包含人定法（法律）。当菲尼斯使用自然法的概念时，他心中所想的不仅是阿奎那所说的寓于人类心灵的自然法（伦理的自然法理论），而且包括关于法律的一般概念及本质的学说（法律的自然法理论）。总之，菲尼斯的自然法体系实际上是一个内涵十分丰富的思想体系，其中不仅包含他的伦理学思想，还包括他的法哲学思想，两者在他的自然法体系中结合。

第二节　菲尼斯伦理思想提出的背景

一　传统自然法理论的危机

自然法虽然呈现出一种"复归"的态势，但在菲尼斯看来，不存在所谓自然法回归的历史，自然法无非驻于所有理性存在者心灵之中的普遍规律，而有历史的只有对这一普遍规律的论述。而谈到自然法理论的历史，在伦理学理论的历史当中，恐怕没有一个理论遭受着比自然法理论更多的批评了。这样的批评贯穿于自然法理论的整个发展历程，而自然法理论所面对的种种危机，也促使着理论家们另辟蹊径，对自然法的相关文本进行重新解释。

（一）自然法是否由"上帝"证立

传统自然法理论以阿奎那的自然法理论为代表，而传统自然法理论的困境又明显地体现于阿奎那的思想之中。阿奎那在讨论自然法时提出了两种方式，在这两种方式下，是否存在某种和谐？从一方面来看，如果存在和谐一致，那么是否自然法最终是属于"神"的旨意的一个部分而从此抹去了人的实践理性的优先性？并且更为重要的是，自然法理论的实质性内容是我们通过自然倾向所把握的，也就是我们自然地去欲求的，如果自然法以上帝为最终指向，我们如何能够欲求一个完全在我们能力之外的存在呢？从另一方面来看，如果这两种方式是独立的，那么脱离了"神学"的自然法理论是否还能够被称为自然法？

传统自然法理论的第一个困境在于，最终证立自然法的是不是神学。传统自然法理论有着各种各样的变体，其中一种较为常见的形式为，自然法的讨论往往预设了上帝的存在。这样的一个预设是自然而然的，因为就如我们在前面所提到的，自然法理论的核心命题在于提出一组客观的行为对错的规范理论，如果我们预设了一个上帝存在的前提，那么这一客观性的保证就会容易很多。我们不仅在阿奎那的自然法理论中找到了这样的一个线索——将自然法视为永恒法的一个分支，在阿奎那之后的自然法理论也或多或少地依赖于这样一个前提，在近代自然法理论的奠基者之一格劳秀斯（Hugo Grotius）看来，自然法不仅告诉我们什么是正确的，而且告诉我们这一正确性的最终根据在于上帝的诫命，在《战争与和平法》（*De Jure Belli ac Pacis*）中，格劳秀斯提出，"自然法是正确理性的命令，因此能指出行为适应或不适应我们的理性本性，因此也指出这种行为被上帝告诫或者禁止"①。对于阿奎那而言，自然法是对永恒法的一个分有，而自然法又指向了人的目的。从这两个论点出发，根据阿奎那关于上帝管理理论的阐述，我们能够得出一个充足的论证：上帝作为第一因，其不仅根据永恒计划创造了万物，在万物存在之后，上帝还履行着管理它们的职能，也即帮助万物实现自身的目的，因此上帝"引导它们按秩序运行，以达到某种目的"②。因此，人根据自然法的原则去追求的善，实际上则是上帝永恒计划中早已预设的一个终点，从这种意义上说，自然法是部分地分有了永恒法。这一观点也得到了一些学者的支持。在罗马努斯·萨塞里奥（Romanus Cessario）看来，"自然法必须处于一种根本的基督论的语境之中才能得到理解"③。在阿奎那的思想中，恩宠成全自然，也正因如此，自然法必须在某种程度上被视为包含于神法之中。

---

① 参见 Hugo Grotius, *The Rights of War and Peace*, Book 1, edited by Richard Tuck, Liberty Fund, 2005, pp.91-92.

② 〔意〕圣多玛斯·阿奎纳：《阿奎纳著作集·论万事》，吕穆迪译，安徽人民出版社，2013，第276页。

③ 〔美〕约翰·戈耶特、马克·拉特科维奇、理查德·迈尔斯编《圣托马斯·阿奎那与自然法传统——当代视角》，杨天江译，商务印书馆，2015，第17页。

从根本上说，自然法理论这样的一个矛盾，是哲学及神学间的矛盾，这样的一个矛盾最终不仅涉及人的归宿在哪里的问题，还涉及人的自由选择的可能性问题。菲尼斯在构建自身的新自然法理论的进程中，不可避免地要解决这样的一个矛盾，而要解决这一矛盾就不可避免地要对上述问题作出回答。

（二）绝对规范与价值多元事实间的矛盾

自然法理论的第二个理论难题在于，自然法主张的绝对规范与价值多元事实之间的矛盾。脱离了目的谈自然法是不可想象的，所有的自然法理论都以一个或一组目的论的学说为根据，"毫无疑问，不可能在没有对终极目的的讨论下谈自然法。自然法的训令一定与目的相关。就其本意而言，一条训令就是一项去做实现其目的的事情的命令"①。自然法理论的核心命题在于提出一组客观的行为对错的规范理论，而这一规范想要具有指引性，就必须以目的的设立为前提，在这个问题上也就是"善"与"正当"的一般关系问题。在传统的自然法理论中，自然法理论的正当性都是由"善"来证立的。然而，更进一步的探讨就会使自然法理论中的第二个矛盾凸显出来。如果自然法理论者主张拥有一项或一组客观的、普遍的实践规范，那么就要预设一项或一组客观的、普遍的实践目的，用以证立实践命题的规范性以及普遍性问题。如果我们坚持在第一个困境中预设的上帝存在，这样的一个难题将很好地解决。因为所有人存在唯一的一个终极目的，那么趋向这一目的的行为就是正确的行为，反之，背离这一目的的行为就是错误的行为。但是，在第一个矛盾还没有解决的前提下，抛开上帝存在的前置不谈，又如何去谈自然法？又如何能够有一项或一组共同的目的？在伦理学中寻求共同目的是一个永恒的话题，因为这样的一个探讨从更为深远的意义上说，证立了伦理学的客观性以及权威性的问题，如果没有共同目的的存在，又如何能有共同的实践规范呢？现代哲学家大卫·威金斯正是站在这一立场上否认了存在客

————————

① 〔美〕约翰·戈耶特、马克·拉特科维奇、理查德·迈尔斯编《圣托马斯·阿奎那与自然法传统——当代视角》，杨天江译，商务印书馆，2015，第81页。

观的道德规范。他虽然承认价值的客观性存在，但认为价值是多元的，因此不存在一种客观的道德规范理论。①

因此，自然法理论家必须回答如何在多元价值存在的前提下制定一种绝对的道德规范。在哈特看来，自然法理论都预示着一种目的论的世界观，也就是说，"人类和其他事物一样，都会趋向那些为他设定的适合生存的特定状态或目标"②，而这样的一种有规律的趋向在本质上是对自然规律的普遍化表达，而自然法学家则倾向于认为，这样的一种在人身上发生的有规律的行为将会是"好的"和"应该追求的"，而这样一种规律所最终指向的即我们的目的。在某种程度上说，这样的一些目的的设立都是偶然的、不具备普遍性的，因为这些目的的证立只能诉诸经验事实的归纳法，就如休谟哲学所指出的那样，是一个偶然事件，不具备任何的共同性。基于这样的理由，哈特只允许一种"最低限度的自然法"存在，也即将自我保存视为目的，然而这样的目的也并非完全客观和普遍的，因为关于这个目的的认知实际上是一个因果性的认知，"它们隐然假想着，生存是人类行为的本有目的，而这假设奠基在一个单纯的偶然事实，大部分的人在大部分的时候都希望活下去"③。除了这样一个"最低限度的目的"外，哈特实际上否认了人类共有其他的目的，就如亚里士多德所说的对"智慧"的追求以及阿奎那所讨论的"上帝"，都是"无关利害"并且是有"争议"的。罗尔斯的政治哲学构建也站在了自然法理论的对立面，在《正义论》中，罗尔斯提出在一个良序的社会中，"正当"（right）优先于"善"（good），也就是说，人们的价值观念应受正义原则的规范和修正，"正当原则和正义原则限定了哪些满足有价值，在何为一个人的合理善观念方面也给出了限制"④。在《政治自由主义》中，自然法理论就被罗尔斯视为一种"综合性的宗教以及哲学教

---

① 参见 Wiggins，"Deliberation and Practical Reason," in Raz ed.，*Practical Reasoning*，Oxford University Press，1978，pp. 147-149。

② 〔英〕哈特：《法律的概念》（第 2 版），许家馨、李冠宜译，法律出版社，2011，第 169 页。

③ 〔英〕哈特：《法律的概念》（第 2 版），许家馨、李冠宜译，法律出版社，2011，第 170 页。

④ 〔美〕约翰·罗尔斯：《正义论》，何怀宏、何包钢、廖申白译，中国社会科学出版社，2009，第 25 页。

义"学说，而被置于了"公共理性"的对立面，原因仅仅在于，预设这样一种综合教义将会对民主社会构成一种压迫。这些学说过于偏重某些价值而忽视另一些价值的意义。因此，就如我们在原初状态中所看到的那样，为了成全个人在善观念上选择的自由及民主，我们应该在公共抉择中避免讨论"道德真理"的问题。

这一理论构成了对自然法理论的一个重要挑战，就如耶夫·西蒙所言，自然法理论所面临的一个核心挑战即"一方面是本质上正确或错误的行为的观念，另一方面是我们在实际判断中所观察到的一致性的缺乏"①。

（三）事实与价值间的非法推论

就如众多自然法理论者（无论是传统的还是现代的）所指出的那样，自然法理论都试图论证一个本质上正确或错误的行为的观念，这是自然法理论者的主要命题却不是首要命题，这样的一个命题往往从属于一个更加宏大的命题——"目的论"，目的论诠释了自然法理论的合理性并且给予自然法理论以客观性保证。而自然法的目的论因何得以建立？就如西蒙在《自然法传统——一位哲学家的反思》中将"自然"的概念理解为亚里士多德所使用的意义上的"实体"或"本性"时，他意指的是自然法的如下运作过程：人从作为不完满的存在发展到一个较为完满的存在，从一个作为潜能的自我实现到一个逐渐成为现实的自我实现的过程。此种过程在某种程度上说即植于我们的人类本性的逐步实现，因此，在某种层面上说，自然法是一种追寻由人类本性所确定的善的过程。

因此，传统的自然法理论往往被批评为过于形而上学，将实践的命题描述为与人类本性的有规律的活动相一致，人类之善的追寻不是实践性的，而是理论性的，其早在形而上学中就已经确立。传统的自然法理论将实践命题与人性相联结，确实会造成这样的一种局面，那就是人的形而上学本性已经预设了人的目的是什么，而人的实践能力的领域将会仅仅局限于发现并且遵

---

① 〔法〕耶夫·西蒙：《自然法传统——一位哲学家的反思》，杨天江译，商务印书馆，2016，第9页。

从它，这也是为什么哈特会批评自然法理论模糊了人类有意识的活动以及生物无意识的活动之间的差别。

因此，自然法理论的反对者要求自然法理论家回答这样一个问题："自然法学者是否已经证明他们能够从事实中推导出伦理规范。"① 而此种自然法理论的困境是菲尼斯在阐述自身伦理思想时主要想摆脱的。

二 伦理主观主义的挑战

如果说自然法理论旨在提出一组客观的行为对错的规范理论，那么在某种程度上说，自然法理论可以被称为一种伦理上的客观主义的理论，因为只有先证立了有一个或一组普遍客观的"善"，紧接着才能有据此出发的一组客观的行为对错的规范理论。而与自然法理论针锋相对的就是伦理主观主义与伦理相对主义，伦理主观主义主张并不存在客观、普遍的善，"善"或"恶"无非我们主观发明的概念；伦理相对主义主张没有一组客观的行为对错的规范理论，这恰恰是因为没有一个或一组能够被称得上是普遍的、客观的"善"。如果善和道德是主观的、相对的，那么自然法伦理学如何才能够存在呢？

（一）"善"是主观的

伦理主观主义有着悠久的历史，从普罗泰戈拉所谓"人是万物的尺度"开始，这样一种理论便以各种形式和变体存在于伦理学理论的历史中，总的来说，伦理主观主义的要义可以被表述为如下形式——价值只是个人的主观态度，而所谓的伦理上的"善"与"恶"只是个人"喜欢"与"厌恶"情绪的表达。因此，伦理主观主义对自然法性质的伦理学的挑战，首先体现为对普遍的、客观的"善"存在的否定。

随着启蒙运动的复兴，旧时代的经院哲学被湮没于尘土之下，随之而来的是由上帝所保障的价值理念以及伦理规范的陨落，取而代之的是一种"主体性"的哲学，在这样一股哲学思潮下，人们不寻求在上帝或者圣经之

---

① Julius Stone, *Human Law and Human Justice*, Stanford University Press, 1965, p. 212.

中来发现"善"，而是从自身之中发现善。近代伦理主观主义的最初表述可以追溯到霍布斯（Thomas Hobbes）的那句经典名言："凡是我们欲望的对象就是善，而凡是我们憎恶的对象就是恶。"[①] 在《利维坦》（Leviathan）一书中，霍布斯将"欲望"（desire）确立为他整个实践哲学的出发点，而善或恶只是我们主观"欲望"的一种表达，因此没有什么是绝对的，所谓的"好"或"坏"只是我们的喜恶问题。休谟进一步将霍布斯的主观主义伦理学发展到一个新的高度，在《人性论》中，休谟严格区分了知性和情感的作用，知性掌管的是事实领域，而情感则掌管实践领域，由此有了著名的事实和价值的二分，而当休谟在实践领域中发现"事实"因素的企图失败时，他也直接引出了价值只不过是我们个人感受的一种表达，是我们情绪的一种外化。而对于休谟的继承者，现代哲学家约翰·麦基来说，这样一种对善的理论的普遍性的否定则以一种直白的方式显现给我们，当我们将自身的情感映射到外在行动上时，我们已经"发明"了这些善和恶的概念，绝不存在所谓的普遍性的善和恶的价值。

这样一种对普遍的"善"的否定的理论，不仅在伦理学内部有着充足及良好的发展，在现代政治哲学的语境下也有其独特表达，罗尔斯在《正义论》中提出了一种"弱"（thin）的善理论，也就是被罗尔斯称为一组"基本善"的概念——"它的目的在于保障论证正义原则所必需的基本善的前提"[②]。对于罗尔斯来说，基本善是自由、机会、收入、财富以及自尊，这些是基本的，因为其是任何人在制定和执行人生计划时都必不可少的。这样一种基本善理论实际上预设了他的另外一种立场，对于一种整全的或是理性的"善"理论的确立，实际上只是一种主观的偏好，对于每个人而言，自身的"善"的理念是完全主观的，每个人所追求的善是不一样的。在此我们不得不提到的是，在对自然法理论的批判中，一个充满了现代性的挑战就是"价值的多元事实"的存在，正如罗尔斯区分一种作为"弱"的善理论和一种"整

① Thomas Hobbes, *Leviathan*, Touchstone Press, 1997, p.33.
② 〔美〕约翰·罗尔斯：《正义论》，何怀宏、何包钢、廖申白译，中国社会科学出版社，2009，第312页。

全"的善理论的一个前提即价值多元事实的存在，而这样一种事实则构成了对他所谓的"综合性的教义"（包括自然法理论）的一种对立。然而实际上，这样的一种基于差异性的挑战无法构成对自然法理论的一个充分的挑战，因为就逻辑而言，差异性事实的存在并非否定了一致性的存在，当我们发现了在某种事态中存在诸多不同后我们就宣称在此事态中不存在一致性是不可靠的，甚至是武断的。

（二）行为规范是虚幻的

当否认了善的普遍性以后，对客观行为规范的否定就随之而来。在休谟看来，在行动领域中，我们无法发现任何客观性的因素，当我们评价一项行动的时候，能够发现的只不过是我们一些情感的集合，"就以公认为罪恶的故意杀人为例。你可以在一切观点下考虑它，看看你是否能发现出你所谓恶的任何事实或实际存在来。不论你在哪个观点下观察它，你只发现一切情感、动机、意志和思想。这里再没有其他事实"①。休谟对行为命题的客观性的否定，是他反对理性主义者萨缪尔·克拉克（Samuel Clarke）的一个附带产物。克拉克主张一种以上帝的意志为最终依据的"自然法"学说，而休谟的论证思路是，如果存在这样一个所谓的客观规范，那么就要证明这样一个客观规范是如何被我们所发现的，我们要证明它，就需要理性对蕴含在其中的某种"关系"性质作出判断，然而，我们在各个方面的检索中都不可能发现某种关系，因为关系总是基于事实的，在实践领域中我们并没有发现任何所谓能够称得上是"事实"的东西。当休谟说，伦理命题只是我们主观情感的一种表达时，就意味着那些我们所谓的具有"客观性"的行为规范（包括自然法理论）只不过是来自我们主观臆想的一种幻象，这样的一个理论被麦凯（J. L. Mackie）所系统化，这位澳大利亚哲学家在其著作《伦理学：发明正确和错误》（*Ethics: Inventing Right and Wrong*）中指出，当我们说有那么一些客观的道德性质时，我们只不过是一种将我们的情感"映射"在外在事物或行动之上，其操作原理就如投影机一样，我们

---

① 〔英〕休谟：《人性论》，关文运译，郑之骧校，商务印书馆，1980，第508~509页。

看到的画面被我们误以为是真的，实际上那只是来自投影机的映射。[①] 因此，在麦凯看来，我们所谈论的道德陈述只是虚幻的，它们是我们将道德情感投射到行动之上的结果。总之，在伦理主观主义者的理解中，客观的伦理规范的表述是一个虚假的表述，它只不过是植根于我们内在心灵结构的一种幻象。

伦理主观主义的挑战是对自然法理论的一个全面而彻底的挑战，因为它在某种程度上动摇了自然法性质的伦理学的理论根基，然而对于菲尼斯而言，伦理主观主义有着内部和外部两种矛盾，这两种矛盾预示着伦理主观主义必将走入死胡同。从内部而言，伦理主观主义都依赖着一个前提，价值或善的确立都是依赖于我们的一些主观因素的证立，如在霍布斯那里被用作他的整个哲学基础的"欲望"，在休谟那里被用作其整个实践领域出发点的"情感"的因素，而价值就是由此而来的产物。然而，在菲尼斯看来，这一论证有一个致命的缺点，那就是将某种"事实"性的因素确立为一个伦理论证的前提。具体而言，"欲望""情感"等因素是先于我们的理性审查而被我们所体验到的，也正是在这个意义上说，它属于一种"外在"的因素。也正因如此，这样的一种先于我们意志存在的因素应被视为一种"事实"上的因素。菲尼斯十分赞同休谟对事实与价值作出区分，认为这可以被视为一种逻辑上的真理，然而即便如此，虽然休谟提出了"事实"和"价值"的分离，但当他进行伦理学的构建时，仍不假思索地将伦理命题及结论建立在了这样一种事实性的因素上，因此菲尼斯认为虽然休谟宣告了一个逻辑上的真理，但他自身却违背了自己提出的这一逻辑上的真理。[②] 从外部而言，伦理主观主义虽然以一种特殊性的视角审视伦理命题中的各个要素，但与此同时它们忽略了一种普遍性的视角。就如在前面提到过的，特殊性存在或一致性缺乏的事实并非在逻辑上证立了一致性的不存在。

---

① 参见 J. L. Mackie, *Hume's Moral Theory*, Routledge Press, 1980, p. 74。

② 参见 John Finnis, *Natural Law and Natural Rights*, Oxford University Press, 2011, p. 37。

三　功利主义原则的挑战

如果说伦理主观主义以一种直接的方式对自然法性质的伦理学提出了直接的挑战，那么可以说功利主义原则对自然法性质的伦理学提出了间接的挑战，这体现在如下两个方面：价值之间的可通约性以及在此基础上的道德原则的"有条件性"，在功利主义的最大化以及可通约性策略的指导下，这样的一种道德原则不可能是无条件的以及绝对的，这是与自然法伦理学的立场所不相容的，也正因如此，自然法伦理学必须与功利主义原则划清界限。

（一）价值之间的可通约性

功利主义的标签是近代以来在道德哲学的讨论中最常碰到的，在英国的早期功利主义者看来，功利主义是一种对我们的道德推理进行整体指导的理念。"功利"的概念就如我们在经济学理论中所看到的那样是一个类似于"效益"的概念，而功利主义的策略也是与经济学的策略一致的，功利主义者预先设立一个目标，而合适且正确的行动就是最大化地实现这一目标。什么样的目标才是应当被最大化地实现的目标？对这一问题的回答可以区分出不同类型的功利主义，如享乐的功利主义（hedonistic utilitarianism）、幸福的功利主义（eudaemonistic utilitarianism）或者以一个人的偏好满足为核心的偏好的功利主义（preference utilitarianism）。然而，无论是什么类型的功利主义，都有一个最为核心的特征：道德推理中的一种"通约"策略。

只有当道德推理之间的各种因素能够按照同一个尺度或者单位去考量时，才能有所谓的最大化地实现的目标，因此功利主义原则预设了价值之间的"可通约性"，在有些功利主义者看来，所有的价值都可以还原为一种主观性的因素（快乐、精神上的体验、个人偏好的满足等）。功利主义的通约策略实际上是一种"技术层面"的运用，这样的一种技术运用在经济核算中常常遇到，体现为如下几个因素：目标单一；成本可通过某些确定方式来界定；收益也可以通过某种方式来比较；这些成本或收益的差别被认为是不重要的。然而，这样的一种"通约"的策略和菲尼斯的理论有着如下抵触：首先，在价值层面不存在一种单一的目的，人类所能够追求的基本善是多元的；其次，每种基本善之间也是不可以进行比较的，因为它们不存在统一的衡量标准。

从更为根本的角度上说，这样的一种通约策略之所以和菲尼斯的理论是相悖的，是因为这一策略实际上模糊了作为事实的技术领域和作为实践的道德领域之间的差别。也就是说，这一策略其实是一种从事实到价值的非法推论，这样的一种模糊不仅是传统自然法理论的主要症结，还是菲尼斯所极力反对的。

（二）一种"有条件"的道德原则

如果价值之间是可以通约的，那么当遇到道德难题时，按照功利主义的策略便可以将一些被权衡为更少的价值的事态牺牲掉，从而实现一种被权衡为更多价值的事态。这种策略将会导致在道德推理中不存在一种绝对性的原则，一切取决于实际情况中的"更大价值"及"更小价值"之间的比较。在极端的情形下，这种策略将会导致对"人权"的侵犯，而在菲尼斯的道德理论中，"人权"是一个核心的概念，菲尼斯在一种狭义的语境中将其理解为了"生命权"，而按照功利主义的策略去进行推理，在极端情形下，可以"正当"地去侵犯一些人的生命权以期获得更大的利益。

无论是传统的自然法理论还是当代的自然法理论，它们都旨在给出行为对错的客观性标准，而这样的一种行为规范要求是在所有场合中都适用的，它不受制于某些"更大价值"或"更小价值"的考量，因为它标记了某些行为在本质上的正确或错误，它指示我们在任何情形下都不能做某事，这也是为什么自然法理论与康德的义务论伦理学相契合。如果接受了功利主义原则的立场，那么就不存在一种绝对性的道德规范，因为功利主义的原则建立在一种"条件性"的基础上——最大多数人的最大利益。实际上，在当代有这样一种趋向——对功利主义原则和自然法理论进行调和。在某些自然法理论者看来，功利主义原则也是一项绝对化的表达——在所有情形下都要增进最大的善。然而，这样的一种绝对性的表述实际上是虚假的，因为这样一种表述是有条件的，也就是说，它实际上表达的是，"为了增进最大的善，什么都可以做"，这样的一种表述并没有排除本质上不道德的行为。① 这样的一种表述作为一种"命令"仅仅是康德所说的假言命令，而非定言命令，因为它是有条件的，而非无条件的。在某些情形下根据最大多数人的最大利益享有保障的生命权，在另一种情形下便不受保护。

就此而言，自然法伦理学是一种无例外、无条件的伦理学，而为了构建起这样的一种伦理学，就必须对功利主义原则进行回应，因为后者恰恰是一种有例外、有条件的伦理学。

第三节　菲尼斯伦理思想的构建方法

一　对阿奎那伦理思想的创新解释

当阅读菲尼斯最重要的伦理学著作《伦理学原理》时，有时很难区分菲尼斯到底是在提出一种自己的哲学，还是在对阿奎那哲学作一个解释。但是，就如菲尼斯本人所指出的那样，他的哲学体系是在解释阿奎那哲学的过程中建立起来的，两个文本是可以相互阐明的。② 实际上，菲尼斯对阿奎那哲学所作出的解释，是一种基于当代视角的解释，菲尼斯通过这种方式为其自身伦理思想的构建找到了论据。

（一）对阿奎那伦理学的继承

伦理学是关乎"人"的学科，而又应当按照怎样的秩序在哲学上对"人"进行追问？在阿奎那看来，人作为一个复杂实体，可以按照四种秩序或者四种维度加以考察。第一，作为实在的秩序，在这种秩序下，人被展现为一种能够被自然科学所加以考察的实体，"人"的存在是一种物理学意义上的存在，它独立于意志及思想，是一种能够被我们单独加以观察及考察的

---

① 参见 John Finnis, *Moral Absolutes—Tradition*, *Revision*, *and Truth*, The Catholic University of America Press, 1991, pp. 3-5。

② 参见 John Finnis, Germain Grisez, "The Basic Principles of Natural Law: A Reply to Ralph McInerny," 26 *Am. J. Juris*, 1981, p. 21。

存在。在这种秩序下，我们能够发现，人作为一种特殊的实在，不仅包括动物的特性，同时还有作为人类的独特的特性，包括我们进行理性判断、语言交流以及群居开展社会合作等诸多能力。第二，作为思想的秩序，在这种秩序下，"人"能够被作为一个单独的实体加以考察，在其中我们能够发现，人类作为理性存在者的诸多特殊能力，包括发问、反思以及判断的能力，也正是在这种秩序下，我们能够在作为发问的主体的同时将自身作为发问的客体，在这一特殊的认知模式中我们能够反思并且主动地追问什么是属于我们自身的"善"。第三，作为抉择的秩序，遵循着这样一种秩序，我们能够发现人的自由意志运用的能力，自由意志对于人之所以如此重要不单单是因为像奥古斯丁所说只有借此我们才可以为善、向善，更为重要的是，凭借着这样一种抉择，我们能够成为我们想要成为的人，在此我们发现了个人自治（autonomy）的核心内涵：一个人通过抉择塑造着自我①。第四，作为技艺的秩序，包括制作、语言表达等多种活动，此种秩序与作为抉择的秩序有所区别的重要之处在于，人通过作为抉择的秩序塑造自身，而通过作为技艺的秩序塑造世界，一个是向内的，另一个是向外的。

阿奎那的四种秩序理论对于理解菲尼斯伦理思想尤为关键，这体现在如下两个方面：正是通过作为实在的秩序与作为思想的秩序的划分，菲尼斯在阿奎那的理论中找到了划分"事实"与"价值"的论据，这样的一种区分贯穿于菲尼斯的整个伦理体系当中；同时，正是通过作为抉择的秩序和作为技艺的秩序的划分，菲尼斯指出了为什么诸种基本善之间是不可通约的，因为当我们选择并追求一个基本善时，我们将秩序赋予自身（而非通过技艺将秩序赋予外在世界），我们实际上也是在此过程中同步地塑造着自我，从而成了一个新的自我，每一个人在此层面上都是不可通约的，进而在价值层面也是不可通约的，这一论点成为菲尼斯针对功利主义批判的要旨。菲尼斯在进行自身伦理学体系的构建过程中，很多方面都遵循了阿奎那哲学的一些

---

① John Finnis, "Person Identity in Aquinas and Shakespeare," in *Reason in Action*, Collected Essays, Vol. I, Oxford University Press, 2011, p. 38.

基本而重要的命题及结论，除了上述四种秩序的划分外，菲尼斯关于"自然法"的论述以及"基本善"的论述很多都是以一种直接或间接的方式从阿奎那的四种秩序理论中引申出来的，如在前面讨论过的"自然"的概念的诠释上，菲尼斯同意阿奎那的观点，"自然"在首要的意义上指的是"理性的"，而自然的"人性"内涵处于一种解释上的次要地位。更进一步，菲尼斯"基本善"理论的提出则是在形式上以及内容上都有着极为浓厚的阿奎那哲学的色彩。人类之善并非唯一，而是多元的，而所谓的"基本"则意味着在诸多基本善之间并非存在一种秩序，每一个善对人而言都是同等重要的，并不能因为一个基本善的偏好而去贬损另外的基本善，在这个层面上，菲尼斯伦理思想展现出同阿奎那伦理学一致的"义务论"色彩，道德上的善恶对错并不取决于一种效果上的增益，而完完全全在于一种出于纯良意志的动机。

菲尼斯在诠释阿奎那哲学的过程中进行着自身的哲学体系构建，虽然如此，菲尼斯在一些个别但关键的问题上，超越了对阿奎那哲学的传统解释。在某种程度上，他采取了一种现代的视角进而对阿奎那哲学进行了一种辩证的解释，在这一过程中，菲尼斯站在阿奎那的立场上又超越了阿奎那哲学的传统视域，从而不仅回应了对传统自然法性质的伦理学的一些重大质疑，还在传统与现代之间找到了一条中间道路。

（二）对传统解释的超越

如果菲尼斯只是立足于对阿奎那哲学的传统解释，那么菲尼斯就无法回应对自然法理论的根本质疑，从而"复兴"自然法的目标也将是空谈。菲尼斯在阿奎那一些伦理学的基本命题及结论的诠释上，都站在了传统的"对立面"，甚至被一些理论家视为"异端"，就如一些学者所认为的那样，菲尼斯—格里塞茨学派已经极大地脱离了托马斯主义的基本立场，甚至还能否称之为一种自然法伦理理论，也是值得商榷的。

菲尼斯对阿奎那哲学的辩证解释体现在如下几个方面。第一，伦理学的"善"的建立不是出自对人性的推论，而是完全出于一种实践上的把握；第二，人类之善是平等的，都要得到同等程度的尊重；第三，基本善仅仅是前道德性质的，人类完满的活动不是一项道德活动。菲尼斯对阿奎那哲学的创造性解释在许多方面已经极大地超出了传统解释的范畴，也正因如此，菲尼斯伦理思想一经提出便收到了极为强烈的反馈，一些学者认为菲尼斯伦理思想已经不再是一种托马斯主义，还有学者认为这样的一种带有自然法性质的伦理学，是一种没有"自然"的自然法理论。[①] 但是，即便如此，菲尼斯在进行自身伦理思想构建时，对于阿奎那哲学的解释只是一种"工具性"的使用，菲尼斯的首要意图不是对阿奎那哲学进行一种再诠释，而是在当代伦理语境下——为了应对传统自然法理论的危机、伦理主观主义的挑战以及针对功利主义批判而提出的一种崭新的、带有自然法性质的伦理学。因此，考察菲尼斯伦理思想应注意，虽然菲尼斯在"传统"上着墨颇多，但他的视角始终锁定在"当代"伦理语境下的一些基本问题上。菲尼斯对阿奎那哲学的辩证解释为当代伦理学的一些基本问题的解决提供了思路。例如，菲尼斯解释阿奎那在确立"善"的来源问题上，在首要意义上不是本体论意义上的由人性出发的推论，而是采用分析法学的视角对休谟、摩尔（G. E. Moore）等人在事实与价值问题看法上的一个回应；又如，菲尼斯认为基本善之间不存在等级秩序，实际上是对当代功利主义原则的回应——不存在一种"至善"能够去统摄及通约其他的善，在任何场合都要不偏不倚地尊重每一个基本善。

二　严格区分"is"与"ought"

对 is 与 ought 的考察，不仅是休谟之后的哲学家讨论道德问题的一个无法回避的话题，还引起了菲尼斯的关注，并在某种程度上，对这个问题的回答构成了他的整个伦理学体系构建的核心内在逻辑。对于菲尼斯的整个理论体系而言，is 与 ought 的区分是他的一个逻辑前提，不仅仅在他的伦理学理论中是这样，在他的法学理论中同样是这样。在有些场合，他宣称这是一个

① 参见〔美〕约翰·戈耶特、马克·拉特科维奇、理查德·迈尔斯编《圣托马斯·阿奎那与自然法传统——当代视角》，杨天江译，商务印书馆，2015，第253页。

逻辑上的真理，无须加以说明，然而在更多场合，菲尼斯通过指出 is 与 ought 的混淆不仅造成了伦理学的一些基本问题上的理论困难，还构成了对自然法伦理学的挑战，从而得出要想复兴自然法伦理学就必须在严格区分 is 与 ought 的前提下进行的结论。菲尼斯对于 is 与 ought 的阐述是复杂的，我们不能简单地将其理解为"事实"与"价值"的关系，这一理论同时还包含了另外的一个关系维度，也即"什么是善"（what is good）和"应当如何行动"（ought to do）之间的关系。

（一）is 与 ought 分离的两种解释

在菲尼斯的理解中，《人性论》（*A Treatise of Human Nature*）中休谟展现出的所有 is 与 ought 的命题域，都可以包含在如下两种解释中：第一，道德命题与非道德命题分属于两个完全不同的系统，这两种命题是完全分离的；第二，理论性命题和实践性行动之间的分离，也就是"理性判断"和"应当如何行动"之间的分离，更为具体地说，作为一种"理性判断"，即使知道"什么是善"，也无法必然地推出"应当如何行动"。

关于第一种分离，菲尼斯认为这一解释宣告了一个逻辑上的真理，也即无论是否休谟讲出了这样的一种分离，事实命题和价值命题之间确实存在一个鸿沟。在《自然法与自然权利》中，菲尼斯甚至宣称："亚里士多德和托马斯·阿奎那也会乐于承认不能从事实推出价值。"[1]

关于第二种分离，菲尼斯的解释显得有些混乱。在"什么是善"与"应当如何行动"的分离上，菲尼斯似乎作出了两方面的表述：一方面，两者的分离表达了理论性知识与我们实际行动之间的分离；另一方面，两者的分离表达了多元的价值和单一的道德规范的分离。从第一个方面来说，菲尼斯认为休谟在《人性论》中所说的这样一段话对于理解 is 与 ought 的关系十分重要："认识德是一回事，使意志符合于德又是一回事。因此，为了证明是非的标准是约束每一个有理性的心灵的永久法则，单是指出善恶所依据的

---

① John Finnis, *Natural Law and Natural Rights*, Oxford University Press, 2011, p.47.

那些关系来还不够，我们还必须指出那种关系与意志之间的联系。"① 在休谟的理解中，理性功能永远是一种消极的、第二性的功能，它不能直接地驱动我们的行动，而只能以一种间接的方式对我们产生影响，任何借由理性构建起来的命题，都不足以驱动我们的意志。更为具体地说，也即即使我们借由实践理性把握了"什么是善"，也无法直接驱动我们的行动。从第二个方面来说，在"善"与"正当"的关系上，如果存在唯一的至善，那么道德规范就是唯一的。如果有着多元的基本善，那么如何确立绝对的道德规范呢？这也是传统的自然法理论所面临的一个困境，这一困境也被菲尼斯视为一种"基本善"与"道德规范"之间的逻辑空缺。

那么，应该如何理解菲尼斯在第二种解释上的两个不同表述呢？关于第一种表述，也就是理性命题不能够驱动我们的行动的表述，菲尼斯确实在《自然法与自然权利》一书中，着重地通过这一表述来揭示 is 与 ought 之间的分离。但是奇怪的是，在后文中，菲尼斯却没有着重地解决这一问题，只是在一些段落中简单地提到了理性也可以驱动我们的行动，因为基本善给我们提供了一种面向未来的可能性。而第二种表述可以被视为菲尼斯关于 is 与 ought 分离的核心表述，也就是说，菲尼斯提出 is 与 ought 的分离表达了多元价值和绝对道德规范之间的分离。原因在于，多元价值与绝对道德规范的矛盾不仅是传统自然法理论的一个主要矛盾，还是菲尼斯所必须作出解释的。并且，这样来理解"什么是善"与"应当如何行动"之间的分离，与菲尼斯所采纳的善的"前道德性"的立场是一致的。

因此可以认为，在菲尼斯的文本中，is 与 ought 的分离表达了两个方面的内涵。一方面，伦理学与形而上学以及物理学完全不同，而事实命题的推理也完全不同于价值命题的推理；另一方面，多元的价值和绝对的道德规范之间存在分离，而两者之间的分离需要加以弥合。另外需要注意的是，在学界有一种观点认为，菲尼斯的"事实"与"价值"的分离是一种默认的、未经解释的逻辑前提。例如，在英国学者亨利·维奇看来，身处英国分析哲

① David Hume, *A Treatise of Human Nature*, The Floating Press, 2009, p. 710.

学的思潮中，是菲尼斯在构建自己哲学体系前所默认的逻辑前提，他如是说道："菲尼斯是一位牛津的学者，而在牛津大学，有任何人敢说道德规范可以以事实为基础，或者说也许一个'应当'可以从一个'是'中推导出来，那么几乎就会导致英语哲学的建制派大呼：把他踢出学术界。"① 又例如，在国内学者刘清平看来，菲尼斯不加批判地接受了休谟的立场。② 实际上，事实与价值的分离虽然是菲尼斯自然法理论构建的一个逻辑前提，但这样的一个逻辑前提并不是自明的，而是可以在菲尼斯的文本中通过三方面加以解释的：第一，借助阿奎那的理论，菲尼斯指出实践理性是我们思考"什么是善"以及"应当如何行动"的源泉，因此我们对善的把握的根源在于实践理性而非思辨理性；第二，借助亚里士多德的理论，菲尼斯提出实践理性的运作方式完全不同于思辨理性的运作方式，也正因如此，我们实践性的判断也不是根据形式逻辑的三段论作出的；第三，菲尼斯与他的新自然法学派同事格里塞茨以及波义耳一道提出了实践理性推理有其自身的第一原则——"禁止无目的性"③，所谓的禁止无目的性即指所有的实践理性都不可避免地指向了一个最终的目的，这样的一个最终目的赋予我们行动以"意义"（meaning），并且使我们的行动可以在人类完满的层面上得到理解，这样的一种最终目的即基本善。就此而言，事实和价值是完全不同的两个领域。

（二）传统自然法理论中的 is 与 ought

传统自然法理论中的"is"与"ought"具体指向什么？既然 is 与 ought 的区分可以作两个方面的理解，与此相应地，在这两个方面的不同理解下，is 与 ought 的具体指涉也就不同。

就 is 与 ought 相分离的第一种解释而言，也就是说，事实命题完全不同于

---

① 吴彦主编《菲尼斯与新自然法理论》，商务印书馆，2020，第 75～76 页。
② 参见刘清平《自然法何以不自然？——菲尼斯自然法理论批判》，《南京社会科学》2020 年第 2 期。
③ 〔美〕杰曼·格里塞茨、〔加〕约瑟夫·波义耳、〔英〕约翰·菲尼斯：《实践原则、道德真理与最终目的》，吴彦译，商务印书馆，2019，第 62 页。需要注意的是，虽然菲尼斯等人认为实践理性的运作同样受制于思辨理性运作的"非矛盾律"，然而与"禁止无目的性"的原则相比，在实践理性的运作中，"非矛盾律"的原则并非一项优先的规约。

价值命题，"is"具体指涉的是对人性的一种"事实性"的描述。此种描述既包括通过对人的经验性的观察而得出的一些结论，诸如对情感、欲望、自然倾向的刻画，同时包含对人的功能的一种"陈述性"的表达，诸如将人的理性功能理解为一种区别于其他生物的本质性的特殊功能。当然，菲尼斯也同意，当单独讨论人性中的情感、欲望或者理性功能时，无所谓恰当与否，然而，这样的一种事实性的命题不能出现在道德推理的论证之中，也就是不能作为道德结论的"前提"。而"ought"在此种解释下，具体指涉的即"善"的内涵，以及"应当如何行动"的具体所指。此种类型的混淆在伦理学的历史上曾被认为是一种常态，摩尔所说的"自然主义的谬误"指的就是这样的一类混淆。举例而言，阿奎那在进行自身自然法理论的构建时，在寻找人类之善的理念方面，有过如下两种论证：一方面，他认为"善"是和人的自然欲望相关的；另一方面，他认为"善"是和人的功能相关的，也就是说我们的自然欲望所指向的即一种自然之善，而我们人类特有的理性功能所指向的，就是我们人类特有的善。[①] 在菲尼斯看来，康德的道德学说也可以视为从属于自然法伦理学，这是因为康德的绝对命令即一个关于行为对错的客观性标准，然而在康德寻找至善的论证中同样存在 is 与 ought 的混淆，其中就包括菲尼斯所批判的那种"独有功能"推理。在菲尼斯看来，康德"将人类永远作为目的而不仅仅是手段"这一绝对命令的得出完全在于从如下出发的推论——人的理性本质是最为高贵的。[②] 总之，传统自然法理论中 is 与 ought 的混淆在一个方面表现为从经验性的人性出发推论出伦理学中的"善"。

就 is 与 ought 相区分的第二种解释而言，传统自然法理论并不存在多元价值与绝对道德规范之间的矛盾，只有在现代的价值多元的语境中，自然法理论才会有该矛盾。传统自然法理论往往预设了一种至善主义的立场，而如何才能够证明一种客观的至善的存在？一般的做法有两种，第一种做法是将善的客观性建立在事实的确真性上，也就是以一种事实的客观性去证立"善"

---

① 参见 Norman Kretzmann, Eleonore Stump eds., *The Cambridge Companion to Aquinas*, Cambridge University Press, 1993, p. 203。

② John Finnis, *Fundamentals of Ethics*, Georgetown University Press, 1983, p. 122.

的客观性，具体来说，即将描述性的人性理论视为善的来源。例如，在霍布斯的自然法理论中，他先是通过经验归纳的方式为人性作出预设——每个人都有自我保存的倾向，进而指出自然法的首要律令便是告诫人们要自我保存。① 而此种做法同样地出现在康德的论证中，在菲尼斯看来，康德将善良意志视为至善的根本依据在于他对人类理性本质的尊贵性的预设。② 而除了这种论证进路之外，第二种做法是将自然法视为上帝意志的表达，通过至善的上帝为行为规范理论进行证立，这一做法我们不仅可以在阿奎那对于自然法到底是实践性思维的运行规律抑或对"永恒法"的分有的踌躇不决中发现，同样可以在格劳秀斯以及萨缪尔·克拉克的自然法理论中找到依据，对于两者而言，自然法关于行为规范对错的规定归根结底是上帝意志的表达。③ 这样的一种至善主义的立场无法应对当代价值多元立场的挑战，因此，在现代哲学语境下，自然法伦理学就出现了多元价值与绝对道德规范之间的矛盾。菲尼斯要构建起一种新的自然法伦理学时，就不得不对这一矛盾进行解释。

总的来说，菲尼斯伦理思想建立在 is 与 ought 的严格区分的逻辑上，一方面，菲尼斯从 is 与 ought 的混淆中引出传统自然法理论中的诸多问题；另一方面，菲尼斯在 is 与 ought 的严格区分基础上，对这些诸多问题重新进行解构与诠释，从而不仅回应了对自然法伦理学的批评，还构建起自身独特的新自然法理论。具体来说，在菲尼斯的视域中，is 与 ought 的关系问题关涉对伦理学中两个根本问题的回答——"什么是善"以及"应当如何行动"。首先，从 is 与 ought 相分离的第一层内涵上讲，菲尼斯坚持认为关于人类之善的获取不是一个依靠思辨理性从事实的推导或发现的过程，而是源自实践理性的动态把握；其次，从 is 与 ought 相分离的第二层内涵上讲，"什么是善"与"应当如何行动"之间存在一个逻辑上的空缺，而这样的空缺应由实践原则的"中介原则"（intermediate principles）加以填补，这些都将在后

---

① 参见 Thomas Hobbes, *Leviathan*, Touchstone Press, 1997, p. 33。

② John Finnis, *Fundamentals of Ethics*, Georgetown University Press, 1983, p. 120.

③ 参见 Hugo Grotius, *De Jure Belli ac Pacis*, trans. by Kelsey, Oxford University Press, 1925, pp. 1-2; David Hume, *A Treatise of Human Nature*, The Floating Press, 2009, p. 710。

文基本善理论以及道德理论的部分中得到详细讨论，届时读者便能在一种具体的语境中感悟菲尼斯对 is 与 ought 区分的意义。

三 "核心情形"及"内在观点"分析法的运用

熟悉菲尼斯文本的学者都会注意到，"核心情形"（central case）以及"内在观点"（internal point of view）的分析法是菲尼斯用来构建自身体系的主要工具之一，而这两个分析法在某种程度上是当代分析法学派构建自身理论的主要工具。关于核心情形分析法的使用，我们可以在著名的法哲学家哈特、拉兹以及凯尔森的作品中见到。而内在观点分析法则是菲尼斯的导师哈特所广泛使用的一个方法。"核心情形"与"内在观点"的分析法不仅能够帮助我们梳理法学中的一些基本概念与问题，在与法学同样作为"实践科学"的伦理学中，这两个分析法同样能够带领我们用一种更为"实践性"的观点去审视理论内部的各个环节。菲尼斯虽然在对这两个方法论的使用上只局限于一些具体的议题（例如，将以道德为核心的法律视为法律的核心情形），但从菲尼斯的整个文本出发，我们同样可以将这两个方法论用作解读菲尼斯理论的工具，并将其视为菲尼斯伦理体系构建的两个默认的逻辑前提。

（一）亚里士多德的核心情形分析法

虽然亚里士多德本人并没有明确使用"核心情形"这样的术语，但哈特以及菲尼斯等人一致认为核心情形分析法发端于亚里士多德在《尼各马可伦理学》中对友谊的分析。亚里士多德在第八卷的"友谊"部分区分了三种类型的友谊：有用的友谊、快乐的友谊以及因德性之故而产生的友谊，前两种友谊被亚里士多德视为脆弱的、易逝的、偶性的，而后一种友谊则被亚里士多德视为稳固的、持久的、本性的。而后亚里士多德更为重要的一段话表述了这几种不同类型的友谊于整体的友谊概念中的地位："这样我们就必须说有几种不同的友爱，即存在好人之间的友爱，这是原本的、严格意义上的友爱，以及其他的在类比意义上的友爱。"[①] 对于拉兹而言，"标志了某

---

① 〔古希腊〕亚里士多德：《尼各马可伦理学》，廖申白译，商务印书馆，2017，第 236 页。

一体系为一个法律体系的一般特点有许多个，其中每个都有不同程度的体现。在典型的法律体系情形下，所有这些特点都将在很大程度上体现出来，但是，可能在有的体系中，所有的或者有些特点就体现得不太明确"①。

当亚里士多德以及拉兹使用"严格""典型的"等术语的时候，他们所想要展现的是一种事态下的最为完满的特征，这样在"友谊"中就有了最为完满的友谊情形，在"法律"中就有了最为完满的法律情形，此种情形即为该事态中的"核心情形"。但是，更为重要的是，当使用"严格""完满""典型的"等术语时，不能将其他一些在程度上缺乏了这些特征的情形剔除出去，它们同样是该事态的具体事例，只不过是该事态中较不充分以及较不完满的事例。因此，就有了事态的"核心情形"以及"边缘情形"的区分。对于菲尼斯而言，这样的一种区分在探讨伦理学时特别重要，因为伦理学如同法学一样从属于"实践智慧"（practical wisdom），也正因如此，我们不能将伦理学视为经验科学以及形而上学一类的科学，也就是说，当我们对伦理学中的各种事态进行考察时，不能依靠逻辑学中的矛盾律（p 或非 p）来进行归类，实践科学的对象不是以清晰的边界展现给我们，而是以一种较为充分以及较不充分的表现呈现给我们，特别是在伦理学中，"核心情形"展现给我们的是一个最为完满的事态，它作为"至善"处于一种指引性的地位，引领着其他较为不完满的事态趋向于它，但是不能因此将那些"边缘情形"从该事态中剔除出去。

菲尼斯在进行自身的伦理学体系构建时很大程度上都依赖于核心情形分析法，这可以从两方面看出：从细节层面而言，菲尼斯在讨论基本善——生命、知识等时，他认为存在某种基本善充分而完满地实现的事态，同时存在该基本善较不充分以及较不完满地实现的事态；更进一步地，"道德"的行为产生于以一种整全、不偏不倚的方式实现基本善，是基本善的实现的"核心情形"，而"不道德"的行为的产生以一种偏私的方式实现基本善，是基本善的实现的"边缘情形"。也正因如此，当人们作恶时，也是基本善

---

① Joseph Raz, *Practical Reason and Norms*, London：Hutchinson Press, 1975, p.150.

在指引着他们，这也正是菲尼斯所认为的基本善仅仅具有"前道德"的性质的出发点所在。从整体层面而言，菲尼斯伦理思想在很大程度上区别于传统的自然法伦理学，在一些基本的立场上，菲尼斯伦理思想与传统的自然法伦理学格格不入。但是之所以能够将菲尼斯伦理思想视为自然法性质的伦理思想，其恰恰在于，虽然菲尼斯为了对传统的自然法伦理学进行挽救而抛弃了一些传统的立场，但在自然法的根本命题上，也即在善的客观性以及道德规范的绝对性命题上，菲尼斯依然坚守着传统的立场。这也说明，传统的自然法理论似乎被菲尼斯视为"自然法"这一概念的"边缘情形"，其会造成一系列理论上的困境，是一种不完善的自然法理论；而经过菲尼斯重构的自然法理论似乎被菲尼斯视为"自然法"这一概念的"核心情形"，它回应了一系列的理论难题，并蕴含了现代语境，是一种完善的自然法理论。

（二）哈特的内在观点分析法

内在观点分析法是菲尼斯所采取的另一个比较重要的方法论，这一方法论的运用同样来自菲尼斯对于分析实证法学派所采取的方法论的借用。"内在观点"与"外在观点"（external point of view）的区分首先由哈特提出，哈特希望借这两种视角的区分，来探讨法律秩序是一种人们主动的认同还是一种被动的强制。这一方法论被菲尼斯参考用以处理伦理学中的一些基本问题，诸如应当怎样审视人类的行动，同时当我们评判一种行为的道德性质时，应该从内在（动机）来评判还是从外在（结果）来评判？

在《法律的概念》（The Concept of Law）中，哈特提出了内在观点与外在观点的区分，对于规则而言，"人们可以站在观察者的角度，而本身并不接受规则，或者人们可以站在群体成员的角度，而接受并使用这些规则作为行为的指引"①。在哈特看来，将法律视为一种外在的、被动的强加于我们的秩序的观点是解释法律秩序的外在观点；而将法律视为一种内在的、主动的被我们接受的作为指引性规则而存在的观点而言，则是解释法律秩序的内在观点。哈特在此明确反对的是凯尔森以及韦伯（Max Webber）等人将法

————————

① 〔英〕哈特：《法律的概念》（第2版），许家馨、李冠宜译，法律出版社，2011，第81页。

律视为一种社会的强制手段的观点。① 此种方法论在某种程度上被富勒加以吸收利用，当富勒将法律定义为一项"协作的事业"的时候，富勒与凯尔森、韦伯等人划清了界限，并且以一种"互惠性"的内在观点的视角去审视法律秩序的存在。

对于菲尼斯而言，采用一种外在观点的视角去审视人类事务是一种"描述性"（descriptive）的方法，而采用一种内在观点的视角去审视人类事务则是一种"评价性"（evaluative）的方法。那么对于作为人类事务的中心环节——在道德的实践领域中，这两种视角又是处于怎样的一种地位？在此我们遇到了两个方法论的交会之处，可以这样来理解菲尼斯使用的两个方法论——采用内在观点去进行伦理学的讨论是伦理学理论的"核心情形"，而采取外在观点的讨论则是伦理学理论的一种"边缘情形"。当哈特提出"内在观点"时，他想要彰显的是对一项规则或法则的"主动认同"，这样一种"主动认同"的表述在伦理学理论中就是我们"自由意志"能力的展现，而这样的一种自由意志并非一种无所谓的态度，而是我们理性意志的抉择，也正因如此，我们才能够作为理性存在者区别于动物，我们的行动才可以说具备"道德意义"。如果我们的所作所为不是出于"内在观点"，而是一种仅仅被作为事实观察到的"外在观点"，如何才能说我们具有道德责任？仅仅从作为事实的结果出发来对我们的行动进行道德评判是一种完备的评判吗？菲尼斯正是据此反对将人化约为经验上的事实加以考察，这是对人的一种外在观点的解释，在这一视角下，人们如同植物以及动物一样被自然规律所制约，从而有一种趋乐避苦的态度，这样一种出自本能冲动的态度并非人作为道德主体的核心所在。人之所以能够"向善"、能够进行"道德活动"并非出自欲望的推动，而是来自理性的规划以及指引，正是在这种指引性活动中，我们才能够步入"道德"的领域，从而我们的行动才能被评判为"道德的"或者是"不道德的"。因此，对于菲尼斯而言，"相比较于情感等因

---

① 参见 Hans Kelsen, *General Theory of Law and State*, Harvard University Press, 1945, p. 19; Max Rheinstein ed., *Max Weber on Law in Economy and Society*, Harvard University Press, 1954, p. 5。

素，通过一个人的自由意志的抉择能够更好地了解一个人"①。

实际上，菲尼斯对内在观点分析法的采用可以视为他的"事实"与"价值"二分逻辑的一个延伸。我们不能够采取一种科学主义的视角去审视伦理学的各种概念和命题，因此，采取"外在观点"从而以一种观察者的视角去进行伦理学研究是不可取的。相反，伦理学体系的构建应该从纯粹的、实践的、行为人的视角出发，这也可以被视为伦理学研究中的"内在观点"。需要补充的一点是，我们并不能认为菲尼斯在进行伦理学体系的构建时，仅仅依赖于一种"内在观点"的视角而对"外在观点"不管不顾，同时我们进行道德评价时也并非仅仅依赖于一种"动机"而不考虑"后果"。实际上，内在观点与外在观点、评价性方法和描述性方法之间存在某种互动，这种互动表现为，"如果没有对一种事实上的处境的了解，我们也就很难准确把握基本价值的内涵；同时，如果没有一种评价性的因素，我们也就无法区分什么样的描述是重要的以及有意义的"②。

---

① John Finnis, "Human Acts," in *Intention and Identity*, Collected Essays, Vol. Ⅱ, Oxford University Press, 2011, p. 136.

② John Finnis, *Natural Law and Natural Rights*, Oxford University Press, 2011, p. 19.

第二章

多重面向的基本善理论

基本善理论是菲尼斯伦理思想的核心，菲尼斯正是通过基本善理论的阐述而勾勒出他整个伦理思想框架体系的，而其他伦理命题即来自基本善命题的进一步延伸。正因如此，菲尼斯的基本善理论呈现出了多重面向的特点。在这样一种多重面向中，菲尼斯在"善"的论述上，以一种崭新的姿态区别于其他的"善"理论。同亚里士多德以及阿奎那一致的是，菲尼斯将人类完满视为最终目的，而每一个人正是在对基本善的认知及践行中实现着自我。然而，对于菲尼斯而言，当我们说一个目的是"最终"（final）目的时，不是要将这一目的理解为是唯一的，而是说当我们把握了这样的一个目的，我们的实践理性推理便达至"终点"了，而这样的一个终点在菲尼斯看来是多元的。这样的一种关于多元目的的伦理理论即菲尼斯的基本善理论。而基本善理论的"多重面向"性不仅体现在数量上的多样性，还表现为基本善在性质上的复杂性。对于菲尼斯而言，"善"仅仅意味着一种实践理性的指引性，它引导着我们的行动及生活——即使在我们作恶时，也有着某种基本善的指引，也正因如此，菲尼斯将基本善理解为一种"前道德性"（pre-moral）的，这也是菲尼斯在"善"的理论上区别于其他论述的一个关键之处。更进一步地，我们对基本善的把握不是一种建立在"事实"上的推论，而是通过实践理性主动地把握基本善，这也是菲尼斯 is 与 ought 相区分的内在逻辑的具体展现。最后，基本善因其在实践上的最终指引性而构成了我们的最终目的，幸福在于基本善的实现而不在于欲望或快乐的满足，但"幸福"仅仅是一种理想的事态，原因恰恰在于我们无法充分地实现一种或多种基本善。基本善理论作为一种"多重面向"的理论，菲尼斯伦理思想的所有内容都建立在他的基本善理论之上或者与之相关，也正因如此，对菲尼斯伦理思想的分析和评价也主要是围绕着基本善理论展开的。

第一节　基本善是人类完满的各个方面

一　由基本善达致人类完满

菲尼斯坚持了亚里士多德以及阿奎那伦理学的核心要义，即将人类完满视为伦理追求的最高命题，而人类完满的实现正是在基本善的逐步实现中同步发生的，这样一种直接的联系表现在如下命题中："基本善是人类完满的不可通约的各个方面，每一个方面都以一种不可穷尽的方式展现于人一生的活动之中。"① 在菲尼斯的文本中，他采纳了一种现代的哲学观点，也即将"善"置于一种"道德"意味不那么强的语境中去理解。同拉兹以及麦金太尔（McIntyre）等人一致的是，菲尼斯同样将"善"理解为行动的理由。在菲尼斯这里，特殊的是，基本善也即行动的最终理由，这样的一种理由不是行动中的道德理由，而是指向人类完满的道德理由，当我们期望以一种充分的方式实现基本善时，我们的生活将是自足的。

（一）"善"即行动的理由

同亚里士多德一样，在菲尼斯看来，我们唯有通过对"活动"（activity）的追问才能发现"目的"，对于人而言，属人的目的也唯有通过对"活动"的

---

① John Finnis, *Moral Absolutes—Tradition，Revision，and Truth*, The Catholic University of America Press，1991，p. 42.

追问才能够发现，此种活动不仅包含思维层面上的活动，还包含现实层面上的。在菲尼斯的文本中，他在与亚里士多德"活动"一词相同的意义上使用"行动"（action）一词，其不仅指向一种现实的可被经验到的行动，还包括一种思维上的活动。① 因此，当我们反思我们行动的意义时，我们便能发现"善"，而当我们反思"为什么要这样行动时"，我们实际上是在追问我们行动的理由。在对这一问题的反思及回答中，我们能够发现一些具体的目标（goal），这些目标总是指向一些特殊的理由，而在这些特殊理由背后的一般性的理由便是被菲尼斯称为"善"的事物，它是"在理性上会吸引一个人，使他为了某一个目的而行动的事物"②，如当一个人问到"你为什么去医院"，对这一问题的回答可能指向一个特殊的事态——"我是为了治疗感冒"，当然我们也可以作一个一般性质的回答——"我是为了获得健康"，对于菲尼斯而言，后一种回答即对"善"的表述，而前者则是在某种程度上"分有"（participate）了善，是形式的"善"的一个具体的例证。

在菲尼斯对善的定义上，可以明显地看出菲尼斯与他的导师哈特以及同门拉兹的理论相契合，哈特反对奥斯丁法律的命令理论的一个关键理据，即命令不能够给人们提供行动的理由；而拉兹也同样认为，"行为主体所认可的真正价值不是来自欲望，而是来自意向行为，而所谓的意向行为是我们认为有意义的行为，也就是说我们必须相信这些行为具有某种吸引力或价值"③。持同样观点的还有伦理学家麦金太尔，在他看来，"善"是使我们的行动具有合理性（rationality）的那一类事物。④ 但是无论是行动的理由也好，还是行动的合理性也罢，此种"善"并不具有严格的道德意味。在这些理论家

---

① 参见〔英〕约翰·菲尼斯《自然法理论》，吴彦编译，商务印书馆，2016，第21页。
② 〔美〕杰曼·格里塞茨、〔加〕约瑟夫·波义耳、〔英〕约翰·菲尼斯：《实践原则、道德真理与最终目的》，吴彦译，商务印书馆，2019，第19页。
③ 转引自〔英〕阿拉斯代尔·麦金泰尔《现代性冲突中的伦理学：论欲望、实践推理和叙事》，李茂森译，中国人民大学出版社，2021，第9页。关于拉兹的表述，参见 Raz，"On the Guise of the Good," in Sergio Tenenbaum ed. , *Desire*, *Practical Reason and the Good*, Oxford University Press, 2010, p. 116.
④ 〔英〕阿拉斯代尔·麦金泰尔：《现代性冲突中的伦理学：论欲望、实践推理和叙事》，李茂森译，中国人民大学出版社，2021，第7页。

看来，这些关于善的表述之上还有一个更为高阶的表述——充分良好的理由，只有这一理由催发的行动才是道德的行动，这一点将在下文进行详细说明。

另外需要注意的是，在理解菲尼斯的"善"概念时，虽然"善"指向的是行动的理由，但这一理由并非一个具体的、特殊的事态，而是一个较为抽象的事态，类似于"理念"以及"理想"的概念。在《自然法与自然权利》中，菲尼斯也将"善"称为价值，并以此区别开具体的善，"有种善指的是一个人认为满意的某个特别目标或者目的；还有一种善，指的是能在许多不确定的时候，以许多不确定的方式参与或者实现的一般形式的善，这样，'价值'就仅仅是后一种意义上的善"①。因此，当我们以多种方式实现多个特殊的目的时，一个可能的情形是，我们实际上是在以不同的方式在实现着同样的一个"善"，就如我们去治疗疾病，以及节食以保持体重等具体目的都可以视为追求"健康"这一"善"的一个具体的例证，这可以被视为菲尼斯核心情形分析法的一个具体运用。

（二）"基本善"即行动的最终理由

善是我们的行动的理由，也即我们行动的意义，但是就如亚里士多德所指出的那样，有时我们的一个目的又是另外的一个更高的目的的手段，也因此，这样的一个较为低阶的目的就成了一个工具性的目的。"善"同样存在这样一种秩序，有时我们行动所指向的理由是为了一个更高的理由，这时我们就有了"工具性"的"善"，它是以更高的善为条件的，从自身来看是"目的"，而从更高的"善"来看，这样的一种"善"即手段。但是这样的一个链条不可能无限地延伸，总有一个终结点。当我们把握了这个终结点，我们可以说这样的一个行动的理由解释了该秩序中的所有的理由，这样一个最为一般化的行动理由即我们行动的最终理由，这样一个最终理由就是我们行动的最终意义，这样一个最终理由被菲尼斯称为"基本善"。就如在"治

① 〔英〕约翰·菲尼斯：《自然法与自然权利》，董娇娇、杨奕、梁晓晖译，苏苗罕、张卓明统校，中国政法大学出版社，2005，第53页。

疗疾病是为了健康"这一事态中，我们可以将"健康"视为一种"善"，然而这样的一种"善"不是无条件的善，而是一种工具性的善，它的存在是为了一种更为高阶的"善"的维护——生命的存续，因此，存在一种基本善，即生命。

因此，善之所以被菲尼斯称为"基本"的，是因为其是"内在的""终极的"。这样的一种基本善，作为一种行动的终极理由，指向了人类完满。对于菲尼斯而言，人类完满不是别的什么问题，而是一个回答了我们人生作为一种活动的意义的问题，换句话说，人类完满是为我们一生的行动提供理由并解释了它们的那个东西。当我们进行实践的反思，去为一个具体的行动寻找理由时，我们首先认识到我们有一个具体的目标，进而从这一具体的目标我们认识到我们有某种"善"的理念，进一步的推理使我们意识到这样的一个一般性的"善"，实际上从属于某个终极的基本善，这样的一个理念从整个人生价值理念的角度回答了我们为什么要如此行动，"如果一个人选择为此目的而行动，那么这个人则希望分享此种善，且希望或多或少能使其自身变得更加完善"①。而我们人生每一个阶段所作的每一个具体的选择，都是基本善的一个个具体的例证。举例来说，根据菲尼斯的理论，我们之所以去治疗疾病、去节食以保持体重，从根本上说是因为，我们将"健康"的维护视为影响我们一生并值得我们全身心投入的一项事业，我们相信当我们以一种充分的方式实现了这样的一种基本善时，我们的生活将是"好"的，同时我们也能够借此成为一个更好的自我，也正是在这个层面上，基本善是无条件的、终极的，因为它指向了人生的最终归宿——人类完满。也正因如此，虽然同为基本善，但在内涵上，菲尼斯的基本善理论区别于罗尔斯在《正义论》中所提出的基本善理论，后者只是条件之善而非目的之善，其是我们的一些基础需要，是实现人类完满的必要条件。

————

① 〔美〕杰曼·格里塞茨、〔加〕约瑟夫·波义耳、〔英〕约翰·菲尼斯：《实践原则、道德真理与最终目的》，吴彦译，商务印书馆，2019，第22~23页。

二 人类完满的多元面向

菲尼斯的基本善理论的一个重要特征是将人类最终目的视为多元的。在菲尼斯的著述中，他多次表达出要警惕律法主义的误区，主张用一种多元的视角去审视伦理学中的诸多问题。律法主义将一个概念的内涵确立为单一的，将一种定义视为可以无一例外地适用于所有情形。然而在菲尼斯看来，人类事务的实践领域十分复杂，它在根本上不同于事实科学及形而上学，因此在许多问题上不存在一种标准的答案，同时在事态的具体情形中也不会呈现出一种"非此即彼"的情形，"当我们使用'正确'或'错误'的术语时，我们一定不能假设对于每一问题或情形只存在唯一的答案是正确的"①，也正因如此，无论是我们在如何理解"真理"（truth）的问题上，还是在如何理解"善"（good）的问题上，我们都要用一种更加开放的、多元的视角。

（一）对亚里士多德"最终目的"的解读

如果基本善意味着内在的、无条件的善，那么，存在一个还是多个这样的善？换句话说，人类完满的可能面向是一个还是多个呢？亚里士多德在《尼各马可伦理学》中曾讨论过这样的一个推理，如果我们的实践理性推理要想运行得顺利以至于我们的期望不会落空，我们的选择就必须停止在一个点上，并且不会作出进一步的选择，这样的一个终结点就是我们推理链条的顶点，而对这一顶点的把握即对我们最终目的的把握，这一最终目的并非因为其他的目的，而仅仅是因其自身之故而被我们需要的，这一最终目的就是最高的"善"。②

菲尼斯认为，在对于亚里士多德的这样一段推理的解读中，存在着一个普遍的误解，即"如果所有的选择都要有所终结，那么就必然有一个单一之处是所有选择的终结之处"③。而在菲尼斯看来，所谓"最终的"或"最

---

① John Finnis, *Fundamentals of Ethics*, Georgetown University Press, 1983, p. 77.
② 参见〔古希腊〕亚里士多德《尼各马可伦理学》，廖申白译，商务印书馆，2017，第5页。
③ John Finnis, "Action's Most Ultimate End," in *Reason in Action*, Collected Essays, Vol. I, Oxford University Press, 2011, p. 160.

高的"指的只是在追寻人类完满的任意一个实践理性推理的最终点或最高的点，就如亚里士多德在《尼各马可伦理学》第一卷第七节中指出的那样，某一个实践理性推理的终点既可以是作为荣誉的善亦可以是作为快乐的善等——"荣誉、快乐、努斯和每种德性，我们固然因它们自身之故而选择它们（因为即使它们不带有进一步的好处我们也会选择它们）"①。因此，所谓人类完满以及最终的善只是一个形式上的概念，在这一点上，另一位亚里士多德主义者彼得森（Engberg-Pederson）持有同样的观点，即亚里士多德所讨论的完满（eudaimonia）只是一个形式上的概念，"当我们最终要回到完满的内容是什么，是一种或是多种时，我们也只能说，这一问题是完全开放的"②。

因此，在个人的伦理追求中，要认识到某些事物是可能的善，就是要认识到这一事物能给我们的选择提供理由或意义，并且是因其自身之故而被我们所选择，这样一种无条件的善，即所谓的最高的善，对于它的追寻和获得将使我们的生活是自足的，这样一种最高性以及终极性并不特指某一种单一的活动或德性，而是在内容上完全开放的。

菲尼斯的多元价值理论不可与罗尔斯等人说的"价值多元主义"混淆，菲尼斯的多元价值理论的特殊性体现在如下方面：第一，这样的一种价值是人类完满的客观方面，而非个人的理性偏好；第二，这样的一种价值序列是一种有着确定目录的价值序列，而非纷繁无序的集合，按照菲尼斯的核心情形分析法，所有的人生目标都可以纳入基本善的目录中。

（二）对阿奎那基本善理论的发展

我们可以从形式与内容两方面分析菲尼斯基本善的理论来源。从形式上说，菲尼斯的基本善理论的多元性来自对亚里士多德的目的论的重新解读，其作为人类完满的各个方面，构成了我们实践理性推理的各个终点，也因此是"多元的""开放的"。那么从内容上说，菲尼斯的基本善理论的多元性

---

① 〔古希腊〕亚里士多德：《尼各马可伦理学》，廖申白译，商务印书馆，2017，第18页。
② Engberg-Pederson, *Aristotle's Theory of Moral Insight*, Oxford University Press, 1983, p.31.

则是对阿奎那"基本善"理论的继承及发展，在《神学大全》中，阿奎那以比较明确的方式给出了四种人类基本善——生命、繁殖、真理和社会①，菲尼斯在此基础上进行了延伸，进而总结出七种基本善。

在菲尼斯看来，阿奎那不仅给出了四种基本善，实质上，其关于基本善的清单的列举往往是开放的，如果基本善是意味着内在的、无条件的善，那么阿奎那则倾向于认为除了这四种基本善之外还存在其他的基本善，如实践合理性以及宗教②，"阿奎那的清单往往是开放的，它们描绘了人类个体（即这些善得以在其中获得实现的人类个体）之繁茂的总貌和要素"③，并且阿奎那在明确讨论四种基本善的段落中，使用了"诸如此类"（et similia）这样的表达，因此菲尼斯倾向于认为，阿奎那将会在甄别出何为人类最终目的的问题上保持一种开放的态度。

在对阿奎那基本善理论的解读基础上，菲尼斯发展了阿奎那的基本善理论，并且提出了自身的基本善的目录，也即在《自然法与自然权利》中所列出的基本善的清单，即生命、知识、游戏、审美、友谊、实践合理性及宗教。菲尼斯在其后期著作《道德的绝对性》中似乎接纳了格里塞茨等人的观点，将"和谐"（harmony）视为一种基本善，并将作为和同时也是实践合理性的一种形式的"内心平静"（inner peace）视为不道德的来源。在此种情形下为了"内心"和"选择以及判断"之间的和谐，我们选择了让情感在我们的抉择中占据上风而不是依据理性来行动。

菲尼斯的基本善的目录和格里塞茨等人提出的基本善的目录基本一致，只存在略微的差别。并且在《道德的绝对性》一书中，菲尼斯采纳了格里塞茨等人对基本善的分类，将基本善分为实质性的善（substantive goods）与反思性的善（reflective goods），前者包含生命、知识、审美以及游戏的基本善，

---

① 〔意〕托马斯·阿奎那：《神学大全》（第6册），周克勤、高旭东等译，台湾碧云学社出版社，2008，第41~42页。

② 阿奎那曾在《神学大全》第二集第一部分问题94的第三节中将实践合理性（practical reasonableness）善。而宗教作为一种基本善则意味着与"上帝"之间的联系，这在阿奎那哲学中是一个毋庸置疑的核心命题。

③ 〔英〕约翰·菲尼斯：《自然法理论》，吴彦编译，商务印书馆，2016，第29~30页。

其往往在我们的反思及抉择之前就被我们不自觉地追求了；而后者包含各种形式的和谐，包括友谊、内心平静（内心各种情感的统一以及情感与选择之间的和谐）、良心统一（选择、行动与表现间的统一）与上帝的和谐，此类基本善我们经由主动的反思及选择而被我们追求。① 即便如此，总体来说，综观菲尼斯的所有文本，菲尼斯伦理思想还是更多地围绕着他在《自然法与自然权利》中所提出的七种基本善进行构建。

三 基本善的划分依据及具体内涵

为什么基本善是这七种而不是其他？或者说，对于菲尼斯来说，七种基本善提出的依据是什么？菲尼斯在这一论证上有两条进路：一是对人类历史学的借鉴，对那些恒久存在于时空中的普遍价值理念加以关注；二是哲学上的论证，基本善在本体论上与我们的本性相联系，而菲尼斯也正是从我们本性的不同层次的划分出发来归类出基本善。在这两种论证的关系上，后者可以被视为菲尼斯的核心论证，而前者可以被视为辅助论证。

（一）七种基本善划分的依据

既然七种基本善是人类的最终目的，那么这样的一组善就将是对我们普遍有效的，然而在文化相对主义者看来，各个文化、民族以及时空中所展现出的价值并非恒定的，而是呈现出复杂的、多元的，甚至相互对立的事态，正因如此，他们并不承认存在某种普遍的、对所有人都有效的最终目的。然而在菲尼斯看来，这样的一种反对不是一个有效的论证，从逻辑上说，当我们发现在人类事务上缺乏某种统一性时，我们就说这样的一种统一性不存在吗？

因此，价值的多元事实并没有构成对基本善存在的一个有效反对，在《自然法与自然权利》中，菲尼斯倾向于认为哲学上对基本善或与之类似的理论的否定的假设，能够被人类学、历史研究等轻易推翻。在这一点上，菲尼

---

① 关于格里塞茨提出的基本善清单，参见吴彦主编《菲尼斯与新自然法理论》，商务印书馆，2020，第12~14页。

斯与另一位当代重要的自然法理论家耶夫·西蒙的观点相一致——"人类学研究和心理学研究应该被认为有助于我们寻找这个问题的答案，通过对有益的行动和开放性倾向范围的各种提示物加以整合的方式"①。因此，菲尼斯将其眼光放在人类整个历史的实践领域，运用一种整合归纳的方式去列举出基本善的清单。例如，菲尼斯在谈到基本的价值时，曾以这样的一种方式表述——"所有人类社会都把繁殖新生命作为本质上的好事，所有社会都教育年轻人对真理的关注"②，在这样的一个发现基本善来源的问题上，即使我们在价值上存在诸多的分歧，然而这种分歧并非说明了我们没有共享某些价值。

第二种论证诉诸对人类存在层次的哲学上的研究。在《道德的绝对性》一书中，菲尼斯采纳了格里塞茨等人对于基本善划分的方法——将人类的存在分为不同的层次，而不同的层次对应了不同的基本善。首先，作为一种动物性的存在，我们有保存自我的善，这样的一种善是"生命"之善；其次，作为一种理性的存在者，我们能够对世界进行认知并且表达自我，在此我们有了"知识"以及"审美"之善；再次，作为动物性以及理性的双重存在者，我们能够通过自我的表达以及意义赋予（meaning-giving）的活动在某种程度上改变外在的世界，此种活动体现了"游戏"的基本善；最后，在实践上，我们每一个人都是一个活动着（acting）的主体，能够进行审慎的判断和抉择，因此也有一种实践上的善，这样的一种善包括各种形式的和谐，此即实践合理性，而通过实践合理性我们又可以获得"友谊"的和谐以及"宗教"的和谐，这又是另外的两种基本善。

在上述两种论证中，第二种论证可以被理解为菲尼斯在诠释善的来源问题上的"核心情形"，而第一种论证则是一种"边缘情形"。这是因为，第二种论证从根本上阐明了人类基本善的来源，而第一种论证只是更为直观的提示。在菲尼斯的著作中，在大多数的场合下，他提到基本善组成了个人完满

---

① 参见〔英〕约翰·菲尼斯《自然法与自然权利》，董娇娇、杨奕、梁晓晖译，苏苗罕、张卓明统校，中国政法大学出版社，2005，第69页。

② 参见〔英〕约翰·菲尼斯《自然法与自然权利》，董娇娇、杨奕、梁晓晖译，苏苗罕、张卓明统校，中国政法大学出版社，2005，第70~71页。

的不同面向的后一句，都加上了"它们符合人类内在的复杂本性"。菲尼斯既然从亚里士多德以及阿奎那那里将人类完满视为一种最高追求，那么这样的一种完满就可以被理解为一种从"潜能"到"现实"的展现过程，更为具体地说即从"本性的能力"到"本性能力的实现"的过程。因此，当我们解读菲尼斯如何列出七种基本善时，菲尼斯的第二种论证占据着优先性地位。

（二）七种基本善的具体内涵

"生命"作为一种基本善表明了人与其他动物所共有的一个保存自我的倾向，"生命"作为一种基本善不单单是一个消极的指引——活下去，而是有着更为积极的指引——以一种良好的状态生存下去。下文将指出，菲尼斯虽然强调各基本善之间是平等的、不存在等级上的优劣性的，但在菲尼斯关于"生命"这一基本善的表述中，似乎将此种善视为一种更为基础性的善，其是我们谋求自我规划及实现的基础，"生命在这里指使人处于自我抉择的良好积极状态的各个方面"①。

"知识"是菲尼斯着墨最多的一种基本善，并且将"知识"作为其整个基本善理论阐释的主要例证。在菲尼斯的文本中，知识不仅意味着我们在某个具体时刻、具体场合中对某一具体知识的获取，如在课堂上学习勾股定理的知识、阅读一本自然法理论的著作等。更为一般地讲，它指的是一种对"真理"的渴望，并且使我们相信"查明真相、避免无知对我们来说是好的"，此种对真理的渴望驱使我们在各种各样的具体事务中去尽可能地获取知识。将知识作为一种基本善也就意味着知识或真理是人类完满的一个方面，是我们的一个最终目的，也正因如此，其是一种内在的价值而不仅仅是有着工具性的用处。

"游戏"作为一种基本善指的是一切活动本身即目的的活动，也就是说，我们为了活动而进行活动，除此之外，没有额外的目的附加在这项活动上。在"游戏"中，我们不期望获得任何的利益以及好处。"游戏"作为一种基本善可以在人类实践领域的各个方面找到例证，上至"法律的草拟活

---

① John Finnis, *Natural Law and Natural Rights*, Oxford University Press, 2011, p. 86.

动"，下至日常生活中的"唱歌""运动"等。

"审美"是第四种基本善，此种基本善的活动是外部实在与我们内在心灵共同作用的产物，我们可以从外在于我们的"自然界"、"作品"甚至"游戏"中发现"美"的形式，并且通过内在的积极评价表达出一种对其"欣赏"的内在体验。

"友谊"是第五种基本善，菲尼斯对于友谊的分析是沿着亚里士多德对友谊的分析路线来进行的，对于亚里士多德而言，存在三种类型的友谊，其中因德性之故而产生的友谊是"核心情形"。菲尼斯认为最为完美的友谊正是最后一种友谊，并在此基础上进一步扩展了亚里士多德的理论。菲尼斯理解中的友谊具备如下特征：朋友间互相为了对方的善而行动，在此过程中不考虑自身的善或利益。在菲尼斯的文本中，友谊不仅展现在一般意义上的"朋友"之间。在菲尼斯看来，一个互相忠于对方的婚姻之中也存在"友谊"，同时当人类追问"无限""万物存在的秩序"时，在人类和某种至高存在之间也存在某种类比意义上的"友谊"。

"实践合理性"作为一种基本善指的是能让自身的实践理性思考对我们的行为以及生活方式的选择产生有效的影响。它包含两个依次递进的层面：从内在来说，实践合理性要求我们首先在自身的情感及各种选择以及判断中达致一种和谐的平静状态，此即"内心平静"，此外，将内心的判断"外化"出来，也就是说将其尽可能地落实到我们的行动上。实践合理性作为一项基本活动，它贯穿于我们对所有基本善追求的活动之中，它为我们实现这些善指引方向，而其对我们起作用的方式可以表述为："我们要如此行动。"在此，实践合理性作为一种基本善，有了一种更为具体的含义，那即"以某种方式参与到基本善之中"[①]。但是，即便如此，我们不能将实践合理性作为一种"工具性的善"，其是一种内在的善，这种运作就是我们实践的思维逻辑的展现，它"隐藏"（transparent）在我们每一个追寻善的活动之中。

————————

① John Finnis, *Fundamentals of Ethics*, Georgetown University Press, 1983, p. 72.

　　"宗教"作为一种基本善，指的是我们作为有限的存在者和无限的存在之间建立起的联系。这样的一种基本善并非特指某一宗教，而是指我们对有限存在的追问。这不仅包括对"我们何以可能"的追问，还包括对"万物何以可能"的追问，最终将我们引导至对"所有人之外的万物秩序问题的承认"①。我们可以将菲尼斯对宗教的这一解释理解为康德哲学中思辨理性的先天倾向，其为有条件者寻求统一性并直至对无条件者的追寻。正如康德在《纯粹理性批判》（*The Critique of Pure Reason*）中所说的那样，"一般理性所特有的原理就是为知性的有条件的知识找到无条件者，借此来完成知性的统一"②。

　　在菲尼斯列出基本善的目录时，存在两方面理论上的困难。首先，从总体上说，为什么是这七种基本善而不是别的基本善？我们可以认同菲尼斯列举基本善的方法，然而，为什么人类社会中的统一性只存在于这七种基本善之中？人类的本性所对应的为什么是这七种基本善？在《自然法与自然权利》一书中，菲尼斯也只是简单作出了如下回应——基本善的清单是开放的，并且那些可以列举出来的其他善是可以包含在这七种基本善之中的。③这样的一种回应显得过于潦草，既然菲尼斯将基本善视为其理论的核心，那么基本善的目录显然是十分重要的一个部分。但实际上，菲尼斯确实没有给出令人信服的论证。其次，从细节上说，在菲尼斯给出的七种基本善的具体目录中，也存在一些论证上的漏洞。例如，虽然菲尼斯表述"宗教"这一基本善时采用的同样是"religion"，然而，菲尼斯却指出，这一基本善和"信仰"完全不同。然而不可否认的是，按照菲尼斯寻找人类基本善的第一种方法，世界上很大一部分人确实将自己的人生目标（有的是全部的人生目标）建立在了宗教信仰之上。那么，以信仰为内容的宗教为什么没有出

①　〔英〕约翰·菲尼斯：《自然法与自然权利》，董娇娇、杨奕、梁晓晖译，苏苗罕、张卓明统校，中国政法大学出版社，2005，第75页。

②　杨祖陶、邓晓芒编译《康德三大批判精粹》，人民出版社，2001，第204页。

③　参见〔英〕约翰·菲尼斯《自然法与自然权利》，董娇娇、杨奕、梁晓晖译，苏苗罕、张卓明统校，中国政法大学出版社，2005，第76~77页。

现在基本善的目录中？一个较为合理的解释是，菲尼斯为了回应针对传统自然法理论的批评，而将"信仰""上帝"等因素从自己的理论中排除出去了。再例如，在菲尼斯看来，基本善都是一种终极目的、内在价值。但是，菲尼斯将知识视为一种基本善，那么我们是否可以说所有的知识都是具有内在的价值的呢？不可否认的是，在生活以及实践中，许多知识只是被我们当作工具来使用的，是我们为了实现其他价值的工具。即使对有些从事学术研究的人来说，其追求知识的行动也可能仅仅是为了生计。

第二节　通过实践理性认识基本善

一　善并非来自事实或直觉

"善"的认识理论问题是伦理体系中的一个核心问题。然而，这一核心议题也是问题最多、分歧最大的。在伦理学的历史上，在如何把握善的问题上，理论家们往往在两条不同的进路中来回摇摆。一种观点认为，善是我们从某些事实出发推论的产物，这一"事实"既可以是某种自然欲望或感觉，也可以是某种功能所指的自然目的；另一种观点认为，我们对"善"的识别是自明的、直觉的，这体现在各种类型的直觉主义观点中。菲尼斯的善的认识论则明显地区别于这两种观点。在菲尼斯看来，对善的识别并不依赖于人性的事实，同时我们也不存在一种直觉到善的官能。菲尼斯主张，对善的认识是凭借实践理性来完成的，其过程是纯粹实践性的。

（一）善不来自事实的推论

从事实出发进行的推论是在识别善的问题上的一个常见的论证，其往往表现为如下形式。第一，从一个人的生理或者某种能够被感受到的欲望、倾向或是情感出发，推论出我们的人类之善为何；第二，从我们独特的理性功能出发推论出我们的自然目的。

在当代哲学家莫提默·阿德勒（Mortimer Adler）看来，在对亚里士多德的伦理学解读的过程中，可以区分出两种欲望，一种是"获得的欲望", 另一种是"自然的欲望"。前一种欲望往往用"想要"(want)来表达, 后一种欲望我们则用"需要"(need)来表达, 这样一种需要来自我们的人类本性。[①] 人类本性给我们提供了自然的欲望, 而这些自然的欲望所指向的对象即"真正的善", 因此, 善是通过我们自然的欲望来把握的。凡是我们自然的欲望所指都是真正有助于人类完满的, 而自然的欲望是根植于人类本性之中的。就知识是一种基本善来说, 求知的欲望即根植于人类本性中的自然的欲望。人之所以区别于其他动物在于他有一种不停地提问的能力, 而问题所指的就是为了获得一种知识, 因此, 知识是一个真正的善。

在新亚里士多德主义的重要代表亨利·维奇看来, 寻找人类理性活动的目的是识别善的真正方法。这一解释所立足的基点是《尼各马可伦理学》中一贯的一个推理: 每个活动都指向一个目的, 这个目的就是一个可行的善, 如果人有一种活动, 他的善也就在于这种活动的完善, 而我们在这里所寻找的是属人的特殊的活动, 也即理性的活动, 因此人的善在于理性活动的完善。[②] 在这一基于"目的"的推论中, 人类的特有功能扮演着关键的角色。这一点也获得了麦金纳尼的支持, "如果我们想要知道一个事物是不是善, 我们去询问它的功能是什么, 这是亚里士多德对道德上的分析的一个重大贡献"[③]。对于维奇而言, 像植物和动物有其自然的成熟和完善性一样, 人也应当有他的独特的目的和自然的完善性, 在生活中人们自然地趋向这些他们自然地指向的目标, 这样一种目标也因此可以被称为人的自然目的或人的善。

在菲尼斯的视角中, 这一论证存在如下错误。第一, 将事实性的前提融入实践的思考过程之中; 第二, 混淆了实践的思维过程以及思辨的思维过

---

① Mortimer J. Adler, *Aristotle for Everybody*, *Difficult Thought Made Easy*, Touchstone Press, 1978, p. 83.

② 参见〔古希腊〕亚里士多德《尼各马可伦理学》, 廖申白译, 商务印书馆, 2017, 第 17~20 页。

③ Norman Kretzmann, Eleonore Stump eds., *The Cambridge Companion to Aquinas*, Cambridge University Press, 1993, p. 202.

程。从第一个方面来说，事实与价值的分离是一个逻辑上的真理，我们不能从一个事实的前提出发推论出一个实践上的结论，正因如此，在善的识别的问题上，我们不能从一个事实上的经验出发推论出一个实践上的善的判断。那么，哪种因素在伦理学的视角中应当被视为一种事实性的因素？对于菲尼斯而言，任何未经理性审视及把握而主观上被我们"体验"到、在客观上能够被他者"观察"到的自然欲望、情感等因素，都应被视为一种事实性的因素，它不依赖于我们的理性意志而存在，从而表现出一种冲动性和偶然性。这种因素在菲尼斯的伦理学中不占据一席之地，因为其只是人的自然属性的一个部分，我们不能从中推导出价值。而将人类理性功能的独特性用来当作推论的前提同样是不合适的，因为将"一种运作是人类独有的"作为推理的前提本身就是一种有关事物本性的形而上学假设，是一种事实性、描述性的假设，而非一种评价性的或规范性的假设，从这样的一种假设中我们仍然无法推论出"善"，虽然"善"是我们欲望（desire）的对象，但是这样的欲望绝非一种先于理性审视的原始欲望，而是建立在理解之上的欲望，用阿奎那的术语来说，就是"理智欲望"（rational appetite）。

　　从第二个方面来说，菲尼斯曾在多个地方明确了这样一个观点：思辨理性的运作和实践理性的运作将会完全不同。虽然在具体论证上，菲尼斯并没有直接将这一命题和善的认识论联结起来，然而，通过对菲尼斯文本的整体把握，可以将这一命题视为善的认识论的一个论据。思辨理性的运作和实践理性的运作的不同到底体现在哪里呢？菲尼斯只是简单地指出，实践理性的运作不是按照三段论的模式展开的，此外，便没有更多的论述了。实际上，菲尼斯的这一论断，仍然与他的事实与价值分离的立场相关联，两种运作的根本不同之处在于，一个指向的是事实领域，另一个指向的是价值领域。亚里士多德曾说，"理解或者好的理解，即我们说某个人理解或善于理解时所指的那种品质，不等于科学本身"①，当我们进行实践上的思考时，其运作以及把握真的方式完全不同于思辨理性的运作。思辨理性运作的基本范式即

———————————

① 〔古希腊〕亚里士多德：《尼各马可伦理学》，廖申白译，商务印书馆，2017，第183页。

三段论的推论，这是亚里士多德所提出并在其形而上学中所作出推理的一般范式，然而三段论应用的局限性就在于它往往是在事实命题之间的一种联结，虽然康德认为三段论的推论是一种形式逻辑的推论，它可以不与客观的经验打交道，然而就一般而言，三段论中所出现的各个对象依然是事实性的，并且三段论应用的最终目的在于获得一个事实上的推论。亨利·维奇提出了一种认识人类之善的方式——事物的善就是其功能的完善，而人的功能在于理性的活动，因此人的善就在于理性的完善，而这一推导的方式将会使实践思考和思辨思考之间的界限和区别模糊。就此而言，菲尼斯提出思辨理性的运作完全不同于实践理性的运作这一命题的根本落脚点仍然在于事实与价值是不同的。

（二）善不能够经直觉把握

通过直觉把握善的理论，在传统伦理学理论和现代伦理学理论中都有不同程度的阐述，菲尼斯并没有讨论过当代直觉主义者的观点，如大卫·罗斯（David Ross）以及摩尔等人的直觉理论，菲尼斯讨论的是对阿奎那哲学解释中的一个直觉主义的观点。菲尼斯自身的理论和他对阿奎那哲学的解读是交织在一起的，在很多场合，菲尼斯是通过对阿奎那哲学的解读来阐释自己的思想的。在善的来源这一具体议题上，特伦斯·欧文（Terence Irwin）持有与麦金纳尼相近的看法，他区分了阿奎那的两个术语：synderesis 和 prudentia，在中文的翻译中，一般将前者理解为对于实践理性原则的一种先天把握的知识，这样的一种知识预设了一种先天的理解能力，而一般将后者理解为一种对达致目的的有效目的的识别，在狭义上可以理解为"工具理性"。在关于某些具体目的而非一般目的的识别上，我们运用的是 prudentia 的能力，据此，synderesis 是用来告诉我们由普遍的目的符合我们的本性，而 prudentia 则是通过识别这些目的来使我们在正确行动的道路上前进。① 也就是说，在善的识别问题上，我们依靠的是一种先天的能力来把握的，在这个过程中，理智不起

① 参见 Terence Irwin, "Practical Reason Divided: Aquinas and his Critics," in Garrett Cullity, Berys Gaut eds., *Ethics and Practical Reason*, Oxford University Press, 1997, pp. 189-214。

作用。简单来说，即我们不用思考就可以先天地理解何为善，而我们实践理性的唯一用处在于，在确定了目的之后确定好的办法去实现这一目的。在这个层面上说，我们实践考量的唯一效用在于确定达致目的的高效手段。

在善的认识论层面上，菲尼斯认为直觉主义的做法仍然是不可取的。我们的活动中并不存在一种先天直观把握的特殊功能，所有的有关"善"的命题都是实践理性思考及判断的结果。正如菲尼斯所言，"善"不是别的，正是提供给我们行动理由的那一类事务，而人类的目的（基本善）是最终要赋予我们个人完满的意义所在，如果我们对人生的终极目的的把握不是出自一种主动的理解，而是出自一种不自觉的"直观"，那么在某种程度上就无法对这些目的作出回应，我们的行动将是"无价值"的。在这一点上，菲尼斯和现代的康德主义者科斯加德（Christine M. Korsgaard）站在同一立场，"最终赋予客体价值的乃是我们的选择"①，而这样的一种选择正体现在我们的实践理性的主动构建之中。

此外，在菲尼斯的这一论述中，虽然他明确地反对了直觉主义的立场，然而他给自己树立的靶子仍然是阿奎那哲学中的直觉主义理论。这样的一种直觉主义理论与摩尔、罗斯等人的直觉主义理论有很大区别。菲尼斯伦理思想构建的一个首要意图是，在当代的哲学语境中证立自然法命题。然而，在反对直觉主义这一具体议题上，菲尼斯的论述缺乏了"现代"维度，这也使得这一部分的论述不太严密和周全。在这一点上，赫斯勒（Vittorio Hösle）曾对菲尼斯作出犀利的批评，"阿奎那是他的指引者，这是好事，但人们也应该理解和承认发生在现代的伦理进化"②。

二　善来自实践理性的主动构建

实践理性的概念充当着菲尼斯的整个伦理体系框架的脚手架，用菲尼斯的话来说，在每一个实践命题的获取中，都隐藏着实践理性的活动。这一实

---

① Christine M. Korsgaard, *Self-constitution*：*Agency*，*Identity*，*and Integrity*，Oxford University Press，2009，p. 123.

② 参见吴彦、黄涛主编《良好的政治秩序》，华东师范大学出版社，2016，第157页。

践理性的特殊存在方式被菲尼斯称为"隐藏"的方式。实践理性作为人类的一种理解能力应如何被理解？理性功能就是理解并获取判断的功能，而实践理性的功能是理性功能的一个具体的面向，它在于从实践领域中获取一个判断，在这个层面上说，实践理性的活动是我们思考"什么是善"以及"应当如何行动"的源泉。对于菲尼斯而言，实践理性有着两种运作：一种指向目的，另一种则指向手段。前者是主动的、积极的运作，而后者是被动的、消极的运作。关于这两种运作，我们同样可以按照菲尼斯的"核心情形分析法"来理解二者的关系，指向目的的实践理性运作是一种更为本质的运作，而指向手段的实践理性运作是一种较为次要的运作；前者是实践理性运作的"核心情形"，而后者是实践理性运作的"边缘情形"。菲尼斯之所以要采纳一种构建性的实践理性观，从整个论证来看，仍然是为了捍卫他所提出的事实与价值二分的立场。这是因为，工具性的实践理性观实际上已经预设了"目的"是首先由欲望、情感等事实性因素确立起来的，而后才运用实践理性的功能达成这一目的。

（一）工具性的实践理性观

我们最早可以在亚里士多德的文本中发现将实践理性的运作解读为工具性运作的尝试。在《尼各马可伦理学》中亚里士多德曾明确指出，"如果考虑得好是一个明智的人的特点，好的考虑就是对于达到一个目的的手段的正确的考虑，这就是明智的观念之所在"①。这一表述成了对亚里士多德的实践的逻各斯的核心解释，在这一解释下，实践理性的运作似乎变成了一种"无所谓"的态度——无论目的是什么，实践理性的任务就在于精致地达成这样的一个目的。这一对实践理性的解释事实上是占据着主流地位的，在哲学史上，休谟也曾持有一种工具论的实践理性论，并由此发展出他的道德主观主义。

在《人性论》中，休谟曾作出这样一个大胆的论述："人如果宁愿毁灭全世界而不肯伤害自己一个指头，那并不是违反理性……我如果选择我所认

---

① 〔古希腊〕亚里士多德：《尼各马可伦理学》，廖申白译，商务印书馆，2017，第182页。

为较小的福利而舍去较大的福利；并且对于前者比对于后者有一种更为热烈的爱好，那也同样不是违反理性。"① 在一个具体的实践判断中，扮演着实践目的角色的是我们此时此刻的欲望，而实践理性的功能就在于对我们此时此刻的欲望的满足，这样的一种实践理性的运作是不管其目的为何的——甚至是一个在道德上是恶的目的，只要我们精致地达成了这个目的，就是对实践理性运用得好。

菲尼斯认为上述对实践理性的解读并未揭露实践理性的本来面目，倘若这样，理性就沦为了欲望的奴隶。阿奎那曾反复地强调，实践理性是我们思考"什么是善"以及"应当如何行动"的源泉，对这样一个命题的理解应该建立在实践理性的独特的优先地位上，也就是说，实践理性在面临欲望的侵扰、在面临我们的选择时，永远占据着优先性的地位。这体现在我们的实践生活中，例如，我们常常为了某些道德上是好的目标而压抑那些不正当的欲望，我们常常为了能够获取更多的知识而每天早起、进行大量有时甚至是枯燥的阅读，我们常常为了能够获取健康而忍耐着各种欲望、在饮食上各种节制，等等。只要我们能够对这些实践经验进行反思，我们就会发现，有时我们不仅仅通过实践理性去满足此时此刻的一个占据着主导地位的欲望，而在某些场合，我们能够凭借着对实践理性的把握去抗拒其他的各种各样的欲望，无论这些欲望是多么的强烈，我们都在提醒着自己，这样做是好的，是一种对人类完满有所助益的行为。通过这种反思，我们就意识到实践理性不仅仅有一种工具性的运作，在更为优先的意义上说，实践理性还有着更为根本的运作，那就是指向目的的运作。

（二）构建性的实践理性观

在菲尼斯看来，对实践理性的工具主义的解读是一种片面的解读，实践理性不仅告诉我们应当做什么、采取什么手段去达成目的，更为重要的是，实践理性能够主动地构建起对我们自身是"善"的判断，这样

———

① 〔英〕休谟：《人性论》，关文运译，郑之骧校，商务印书馆，1980，第454页。

的一种善的构建即对我们目的的把握。因此，"实践理性的首要的和最为基本的运作不在于限制、限定和否定，而在于促进，并因此是积极的：亦即寻找和建构那些为人们所追求的赋予我们行动以理性目的的可理解的目的"①。

也正是在这个角度上说，菲尼斯和康德的实践理性观相契合，实践理性是一种指向目的的构建。康德同意卢梭的观点，也即将"善良意志"作为伦理学的拱顶石，而我们如何能够获取这个至善？至善的达致来自实践理性的自我立法，通过一个普遍化的法则——你要这样行动，以使你行动的准则同时能够成为一条普遍的法则。康德的这种理解即将善的构建视为实践理性的产物，实践理性通过一种自我限制的普遍立法，将一种主观的欲望上升为客观的法则，从这个角度上说，善来自实践理性的构建。

但是，不能就此认为菲尼斯的实践理性观就是康德的实践理性观。这是因为，在康德看来，实践理性虽然是一种指向目的的自我立法，但是在性质上是消极的，因为实践理性似乎不是一种独立的运作，它是在我们的主观欲望的基础上，对其进行审判和升华，以使其能够成为一个普遍的目的。在最为根本的意义上说，这样的一个目的是一个自然的目的而非实践的目的（由于其来自自然欲望的升华），而对于菲尼斯而言，人类的目的是完全凭借着实践理性所确立起来的，实践理性在这一过程中具有一种"构建"的作用，而非"引导"的作用。因此，实践理性不仅仅有一种工具性的功能，在首要的意义上，它具有一种构建性的功能，后者是实践理性运作的"核心情形"，而前者则是实践理性运作的"边缘情形"。

可以说，在对"实践理性"概念的解读中，菲尼斯已经转换了这一概念的传统意义。这也招致了一些批评，如国内学者刘清平就指出，"菲尼斯将工具性的实践理性等同于目的性的道德价值"②。确实，菲尼斯对于实践

———————

① 〔英〕约翰·菲尼斯：《自然法理论》，吴彦编译，商务印书馆，2016，第33页。
② 刘清平：《自然法何以不自然？——菲尼斯自然法理论批判》，《南京社会科学》2020年第2期。

理性的解释既不同于亚里士多德的观点，又不同于康德的观点。一方面，菲尼斯对于实践理性的解释是明确反对亚里士多德的主张，实践理性不仅仅有工具性的功能。另一方面，菲尼斯对亚里士多德的反对，也使他的理论与康德的实践理性观有所契合。然而不同的是，虽然在康德那里，实践理性拥有了更高的权威，然而其运作仍然是一种消极的运作。而从更为深入的层次上说，菲尼斯之所以采纳这样一种对实践理性的解读，仍然是为了贯彻他事实与价值的二分法。菲尼斯希望借此强调，实践理性的运作要完全摆脱"事实性"的因素，在纯粹的实践领域中进行。菲尼斯的这一论点虽然有阿奎那文本的支撑，然而从整体上说，这样的一种解读将面临如下困难：如何从每一个人的实践理性运作中去寻找普遍、客观的基本善？这一困难将在最后一章详细展开论述。

三　实践理性把握基本善的具体过程

在菲尼斯的理论中，基本善来自实践理性的构建，这样一个构建的起点不是一个事实的知识（自然欲望或情感的体验），而是一个实践的、生活的世界，一个能够给我们提供各种机遇和可能性的世界。实践理性通过对我们在实践领域中流露出的"倾向"加以提升和反思从而得出一个实践上的命题，此种过程不仅是纯粹实践性的，还是一种动态的过程，对基本善的认知不是一蹴而就的，而是逐步深化的。

（一）对朗尼根认识理论的借鉴

当代哲学家朗尼根在其《洞察》（Insight）一书中提出了对于自己独特的"经验—理解—判断"的逐步深化的认知理论模式，这样的一种认识论被菲尼斯完全吸收加以运用，将其用在基本善的识别上，基本善正是同样遵循着这三个步骤被我们加以认知的。然而，菲尼斯在进行自身理论构建前，缺乏对朗尼根的认识理论的整体阐述，这也让读者无法深入地了解基本善是如何被我们所认识到的。因此，在阐述菲尼斯认识论前，有必要对朗尼根的认识理论作一个整体的介绍。

我们的认知是怎么发生的？或者说，我们的判断是如何形成的？在朗尼根看来，我们的认知是逐渐"洞察"的结果，其从外在开始，最终导向判断。我们的认知的第一步是对外在经验的"相遇"，如我们触碰到一个事物、听到了某种声音等，外在经验为我们的认知提供了资料（data），然而起初这样的一些经验性的资料对我们而言是杂乱以及模糊的，随着经验资料的不断积累，我们能够为这样一些杂乱无章的外在经验提供一种统一性，我们给这些经验材料提供了一个"这是什么"（what is it?）的答案，由此形成了一个事物的概念，"一个事物的概念植根于一种洞察，这样的洞察把握了经验资料中的统一性、同一性以及整体性"①，该过程就是"洞察"的过程，通过这种初步的洞察，我们从"经验"前进到了"理解"。有了对一事物的理解，我们就有了更进一步的求知欲望，我们不会仅仅满足于理解一个事物，而是要追求这一理解的准确性，我们会想要知道，"这真的如此吗"（is it so?），这要求我们下一个肯定的或是否定的判断，这时我们就从"理解"前进到了"判断"，该过程同样是一个"洞察"的过程。判断标志着知识的形成，然而在朗尼根看来，这并不是知识的最终完成，实际上我们对事物的认知是一个不断深化的过程，是各层次的洞察不断深化的过程。在这一动态的过程中，"经验—理解—判断"这一模式的不断循环反复，随着经验材料的不断增加，我们深化了我们的"理解"，并且随着我们"理解"的不断加深，我们又强化着我们的"判断"，朗尼根如是说道："我们可以不断地学习，因为我们能够将新的洞察添加到旧的洞察之上，因为我们的新的洞察不但没有排除旧的洞察，反而能够强化它并与它结为一体。"②

所谓"洞察"，在朗尼根看来，意味着一种"豁然贯通的灵感"③，他曾以阿基米德的一个事例来阐述"洞察"的意义。阿基米德在浴缸中突然想到了衡量皇冠中黄金含量，从而跳出浴缸大喊"Eureka"（"我发现了"），此时阿基米德就有了一个洞察，这样的一个洞察有如下的特性：第一，它标志

---

① Bernard Lonergan, *Insight*, University of Toronto Press, 1957, p. 271.
② Bernard Lonergan, *Insight*, University of Toronto Press, 1957, pp. 30-31.
③ Bernard Lonergan, *Insight*, University of Toronto Press, 1957, p. 30.

着一种求知压力的放松；第二，它是突然间达致的；第三，它是内在的一种功能；第四，是具体以及抽象之间的联结等。菲尼斯认为对基本善的把握同样是一个动态的、逐步递进的过程，它首先从一个我们在实践中展现出的倾向加以把握，并将其理解为某种可能性，紧接着我们通过一种更为深入的洞察，将这种可能性把握为一种能够促进我们完满的东西。

（二）从对倾向的洞察到基本善的把握

"知识"虽然不是菲尼斯提出的第一个基本善，却是菲尼斯阐述基本善理论的一个范例。在我们如何把握基本善的问题上，菲尼斯也是将"知识"这一基本善作为一个具体的例证加以阐述，而其整体思路正是朗尼根认识理论的思路。

按照朗尼根"经验—理解—判断"的模式，就"知识"被我们把握为一种基本善而言，在我们的学习过程中，我们在不断地解决一个又一个问题并且获得答案时，我们意识到了我们有一种求知的倾向，其中包括我们因为获得问题的答案而感到高兴、失败时感到气馁，当这些经验逐步积累，我们通过一种"洞察"将这样的一种倾向"理解"为一种长期的可能性，即我们要在此后获得知识并且避免无知。进而，通过一种更为深入的洞察，我们不仅意识到知识是一种可能性，还是一种能够用一生来追求的东西，也就是能够给我们一生的活动提供意义的那样的一类东西。因此，我们将知识视为人生完满的一个方面，也就是说，"知识是一种机会、一种利益、某种可欲的东西，作为一种能够提升完善一个人或任何一个人处境的东西，以及作为应当被追求的东西"①。

就如朗尼根所认为的那样，"洞察"的发生可能需要很短的经验的积累时间，也可能需要很长时间。菲尼斯也承认，对于基本善的认知既然不是一个自明的过程，那么有些人可能由于现实条件、疏忽和曲解等种种"经验性"的因素而在基本善的认知及追求上处于劣势，"在每一种特定情形中，人们所想到的纯粹见解实际上可能只是一个好主意，它会因疏忽、奇思妙想

---

① 〔英〕约翰·菲尼斯：《自然法理论》，吴彦编译，商务印书馆，2016，第29页。

以及先前或之后的错误推理而遭到扭曲"①，而在一些充分地具备理论知识以及现实条件的人身上，便能更好地认知及追求基本善。这也表明了菲尼斯的一贯立场，对善的把握在任何层面上都不应与理论知识相混淆，它不是一种逻辑推理的过程，对善的把握是纯粹实践性的，它依赖于我们实践经验的积累。

四 菲尼斯认识论中的辩证法

菲尼斯既然将事实与价值的分离作为自身伦理体系的逻辑前提，那么为什么在基本善理论的认知中，会出现看似经验性的"倾向"因素？实际上，在菲尼斯的伦理学中，"本性"（human nature）已经不是一种事实意义上的人性了，而是一种实践意义上的人性。我们对本性的言说不是一种经验的归纳或者哲学人类学上的假设，只有我们先把握到了"善"，我们才能够言说我们的本性。正因如此，在"人性"和"善"两者之间存在一种辩证关系——从认识论的秩序而言，我们是只有先把握了善，才能够言说我们的本性；从本体论的秩序而言，人类的本性决定了我们能够追求什么。

（一）"人性"与"善"之间的两种秩序

亚里士多德在《尼各马可伦理学》中寻找到一个刻画人类本性的方式："为了能够把握像人类这样一种动态实在的本质，人们必须首先去把握他的各种能力，而为了把握这些能力，人们必须首先去把握这些能力的各种活动，而为了去把握这些活动，人们必须首先去把握这些活动所指向的目的。"② 因此，在这样的一个认识论秩序中，对目的（应然命题）的把握实际上处于一种优先的地位，在对目的的把握的基础上我们才能够了解人性。

与麦金纳尼等人赋予自然倾向以解释上的优先性的做法不同，在菲尼斯的文本中，他实际上是将这样的一个方向颠倒了过来，我们并不是先有了关

① 〔英〕约翰·菲尼斯：《意图与身份》，徐航、王志勇、杨茜译，中国政法大学出版社，2018，第53页注释。
② 〔英〕约翰·菲尼斯：《自然法理论》，吴彦编译，商务印书馆，2016，第12页。

于人类本性的了解才有了人类目的的建立，而是先对人类的目的有一个把握之后，才对人类的本性有了新的理解。因此，在这个意义上说，只有当一个人类的倾向或者活动是朝向了一个好的目的、有助于我们完满的一个面向时，我们才说这个倾向是自然的。解释上的优先性必须被归为实践理性对应然命题的把握本身。然而，虽然从认识论上说，我们是先对善进行了一个把握，我们才能够认识我们的本性，然而从逻辑上说，我们的本性的潜能及倾向决定了我们能够追求什么，因此，就本体论的秩序而言，人性的本质建立起了潜能，潜能建立起了活动，活动建立起了目的。

在两种秩序中，认识论的秩序占有一种实践上的优先地位，而本体论的秩序可以被视为对认识论秩序的一种"形而上学式"重现。这也符合菲尼斯的一贯立场——伦理学自始至终都是实践的。因此，我们不仅要在实践理性推理中摆脱"事实"性的因素，而且要认识到实践理性中的推理绝非在形式上是一种三段论式的形式逻辑推理，其纯粹是实践的、与现实的实践经验相关的。

（二）从事实的人性论到实践的人性论

实际上，菲尼斯在辩证地解释的过程中，已经转换了"人性"的内涵，它不再是作为一种独立于实践命题的一个"事实"，而是一种被"善"所刻画了的人性。这样的一种转换改变了自休谟以来人性学说在伦理学中的尴尬地位。在伦理学中，我们如果不先把握和理解善，那么获得一个人性上的判断就是不可能的。因此，这样的一个"实然"已经俨然非休谟意义上的"实然"了，这样的一个实然命题虽然对人性作出了刻画，但这样的一种刻画并非基于经验的观察，而是经由应然命题所把握的实然。这样的一种实然在菲尼斯看来，与其说是（is），不如说是（is to be）。因此，这样的一种人性的学说被菲尼斯称为"实践的人性论"，它指的是一种趋于完善的存在。

这样的一种人性与善的关系可以按照潜能与现实的关系来加以理解。如果说善是一种现实，那么这一实践的人性论就是一种潜能，而在我们对现实进行把握之前，也就无法诉说一个"潜能"。然而这并非在说所有关于人性的讨论都是一种实践意义上的讨论，菲尼斯承认也存在"事实"上的人性学说，但是这样一种学说并不是伦理学所要考察的课题。在伦理学中，对人性的认知不是建立在经验的观察或者是医学的研究之上的（而阿德勒自然欲望的解释即这种意义上的人性说），而是完全建立在对善的理解和把握之上的。更进一步地，菲尼斯将我们对自然倾向的把握称为一种"兴趣"（interest），在对兴趣的界定上，菲尼斯明确提出，其是一种理智上的、实践性的意向，而非一种感性上的、事实性的意向，在这一点上，菲尼斯与康德对于兴趣的定义是一致的。①

总之，菲尼斯的结论最后落脚于：伦理学中的应然并非来自休谟意义上的实然，毋宁说，伦理学中存在一种实践上的"实然"，因此在这样一个特殊的实践意义上，我们可以说实践命题依赖于实然命题，并且可以从实然命题前进到应然命题。需要补充的一点是，菲尼斯既没有说我们关于人性的所有知识来自实践性的理解，也没有说我们的伦理理解的获得可以独立于所有事实的、描述的理论知识。菲尼斯并不认为那种严格"实然"上的人性说对于我们进行伦理学的研究毫无用处，虽然它没有直接地参与到伦理学中，但能够以一种间接的方式影响到我们的思考，事实上，在我们把握实践命题的进程当中，对一些因果知识等休谟意义上的实然的因素的获知也是必要的——"正确的理论知识、意见及经验会提升我们对于善的认知"②。菲尼斯在《自然法与自然权利》中探讨了这两种"实然"的互动过程——"在对人类事物的描述性解释和用实践的观点去考察人类行动之间有一种相互依赖"③。因此，一个实践性的考察绝不是从描述性的意义中推导出来的，但是如果我们对人类现状缺乏足够的描述和了解，我们也不太可能在把握善的问题上取得成果，相反，一个错误的关于人性的事实上的描述可能会阻碍我

---

① 关于康德对兴趣、需要、偏好的定义及区分，参见〔德〕康德《道德形而上学的奠基》（注释本），李秋零译注，中国人民大学出版社，2013，第31页脚注。

② 参见〔美〕杰曼·格里塞茨、〔加〕约瑟夫·波义耳、〔英〕约翰·菲尼斯《实践原则、道德真理与最终目的》，吴彦译，商务印书馆，2019，第36页。

③ John Finnis, *Natural Law and Natural Rights*, Oxford University Press, 2011, p.19.

们在实践的领域去把握善，一个人如果缺乏了足够的对人类现状的知识的了解，他也不太可能在"识别"善上做得好。

第三节　基本善的性质

一　基本善的前道德性

"善"在菲尼斯的伦理体系中并不是一种严格道德意义上的概念，实际上，众多理论家对菲尼斯基本善理论的一个主要批评即集中于此。该批评指出，菲尼斯以及格里塞茨等人对"道德"（morality）一词的使用有着极为浓烈的当代色彩，以至于基本善的追寻和实现过程不是一种严格意义上的道德过程，"归根结底来说，人类的终极目的不是一种道德价值"①。在菲尼斯的视角中，我们通过实践理性推理把握到的基本善，只是给我们的具体行动提供了一个根本理由或"意义"，这样的一个根本理由，既约束着道德上的良善之人，同时也约束着道德上的败坏之人，即使一人在行不道德之事，他也是怀有某种基本善的理念，而"道德"则显现为以一种整全的视角去实现基本善，其要求我们在现实的行动中的选择不得以损害任何一基本善为前提，也正因如此，基本善仅仅具有一种"前道德性"。

（一）实践理性推理禁止"无目的性"

基于事实与价值的严格区分，菲尼斯认为伦理学是纯粹实践性的科学，其区别于理论科学，我们对基本善的把握也不是一个依赖于思辨理性对事实进行推论的过程，这一把握是完全通过实践理性完成的，而实践理性的运作发生于纯粹的实践生活当中。这一过程到底是何性质的？它是否和思辨理性的推理共享了某些前提？或是说完全不同于思辨理性的运作？

菲尼斯认为任何形式的推理（无论是指向事实的还是指向价值的）都必须拥有一个逻辑上的"规约"，这样的一种限制即"非矛盾律"，一般来说，

①　吴彦主编《菲尼斯与新自然法理论》，商务印书馆，2020，第52页。

这样的一种逻辑上的公理隐藏于思辨理性的三段论推理之中，然而菲尼斯认为实践理性的推理同样遵循着这样的一种"思维规范"（a norm of thinking）。我们当然不能被亚里士多德对两种理智活动的区分所误导，菲尼斯并不认为我们有两种相互独立的理解结构，相反，我们只有一种理解的功能，即理性的功能，当我们将其运用在不同的目标上时，我们才区分出了理性活动的不同面向，通过思辨理性我们获取了一个关于"什么是真"的判断，通过实践理性我们获取了一个关于"什么是好"的判断。因此，实践理性是思辨理性功能的一种具体应用，其指向的是实践领域，从而通过对实践命题的把握构成理性能力的一个具体面向。然而，理性的这种特殊运用并没有使实践理性成为一个独特的能力，或成为我们心灵结构中的一个独特部分，实践理性的这种特殊指向毋宁说构成了思辨理性的一个特殊的延伸，并由此区别于思辨理性，"实践理性并非一种独立的能力，也就是说，一个人所具有的思考事物存在的方式的能力能够被扩展，进而对去做什么事情进行理智的思考并作出合理和正确的判断"①，就此而言，非矛盾律作为一种逻辑上的公理制约着我们所有的理性判断，其中包括通过实践理性所进行的判断。

更为重要的是，实践理性指向基本善的运作不只受一种规约，否则我们将难以区别实践理性及思辨理性。实践理性运作的更为根本的准则即"禁止无目的性"，具体而言可以由阿奎那的如下词句加以表达——"应当为善和追求善，且应当避免恶"②。在此需要注意的是，在菲尼斯的语境中，这一表述不是一种道德表述，而是一种前道德的表述。也就是说，"为善避恶"不是一项道德行为，而仅仅是作为人类完满活动的追求基本善的行为。从更高的层面上说，菲尼斯的这一命题决定了，在他的视角中，自然法原则和道德原则是有所区别的——前者仅仅是前道德性的。

应当如何理解菲尼斯所说的，禁止无目的性的准则可以被还原为"为善避恶"？这样的一组基本善从根本上与我们的人类本性相关联，换句话

---

① 〔英〕约翰·菲尼斯：《自然法理论》，吴彦编译，商务印书馆，2016，第17页。
② 〔英〕约翰·菲尼斯：《自然法理论》，吴彦编译，商务印书馆，2016，第25页。

说，我们的本性已经以一种预先的方式为我们的人生赋予了某些意义和利益，只不过，从起始上来说，这些意义和利益是一种"潜在"而非"现实"，实践的过程就是将这些基本善或意义实现出来。因此，从某种程度上说，对于某些基本善，我们在没有自主意识到它们的时候，就已经以一种潜在的方式（倾向性的活动）指引着我们的生活了。但是人区别于其他的存在者的特殊之处在于有理性，而人的善的实现及对善的追求也不同于无理性存在者的善的实现方式，人类通过理性的能力自主地去实现、追求自身的善，通过实践理性的积极构建主动地把握对自身而言"什么是好"的判断，因此，实践推理的原则要求我们摆脱无目的性，"亦即要求每个审慎实施的行动在最终的意义上都要基于某种利益"①。

应当如何理解两种原则之间的关系？在菲尼斯提出的实践理性运作的两种原则之间，"禁止无目的性"的原则要明显地优先于"非矛盾律"的原则（虽然菲尼斯在表述上认为非矛盾律原则是一项更为普遍的原则）。这可以通过如下两个方面看出：一方面，菲尼斯主张我们可以在非矛盾、融贯的思维的前提下进行某种行动，即使我们知道这种行动无法给我们带来"善"或"利益"；另一方面，基于菲尼斯 is 与 ought 相区分的逻辑，如果我们将非矛盾律视为实践推理的优先原则，将会有一种危险的倾向，即将价值命题的获取方式混同于事实命题的获取方式。这种混淆可以通过两种具体形式表现出来：第一，将对"善"的把握视为某种形式逻辑三段论的推演，就如前面所述《尼各马可伦理学》中从"功能—目的"到"人类特殊功能—最终目的"的推论的过程，即一种形式逻辑三段论推演的具体例证，此种推演必然被批判为从"事实"到"价值"的非法推论；第二，将实践命题视为一种形式上纯粹的"非矛盾"的命题，丧失实质性的指引作用。就如我们在康德推论出绝对命令时所看到的，当检视我们行动的"准则"能否上升为普遍的"法则"时，我们只需考虑这样一种过程能否被"非矛盾"地

---

① 〔美〕杰曼·格里塞茨、〔加〕约瑟夫·波义耳、〔英〕约翰·菲尼斯：《实践原则、道德真理与最终目的》，吴彦译，商务印书馆，2019，第62页。

设想。因此，一个行动之所以是不道德的，其根本原因仅仅在于"它绝不可能作为普遍的法则生效并与自身一致，而是必然与自己矛盾"①。就此而言，结合菲尼斯理论的整体语境，我们可以将"禁止无目的性"原则视为一种更为优先的原则。

（二）基本善在行不道德之事时也具有指引性

如果实践理性指向基本善的主动运作如菲尼斯所理解的那样，是一种"禁止无目的性"的运作，那么一般来说，基本善仅仅具有一种最低限度的意义，那就是赋予我们的行动和选择以"意义"及"理由"，我们如此行动以使我们的思考没有落空，并使得我们的行动可以加以解释。在这个层面上说，基本善还不具有一种严格的道德意义，然而，就如我们所有的实践推理都指向基本善、我们所有的行动及思考都由基本善来指引，道德的行动也必然是出自基本善的指引，并且是以一种"完全"的指引性发挥作用的。

阿奎那曾在《神学大全》中说过这样一段话，并由此成为菲尼斯将基本善视为"前道德性"的依据。阿奎那说道："在道德上，关于自然法律的最普遍的训令，理性不会全然的错误；但是由于不良的习惯，在个别事件上能受到蒙蔽。至于由自然法律之共同原理所引申出之结论，许多人的理性陷入了错误，以致将本来恶的事情认为是容许的。"② 就此而言，虽然我们都受着基本善的指引，但我们会以一种偏颇及不充分的方式受着基本善的指引。我们不道德的行为不是出自"非理性"——即使人们在作恶，也是有着一个或一些理性上的最终理由，这一最终理由赋予了我们行动以"意义"，因此，基本善不仅仅是道德上良善之人进行实践理性推理的前提，同时也是道德上败坏之人进行实践理性推理的前提。例如，根据这一理论，一个人为了自保而选择陷害他人、撒谎等，正是出于"生命"这一基本善的指引性；再例如，一个人为了满足对"知识"的渴望而采取将图

---

① 〔德〕康德：《道德形而上学的奠基》（注释本），李秋零译注，中国人民大学出版社，2013，第42页。

② 〔意〕托马斯·阿奎那：《神学大全》（第6册），周克勤、高旭东等译，台湾碧云学社出版社，2008，第95页。

书从图书馆偷出去的行为，其同样是受着一种基本善的指引。因此，"实践理性的诸基本原则保证并使好人及坏人的实践推理都成为可能"①。菲尼斯将基本善视为前道德性的第二个原因在于，菲尼斯认为，基本善不仅仅告诉我们"什么是好的、有意义的"，更为重要的是，我们要在现实的行动中去实现基本善，也就是说，我们仅仅知道什么是好的和应当做什么都是不够的，而是要在现实的行动中去参与到这种或这些善之中，用基本善的理念去指导我们的生活。② 就基本善而言，其首先只是在实践的"思维"中被我们所把握到的，只有将其落实到行动及选择中，我们才可以对一个行动作出道德上的评价。但是，就如实践理性是"什么是善"以及"应当如何行动"命题的源泉，所有的可能的道德上或善或恶的行动都能够在一种或多种基本善的理念中找到根源，因此，基本善是"道德"的源泉，是前道德性的。

菲尼斯将基本善视为前道德性的深层意图，体现在如下两个方面：第一，基本善是通过实践理性推理被我们所把握的，如果基本善是一种道德上的价值，那就意味着我们每个人只要实践推理获得成功，就能够作出道德上正确的行为，这样便无法解释"不道德"的行为是如何产生的；第二，菲尼斯严格区分了 is 和 ought，就这种区分的第二种意义言，是多元价值和绝对规范之间的分离。传统自然法理论往往预设了一种至善主义的立场，基于这一立场，当我们确定了唯一的善，那么就有了唯一的道德规范。但与传统立场不同，菲尼斯将善理解为多元且基本的，那么在这多个善之间，如何去寻求一种绝对的道德规范呢？也可能正是出于这一考虑，菲尼斯提出了善仅仅是一种前道德性的价值。

二　基本善的客观性

传统自然法伦理学所面临的一个主要的挑战即对"善"的客观性的挑

---

① John Finnis, Germain Grisez, "The Basic Principles of Natural Law: A Reply to Ralph McInerny," 26 *Am. J. Juris*, 1981, pp. 26-27.

② 参见 John Finnis, *Fundamentals of Ethics*, Georgetown University Press, 1983, p. 3。

战，正如休谟所提出的挑战那样，在伦理主观主义者看来，所谓的"善"并非一种客观性的概念，而是我们主观欲望、情感的一种表达，是我们个体所"发明"的概念。该论点对菲尼斯的理论提出了挑战，在菲尼斯的理论中，他严格区分了事实领域和价值领域，并且强调通过实践把握基本善。那么，这样的一种基本善是否具有客观性呢？休谟已经强调了"善"不存在事实上的客观性，这也迫使菲尼斯在论证善的客观性时另寻出路。对于菲尼斯而言，基本善是客观的意味着：第一，这种客观性同样是一种秩序的"符合"，但不是在事实上的秩序的符合，而是在实践上的秩序的符合；第二，基本善是人类所普遍承认的，是所有对"实践经验"有足够留意之人都能够承认的。

（一）实践秩序上的符合性

在形而上学式的认识论中存在一种客观性，当我们说一个"存在"是客观的时，指的是其外在实存与我们内在的思辨认知上的一致，由此我们获得了某种"判断"。当我们说"这是一张桌子"或"这是我的手"的时候，我们就达致了某种客观性的事实判断，而这样的一种判断通过 is 来联结，它表达了我们的主观认知和外在事实的一种符合，就如康德所言，是知性与经验杂多的一种联结。

然而在菲尼斯的视角中，当我们对"善"作判断时，我们所用的不是知性的功能，也就是说不是通过思辨理性来作判断，而是通过实践理性来作判断。虽然从能力上说，我们只有一种理性判断的能力，但当理性具体应用在不同的领域时，其运作过程是完全不同的。在实践的思维中，并不存在一种能够脱离我们意志而存在的外在实在的表象，善或是基本善的构建是我们"向内"来把握的，虽然遵循着朗尼根的认知理论，我们在把握基本善的过程中对于某种"实践经验"进行了洞察并由此获得了反思及判断，但这样的一种经验并不是纯粹的外在经验，而是一种实践经验，是我们在生活以及实践中通过对自身的倾向及行动反思而得来的经验，而我们对这样的一种实践经验的提升使我们获得了一个关于基本善的判断。而在内容上，这样的一个认识理论指向了我们未来的某种完满以及一个"理想"的自我，从而这样的一个判断不通过 is 来联结，而是通过 is to be 来联结。在善的判断以及自我的实现中同样存在一种秩序上的"符合"，只不过这种符合，不是与先在的秩序的符合，而是与未来的秩序的符合，"人们通过从理论上认识事物而与先在的实在达成一致，但人们通过从实践上认识事物，从而可将某种事物变成现实"①。而基本善的指引性预示了我们要如此行动，要在行动中展开这一基本善，并将其逐步现实化，当我们通过逐步的行动达致人类完满时，基本善的客观性就显现出来了。

菲尼斯的这一论证与海德格尔的伦理学理论不谋而合，当海德格尔说"真理在存在者的被揭示状态中说出存在者、展示存在者"② 时，审视"客观性"的视角已经发生了根本性的转变，客观性不只是建立在事实之上，而是伴随着作为"人"的"此在"的展开及筹划（entwurf）而呈现的，在优先性上，未来的客观性以及实在性要优先于先在的客观性以及实在性。就此而言，基本善是客观的，当我们通过实践见解获得了人类完满的可能性及理想之后，我们通过现实性的行动将这种可能性逐步展开，从而将这一理念逐步从潜在变成了现实，而基本善的客观性也在现实的人类完满的过程中得到了印证。

（二）理性之人对"实践经验"的承认

菲尼斯论证基本善的客观性的第二条进路建立在对维特根斯坦《论确定性》（On Certainty）一书的解读以及对麦基所提出的"自我反驳论证"借鉴的基础之上。维特根斯坦在《论确定性》一书中提出了一个富有创见性的观点：客观性不再是建立在观察及认知之上，而是建立在一些不容置疑的经验事实之上，这样的一些不容置疑的经验事实是所有理性之人都认同的。虽然在维特根斯坦看来，伦理学理论中不存在这么一种客观性，只有在事实

---

① 〔美〕杰曼·格里塞茨、〔加〕约瑟夫·波义耳、〔英〕约翰·菲尼斯：《实践原则、道德真理与最终目的》，吴彦译，商务印书馆，2019，第 53 页。

② 〔德〕海德格尔：《存在与时间》（修订译本），陈嘉映、王庆节译，生活·读书·新知三联书店，1999，第 251 页。

的经验中才存在①，但菲尼斯还是借鉴了其方法论，只是将"事实经验"转化为"实践经验"，因此菲尼斯在客观性的论证上可以视为对维特根斯坦论客观性的一种改进。

与前期追求逻辑中的绝对确定性不同，维特根斯坦在其后期的研究中转向了解决"日常生活"（即语言游戏）中的确定性。这样的客观确定性的命题，是我们言谈及由此出发的一切话语得以顺利表达的基础，因而是不容置疑的。这样一种客观确定性的命题也被维特根斯坦称为"轴"（hing）的命题，所谓的作为"轴"的命题是，只有我们先将某些命题视为无可争议的以及由此出发的讨论的前提之时，我们的对话、争论才可以展开，"一些命题是可以免于怀疑的，就像如果我们要推开门，就要转动门上的轴一样"②。包含在此种轴命题中的，有一种基于经验上的客观性的命题，对此种命题的否定必将视为一种"不理性"的自我矛盾，"一些经验性命题之真属于我们的参照系"③。举例来说，没有一个人能够理性地宣称"我不存在"或者"我不能作出判断"④，当他如此陈述之时，现实的展现必然反驳了他自身所提出的论断，这些命题之所以是客观的，是因为它们是我们一切语言、行动以及存在的基础，如果我们想要进行言谈及行动，就必须承认这些命题的客观性，与之相对的，只有陷入错乱的精神、非理性的人才会如是宣称："作为一个理性的人，我不可能对这一命题产生任何怀疑。"⑤

在菲尼斯看来，在我们对基本善的识别及把握之中同样存在某种客观性，这样的一种客观性并不展现于"观察"或"向外看"的事实经验之中，而是展现于现实行动中的实践经验之中。而这样的一种经验到底包含了什么

---

① 参见万俊人《维特根斯坦的伦理学演讲》，《哲学译丛》1987 年第 4 期。

② Wittgenstein, *On Certainty*, edited by G. E. M. Anscombe, G. E. von Wright, Basil Blackwell Press, 1969, p. 44.

③ Wittgenstein, *On Certainty*, edited by G. E. M. Anscombe, G. E. von Wright, Basil Blackwell Press, 1969, p. 12.

④ 相似的论证可以在摩尔的著作中看到，参见摩尔的 "Proof of an External World" 一文。

⑤ Wittgenstein, *On Certainty*, edited by G. E. M. Anscombe, G. E. von Wright, Basil Blackwell Press, 1969, p. 29.

样的内容，菲尼斯没有明确概括，综观菲尼斯的文本，尤其是《菲尼斯文集》第一卷的相关文章，菲尼斯所说的此种经验，似乎包括两方面的内容，一方面是我们的"倾向"所展现出的经验，另一方面是当我们反驳或怀疑基本善时，我们不可避免地陷入自相矛盾境地的"经验"。

就第一方面而言，从本体论的秩序上说，人类不是没有本性的存在者，而我们的本性决定了我们能够追求什么，根植于我们本性中的自然倾向在我们现实的行动中留下了种种的经验，如我们根据求知欲而来的对知识的渴望的经验，又如我们根据自保的倾向而来的对生命的保存的经验，进而我们根据这些经验将"知识"以及"生命"把握为一种基本善。此种经验是与人的本性相关联的，也将在每一个人的生活中得到展现。但是这并不是说每个人都在同样的程度上意识到或者理解到了此种经验，有时会因为疏忽或是现实条件的制约而使我们没有留意到这些经验，进而无法把握到任何一个基本善。而一个从理性上认真筹划自己生活的人，在其他条件满足的条件下，此种基本善的客观性就会展现出来。

就第二方面而言，基本善的客观性恰恰能在我们反驳基本善的客观性时展现出来，菲尼斯拿"知识"作为一种基本善举例说，就如维特根斯坦说当一个人宣称"我不存在"会必然陷入自我矛盾之中时，任何一个人都不可能理性地断言——"知识不是一种客观的善，是没有价值的，不值得追求的。"麦基将陷入自我矛盾的命题或行为称为"自我反驳"式的命题或行为，自我反驳分为三种类型，第一种是形式上的自我反驳，如从逻辑上说，"我知道我什么都不知道"这种命题是一种从其内在来说逻辑上的谬误，在形式上即错的；第二种是实践中的自我反驳，当一个人通过唱歌这一现实的行动唱到"我没有唱歌"时就陷入了一种实践中的自我反驳；第三种是"断言"和"如此断言之经验表现"之间的自我反驳，一个人无法理性地宣称某些命题，因为他如果这样做的话，必将被他的断言所展现出来的现实表现所反驳[1]，

---

[1]　关于麦基对自我反驳类型的分类，参见 J. L. Mackie, "Self-refutation—A Formal Analysis," *The Philosophical Quarterly* 14, 1967, p. 195。

菲尼斯将此种类型的自我反驳称为操作上（operational）的自我反驳，而"知识不是一种善"的断言即一种操作上的自我反驳。具体来说，当一个人断言"知识不是一种善"的时候，该宣称者如果是理性的、真诚的，那么他必须认为这样的一种断言为"真"，并且是有价值的、有意义的，进一步讲，该宣称者必须承认该断言作为一种命题是一种具有内在价值的"知识"，因此是值得我们追求的。因此，一旦该断言被提出，在"断言"以及"如此断言之经验表现"之间就构成了一种矛盾，一个人如果"理性"地断言知识不是一种善、是没有价值的，他如此的断言恰恰承认了知识是一种善、是有价值的。因此，理性之人必须把作为基本善的知识视为拥有一种不容置疑的"客观性"。

在菲尼斯的这两方面的论证中，第一个论证是从整体层面上的论证，第二个论证是从具体层面上的论证。第一个论证相对严谨，而第二个论证则显得有所缺陷。这是因为，菲尼斯在《自然法与自然权利》中对基本善的客观性论证都站在"否定知识的自我反驳"这一立场，而缺乏了对其他基本善的说明，其他基本善是否仍然可以按照这一方式得到说明呢？

基本善的客观性论证对于菲尼斯理论体系的构建尤为重要。在此，菲尼斯为了回应伦理主观主义的挑战，将视角从事实领域转向了实践领域，在纯粹的实践、生活的经验中去证立客观性。虽然这样的一种"客观性"的概念已经脱离了其传统内涵，但菲尼斯的这一构建消除了传统自然法伦理学的一个缺陷（从事实到价值的非法推论）。从整个自然法伦理学理论来看，善的客观性理论发挥着前提和基础性的作用，这是因为自然法伦理学旨在提出一个绝对普遍的道德规范，而唯有确立了客观的基本善理论，才会有绝对普遍的道德规范理论。

三 基本善的不可通约性

基本善间的不可通约性同样是菲尼斯基本善理论中不可或缺的一个组成部分，这也是他反对功利主义原则的主要立足点。这一命题由如下两个理由支撑。第一，菲尼斯坚持主张，在诸基本善之间并不存在一种等级秩序，各个基本善之间无法被衡量为更高级的或更低级的，鉴于诸基本善的实现并非在"目的"上是同一的，并且诸基本善间也不存在一种同质的结构，因此我们无法用一个单一的标准去对基本善进行通约（commensuration）及量化，进而无法将基本善衡量为更重要的或较不重要的；第二，基本善既然是每一实践理性推理的终点，那么一个基本善就不会出现在其他基本善的推理链条中，因此，没有一种基本善是其他基本善的手段或目的。就此而言，基本善间是不可通约的。

（一）基本善间的平等

我们能否采用一个单一的衡量标准将诸基本善还原为某种更为一般性的因素，从而对其加以比较和权衡？这样的一种"还原"的做法可以被视为技术上的通约性。技术上的通约性也可以被理解为在经济活动中的通约性，它可以在如下方面加以考虑，在一个活动或事态中，首先存在一个单一的目标，即要实现"一种"类型上的结果，如在经济活动中的唯一目标是追求最大化效益；其次，该活动或事态中的各个因素、环节都可以按照相同的"中介"加以还原，如在经济活动中，成本和收益都可以按照"金钱"的因素加以还原。

然而在菲尼斯的视角中，基本善之间并不存在这样的一种通约性。虽然在现实生活中，某些人可能将一种或几种基本善视为比较重要的，但在某种程度上忽略了其他的基本善，如学者倾向于将知识视为最重要的善而忽略了对友谊或其他方面的善的追寻等。然而这样的一种优先性的"排序"，在菲尼斯看来只是主观上的排序；而从客观上说，诸基本善之间并不存在一种等级秩序，他如是说道："人们选择特定顺序的原因在于人的性情、教养、能力以及机遇，而与基本价值的固有价值排序没有关系。"[1] 菲尼斯对此的论证主要诉诸人类完满的"不及物性"（intransitive effect）命题。亚里士多德在《尼各马可伦理学》中严格区分了"技艺"与"实践"的概念，通过技艺的活

───────

[1] 〔英〕约翰·菲尼斯：《自然法与自然权利》，董娇娇、杨奕、梁晓晖译，苏苗罕、张卓明统校，中国政法大学出版社，2005，第78页。

动，我们将秩序赋予超越我们意志的外在世界，而通过实践的活动，我们将秩序"赋予一个人他自己的意志、行动和品格"①，这样的一种实践的直接效果造就了实践与人类完满的同步性，我们不仅通过实践活动产生了人性行为，而且通过实践活动的这种"不及物性"进行自我塑造以及人类完满。每一个实践选项所产生的都是一种新的"自我"、一种新的实在，"作出选择，并不仅仅是开始进入一个崭新的世界，而是已经展开成为一种人"②。

因此，每一个人通过主动选择基本善、实现基本善的同时也在选择成为一个理想的我，并现实地成为一个崭新的"我"，而我们无法在作为两种完全不同的实在的"人"之间作出比较，与之相应地，我们也无法在两种基本善之间作出好与坏的比较，因此，基本善之间是不可通约的。

（二）每一基本善都是终极的

虽然菲尼斯在论证基本善的不可通约性时，没有诉诸"基本善的终极性"这一命题，然而，从菲尼斯的整个文本来看，这样的一个命题恰恰支撑了菲尼斯基本善的不可通约性论证，因此同样可以将这一命题视为菲尼斯基本善的不可通约性论证的理由或论据。具体来说，在菲尼斯的理论中，既然基本善是我们实践推理的终点，那么我们存在多少实践理性的推理，也就存在多少这样的"终点"。而基本善也正是在此意义上意味着"内在的""终极的"，除此之外更无更高的目的置于它之上，这也就意味着每一个基本善并不会出现在另外的一个实践理性的推理链条之中，因此，在两种基本善之间没有所谓的更高或更低之分。

如前所述，实践理性指向基本善的推理的运作逻辑是"禁止无目的性"，因此基本善为我们的行动赋予理性上可被理解的意义，但其并不是一种有条件的意义（有更高的意义来解释它），而是一种无条件的意义（以自身为意义的意义），这样的一种意义从整个人生完满的角度解释了我们为何

①〔英〕约翰·菲尼斯：《自然法理论》，吴彦编译，商务印书馆，2016，第24页。
② John Finnis, "Commensuration and Public Reason," in *Reason in Action*, Collected Essays, Vol. I , Oxford University Press, 2011, pp. 239-240.

要如此行动、思考。而对每一个基本善的选择，都是将这一基本善的实现视为人类完满的一个部分，因此从根本上说，每一个基本善都是终极的，而如果我们将一种基本善视为相对更高阶的而将另外一个基本善视为相对更低阶的，就意味着那一"较低阶"的基本善不是一种内在的善，因此此种做法将陷入一种无法成立的自我矛盾之中。

也正是在这一点上，菲尼斯的基本善理论同罗尔斯的基本善理论有了重要的区别。罗尔斯所谓的基本善只是一种"条件之善"而不是一种"内在之善"，更为重要的是，在罗尔斯看来，这样的一种"弱的善理论"（thin theory of good）在"人类完满"面前具有一种优先性。罗尔斯将基本善视为一种"条件之善"的根本原因在于其将人类完满视为一种主观性的"偏好"的满足，而不是客观的方面，因此为了满足个人的不同的偏好，我们必须保持"民主"的态度，必须将自由、机会、财富和自尊的基本善视为首要的。而根据菲尼斯的理论，人类完满具有一种无条件的至上性，而一种完善的基本善理论也应建立在这一理想之上。相反，通过一种"条件性"的基本善理论对选择及人类完满的规划加以限制，则是一种对人类完满实现的制约及压制，它不仅将人类完满视为主观的、任何偏好的满足，而非由众多的客观方面所组成的部分，还忽视了人类完满的一种"主动性"的面向，认为人们应该在一个开放的实践领域中去主动追寻及发现自身的善，去探究人类完满的可能性，此种主动筹划善的能力不应该受到任何基于"民主"考虑的限制。

如果说基本善的客观性为自然法的首要命题（绝对的道德规范）提供了前提，那么基本善的不可通约性就为这一命题提供了保障。道德规范的"绝对性"恰恰是由基本善的"不可通约性"所保证的。在下一篇章分析菲尼斯的道德理论时，我们将会看到，如果基本善之间是可以通约的，那么我们就会陷入功利主义的错误中，因为诸种价值是可以为了实现某种最大化的价值而被牺牲的。此种事态下将不存在任何绝对性的道德规范，因此，基本善的不可通约性论证实际上是菲尼斯反对功利主义原则的一个核心论据。

第四节　基本善与幸福的关系

一　幸福在于基本善的实现

在菲尼斯的众多著作中，他将幸福（eudaimonia）与福祉（well-being）、兴旺（flourishing）以及人类完满（self-fulfillment）在相同的意义上使用。就此而言，我们通过基本善达致人类完满就是通过基本善达致幸福。在菲尼斯看来，幸福既不在于一种自然欲望上的满足，也不在于一种精神上的快乐的体验，而在于基本善的实现，因此幸福也是一个客观的方面，它独立于我们的欲望及精神上的体验而被界定。

（一）幸福不在于欲望或快乐的满足

德里克·帕菲特（Derek Parfit）在《理与人》（*Reasons and Persons*）一书中将伦理学史中关于幸福的理论划分为了三种类型，"从享乐主义的视角来看，对一个人最好的事物是使他快乐的事物；从欲望满足的视角来看，对一个人最好的事物即在他一生中最好地满足了他的欲望的事物；从客观主义的视角来看，一些事物对我们来说是客观的好或坏，无论我们是否欲求这一好的事物或逃避这些坏的事物"[1]。菲尼斯的幸福理论可以被视为从属于第三种类型，所谓的幸福是一个客观的方面，其独立于我们的主观欲望及精神体验。[2]

对于菲尼斯而言，幸福在于诸基本善的实现，他反对将幸福还原为欲望的满足以及精神上的体验，而他的论证则诉诸诺齐克的"缸中之脑"（experience machine）试验。在菲尼斯看来，诺齐克提出的这一思想试验能够帮助我们揭示人生的意义到底驻足于何处。现在，假设我们被塞入了一个

---

[1] Derek Parfit, *Reasons and Persons*, Oxford University Press, 1984, p. 493.

[2] 相关论述也可参见 Roger Crisp, "Finnis on Well Being," in John Keown, Robert P. George eds., *Reason, Morality and Law—The Philosophy of John Finnis*, Oxford University Press, 2013, p. 24。

"体验机器"的装置，这个装置和我们的人脑相连接，并且能够提供给我们所有我们想要的快乐"体验"或"感受"，现在我们反问自身，"我"是否愿意一辈子待在这样的一个机器中并从此享受精神上的体验而与现实世界绝缘？① 在菲尼斯看来，人们显然不会如此选择，其中最重要的两个原因分别是：第一，人类完满是在现实的行动中所确立起来的；第二，人类完满只有通过自由意志的抉择才可达成。

亚里士多德曾说，"谁也不愿意一生都处在儿童的心智阶段，即使他一直能从令儿童愉悦的事物中得到最大的快乐"②。在菲尼斯看来，这是对诺齐克思想试验的最好回答，因为快乐的体验虽然对于我们的人生意义来说是一个很重要的部分，却不是一个最根本的部分，因为人生的"活动"有其自身的意义，其不仅仅是一种外在的表现，即便是作为一种"思维活动"、作为一种对人类完满的筹划，也可以明显地与精神体验区分开来。

就此而言，我们可以从两方面来理解菲尼斯关于幸福的表述：从第一个方面来说，基本善是人生的意义所在，这也说明了基本善是要在"现实的"生活及实践中展开的，更为根本的说，人类完满需要依靠实践，而生活在"体验机器"中，从而与现实世界隔绝的生活将是一种"未曾开始即将死去"的生活；而从第二个方面来说，人类完满的过程也是通过自由意志的"自我塑造"的过程，通过自己的选择成为一个可能的、更好的"我"的过程，而"体验机器"中的生活严格来说不是一个属于"我"的生活，因为我们无法作出选择，无法决定自己成为哪一种人，从这个角度上言"欲望满足"的幸福理论也是不成立的，因为那种满足只是对我们作为生理事实的欲望的满足，其中缺乏了我们的理性审视及自觉。

实际上，菲尼斯在这里反对将幸福视为一种主观态度的深层意图在于，如果幸福是来自欲望的满足或快乐的体验，那么，我们如何才能够从一种事实性的因素出发来寻找我们的价值理想呢？这样的一个理解幸福的"方"，

---

① 关于诺齐克的"缸中之脑"的思想试验，参见〔美〕罗伯特·诺齐克《无政府、国家和乌托邦》，姚大志译，中国社会科学出版社，2008，第51~54页。

② 〔古希腊〕亚里士多德：《尼各马可伦理学》，廖申白译，商务印书馆，2017，第295页。

是一种从事实到价值的非法推论。对于菲尼斯而言，我们对基本善的把握是在现实的生活、实践的过程中发生的，相同地，我们每一个人对幸福的认知和追求也是一个实践性把握的过程，在此不需要预设一种理论上的因素。因此，菲尼斯将幸福解读为一个客观的事态的做法，仍然是他事实与价值二分法的具体运用。

（二）选择基本善是因幸福之故

如果幸福不存在于欲望的满足或者快乐的体验，那么幸福到底驻足于何处？在菲尼斯看来，幸福的实现在于基本善的实现，我们选择基本善不仅仅是因自身之故，同时还是为了幸福。

菲尼斯将基本善视为人类完满的一个方面就表明，我们不仅仅是因基本善的内在的、终极的"善性"而选择基本善，同时还因"人类完满"或"幸福"而选择基本善。亚里士多德曾明确地说过，"荣誉、快乐、努斯和每种德性，我们固然因它们自身之故而选择它们，但是我们也为幸福之故而选择它们"[①]。我们追寻基本善不仅仅是因为它们赋予了我们实践推理以最终的、无条件的目的，同时还因为这样一个基本善的实现构成了人类完满的一个方面。正如诺齐克在"缸中之脑"的思想试验中所给出的启示，纯粹的被动式的体验的生活将是一种无意义的生活，人生的意义正是在主动的行动中展现的，而在充满着各种行动的一生中，每一个行动又有一个终极的目的，这一终极的目的即基本善。因此，人生的意义不在于欲望的满足或精神的享受，而在于通过行动实现基本善，换句话说，幸福在于基本善的实现。

然而这并不是说我们可以将幸福以及快乐的体验完全割裂开来，在菲尼斯的视角中，幸福的确是可欲的，而在我们逐步实现基本善的过程中可以体验到一种"快乐"以及欲望的满足，然而这样的一种快乐的体验是第二位的，优先的是基本善的逐步实现，我们不是为了快乐而实现基本善，而是为了幸福或人类完满而实现基本善。菲尼斯如是说道："对于一种人类的善而

---

① 〔古希腊〕亚里士多德：《尼各马可伦理学》，廖申白译，商务印书馆，2017，第18页。

言，'可欲性'以及'能带来我们满足'确实是很重要的，但是对于一种善而言，其最为基本的还是作为一种人类繁荣的方面。"①

菲尼斯的这一客观的理论存在如下难题，也就是在克里斯普（Roger Crisp）看来，幸福的客观主义理论的一个普遍难题：我们如何在实现一个客观事态的过程中说我们感受到了幸福。② 虽然在这一命题中，克里斯普有一个预设的前提，那就是在幸福的概念上，他似乎持有的是一种"主观上的体验"的理解。然而，他的这一反对却符合我们的一般直觉，这一点可以通过一种假象的思想试验得到理解。例如，在我们一味地追求知识、生命这一价值时，其过程是无比的艰辛，甚至没有丝毫乐趣可言，这时我们能够说自己很幸福吗？又如，按照菲尼斯的理论，"游戏"的价值完全在于一个活动自身，这时我们设想一个人在进行竞技性的体育活动，但是他却一直在输掉比赛，这时我们能够说他也很幸福吗？这样看来，当菲尼斯将幸福一方面解读为客观的，另一方面又将其解读为包含着"体验"（虽然是第二位的）的感受时，这样的一种内在矛盾就揭露出来了。

二　幸福只是一种理想状态

如果幸福在于基本善的实现，那么是在于一种或多种基本善的实现还是所有基本善的实现？在菲尼斯看来，严格地讲，幸福或人类完满不在于一种或多种基本善的实现，而是在于所有基本善的实现，当我们充分地实现所有基本善时，我们就获得了严格意义上的幸福。然而我们不能充分地实现一种基本善，也因此我们想要实现充分的幸福是不可能的，就此而言，幸福只是一种理想的态势。按照核心情形分析法，我们可以将菲尼斯的幸福概念在内容上理解为两种类型，一种是完满的、核心情形的幸福，另一种是不完满的、边缘情形的幸福。

---

① John Finnis, *Fundamentals of Ethics*, Georgetown University Press, 1983, p. 38.

② Roger Crisp, "Finnis on Well Being," in John Keown, Robert P. George eds., *Reason, Morality and Law—The Philosophy of John Finnis*, Oxford University Press, 2013, p. 24.

（一）两种不同类型的幸福

按照亚里士多德的定义，菲尼斯将幸福视为一种自足的状态，但在解释上，菲尼斯认为这样的一种自足，不是一种单一方面的自足，而是一种所有方面的自足。但是在这一问题上，菲尼斯并没有解释为什么幸福在于所有基本善的实现，他仅仅说道："任何的一个基本的善都是自足完满的目标的一部分。然而，没有任何一个基本善单独构成了完满的状态。"①

根据菲尼斯的文本，对这一命题的一种可能的解读是，鉴于基本善是人类完满或幸福的"各个"方面，而每一个基本善又对应于人性的复杂特征中的某一个面向，由于人类完满在本体论的意义上说是"潜能"逐步成为"现实"的过程，人类的"完整"的实现就不在于一种潜能的实现，而在于所有潜能的实现。更进一步，人类的完整的幸福就不仅仅在于一种或多种基本善的实现，而是在于所有基本善的实现。因此，严格来说，人类的最终目标是一种"完整的实现"，是所有方面都充分地实现。

因此，幸福是一种"整合的"基本善的实现，然而菲尼斯也承认这样的幸福是一种严苛的要求，实际上在现实中很多人并非向着这样的一个理想而生活——"在实践之中，每个人都可以理性地选择把某种或者几种基本善作为生活中最重要的价值"②。例如，学者倾向于将知识视为毕生要追寻的价值，同时在某种程度上忽视了对其他价值的追寻，如放弃了对友谊的向往或者更为严重的，以一种牺牲自己的健康为代价的极为苛刻的方式投身到追求真理这一事业当中。不仅仅是在追求作为基本善之一的"知识"的过程中会出现如此情况，在追求其他基本善的过程中存在同样的可能性。这样的一种事实表明，对于我们个体来说，幸福不存在于所有基本善的整全实现中，而存在于某一种或几种基本善的实现中，因此，人们无须根据一种"整合基本善"的方式去追寻自己的幸福，这样的一种幸福被菲尼斯以及格

---

① John Finnis, "Action's Most Ultimate End," in *Reason in Action*, Collected Essays, Vol. I, Oxford University Press, 2011, p. 162.

② John Finnis, *Natural Law and Natural Rights*, Oxford University Press, 2011, p. 93.

里塞茨称为"常人所能接纳的幸福"①，是一种非严格意义上的幸福。

应当如何理解菲尼斯所说的两种类型的幸福？在解读菲尼斯的幸福概念时，我们可以按照核心情形分析法将幸福在内容上划分为两种类型。在菲尼斯的理论中，所有基本善的"整合式"的实现是幸福的核心情形，是严格意义上的幸福；而将单一的基本善视为自身的最终目的从而以一种"非整合式"的方式实现它，是幸福的边缘情形，是非严格意义上的幸福。这样的一种区分类似于亚里士多德所提出的"属人的幸福"与"神性的幸福"之间的区分，同样类似于阿奎那的"不完满的幸福"（beatitudo imperfecta）与"完满的幸福"（beatitudo perfecta）之间的区分。亚里士多德曾将"沉思"视为幸福的最高形式，认为其是最为理想的事态，是此生所无法达致的，而德性的幸福则是现实中可以期求的事态；阿奎那则通过"不完满的幸福"以及"完满的幸福"的区分，将对上帝的沉思视为最完满的幸福，它同样是一种理想的、不可及的事态。在菲尼斯对幸福的理解中，明显地可以看到这位哲学家的影子。

（二）幸福不可能充分地实现

如果幸福是伴随着基本善的实现而呈现的，那么我们能否在此生现实地获取幸福呢？换句话说，我们能否现实地实现一个理想的"我"呢？在菲尼斯看来，答案是否定的，因为我们不可能以一种充分的方式实现所有基本善，因此，我们不可能以一种充分的方式达成幸福。

当基本善作为行动的最终理由指引我们的行动时，菲尼斯认为，我们一方面可以说在"实现着"（realizing）基本善，另一方面也可以说是"参与到"（participating in）基本善的实现中。在这两种说法中，后者是一种更为严谨的说法，因为基本善绝不可能完满的实现，而只能逐步的实现。当我们将一种基本善视为我们行动的最终理由时，我们希望通过参与到这一基本善的实现中而成为一个更好的自我，也就是逐渐实现个人完满。例如，我们将

---

① 〔美〕杰曼·格里塞茨、〔加〕约瑟夫·波义耳、〔英〕约翰·菲尼斯：《实践原则、道德真理与最终目的》，吴彦译，商务印书馆，2019，第 103 页。

知识视为一个人生目标时，我们希望通过大量的阅读、深入的思考使自己成为一个富有学识的人，然而就如我们不可能将所有的知识穷尽从而成为一个"全知"的人，我们也无法用一种穷尽的方式去实现任何一种基本善，就此而言，"人的自我抉择和自我实现不可能得到完满的完成，也没有最终、成功地实现过"①。

在菲尼斯的论述中，幸福虽然是客观的，但其只是一种理想的状态，而非一个现实的、可被实现的目标。幸福的实现与其说是一种最高的目的，还不如说是菲尼斯所使用的意义上的"游戏"的过程，因为严格来说我们并不期望通过基本善的逐步实现从而最终达致一个现实的完满的自我，而是享受参与到实现基本善的过程中，享受追寻幸福的旅程，在这一过程中我们通过基本善的逐步实现而成了一个更好的自我。

三 幸福中上帝居于次要位置

自然法伦理学都致力于论证一个关于行为对错的客观规范，而这样的一个客观规范又是由一个或一组"善"来加以保证的。就如我们在阿奎那的自然思想抑或萨缪尔·克拉克的"永恒法则"理论中所看到的那样，在传统的自然法理论中，那一赋予行为对错以绝对性的最高的"善"即上帝，是上帝赋予了自然法理论以合法性和权威性。而自然法作为一种理性的指引性规则，其在心灵中引领我们趋向上帝，而最终朝向上帝而生活。那么，对于菲尼斯而言，人的幸福是否也在于向上帝的趋近呢？在菲尼斯的视角中，上帝在幸福的事态中并不是首要的因素。

（一）上帝并非幸福的目标

就如"宗教"作为一种基本善并不特指某一特殊形态的宗教教义一样，上帝在菲尼斯的视角中也并非指涉基督教中的"上帝"，而是指一种"解释了诸种有限存在者的一种无限的存在"。为了避免引起歧义，菲尼斯在其著作中经常用"D"来作为上帝的指称。D解释了一切的有限的存在者、有限

---

① John Finnis, *Natural Law and Natural Rights*, Oxford University Press, 2011, p. 96.

的真理的可能性以及有限的"善"的实现的事态。在菲尼斯看来，他的自然法伦理学并不依赖于上帝意志的表达，实践原则或者道德真理并不用一种至上的存在加以解释。① 那么这一至高的完满的存在是不是人类幸福的目标？答案同样是否定的，原因有两个。

　　首先，我们不能"完善"上帝。在菲尼斯的定义中，幸福无非是通过行动实现基本善的过程，是将基本善从不完满的程度实现到完满的程度的过程，总而言之，幸福是"潜能"逐渐成为"现实"的过程。而对于一个至善的存在者 D 而言，我们不可能将其从一种"潜能"变为"现实"，因为其是纯粹的现实、是至高的善、是所有善的最为充分的体现，就此而言，我们无法为了上帝的完善而行动，因为上帝无所他求。② 这也表明了上帝并不是我们追求幸福的对象。其次，我们并没有"实现上帝"的能力或倾向。幸福在于基本善的实现，而基本善又通过实践经验被我们加以把握，而实践经验之所以能够被我们把握，是因为这些经验是我们"自然倾向"的展现及外露，就此而言，基本善对应于人性的复杂特征。实现任何一个事物的能力和倾向是由其本质所决定的，而如果我们拥有一种能力或倾向指向了上帝，那么我们就不再是一个现实的"有限存在者"，而是一个"无限的存在者"，因此，我们没有"实现上帝"的能力或倾向，也正是在这个意义上，"人类个体的心灵并不是为了上帝而被创造出来的，相反它们是为了人类完满而被创造出来的"③。

　　如前所述，菲尼斯在构建其伦理体系时，一个明显的倾向就是弱化上帝在伦理理论中的地位，将宗教命题从自然法命题中剔除出去。虽然在传统的自然法理论中，幸福不是一个十分受重视的概念，传统自然法理论旨在给出行为规范的绝对性标准，但是在菲尼斯的伦理学中，它将个人对幸福的追求和绝对的道德规范理论融合在了一起（在最后一章将指出，菲尼斯的这一

① 参见 John Finnis, *Fundamentals of Ethics*, Georgetown University Press, 1983, p. 147。
② John Finnis, *Fundamentals of Ethics*, Georgetown University Press, 1983, p. 147.
③ 〔美〕杰曼·格里塞茨、〔加〕约瑟夫·波义耳、〔英〕约翰·菲尼斯：《实践原则、道德真理与最终目的》，吴彦译，商务印书馆，2019，第 101 页。

做法，可以在某种程度上视为将目的论和义务论融合的一种尝试），并且在自身的伦理体系中，将上帝的概念弱化为了一种哲学上的"整全性"概念，此种做法可以视为菲尼斯对传统自然法伦理学困境的一个回应。该回应包含了两个方面：一方面，将上帝从幸福的目标中排除；另一方面，在下章将指出，菲尼斯将道德规范的绝对性建立在了基本善的基础之上，而非以上帝为依据。

（二）爱上帝即爱基本善

虽然菲尼斯认为严格来说我们不能将上帝视为我们的幸福所在，然而在类比的意义上说，我们可以将上帝在某种程度上视为我们的幸福所在，这是因为，在作为至善的上帝那里，所有基本善都最为充分地实现了。因此，一方面我们可以说，我们期冀所有基本善的实现；而在另一方面，在类比的意义上，我们可以说，我们"爱上帝"。

如前所述，"爱"是友谊的核心观念，一个完整的友谊是双方在互相"爱"他人的情形中实现的。亚里士多德讨论过"人"和"上帝"之间的友谊关系（一种类比的、延伸的意义上的友谊形式），在他看来因为人和上帝在善的实现程度上差距如此之大，所以人类无法和上帝之间保存着一种"友谊"。[①] 菲尼斯对亚里士多德的这一观点进行了回应。菲尼斯认为，如果上帝是一个最为完满的存在者，在上帝这里所有基本善都以一种最为充分的方式实现了，那么可能的是，我们可以按照亚里士多德的友谊的"模式"去追寻上帝的善，而不必与上帝真正保持一种"友谊"。在一种理想的友谊模式中，出于友爱（philia），A 为了 B 的完善而行动，与之相对的，B 也同样出于友爱为了 A 的完善而行动。现在，在"人"与上帝之间，虽然上帝已经是自足的，但是我们可以出于对上帝的"爱"而去追寻上帝所喜爱的"善"，而我们每个人的、所有基本善都能够在上帝那里得到实现，因此我们爱上帝也即爱自己的善，也即希望自己的完善。正因如此，在类比的意义上，我们可以说我们向着上帝而生活；而严格来说，我们是朝着自身的幸福

---

① 〔古希腊〕亚里士多德：《尼各马可伦理学》，廖申白译，商务印书馆，2017，第 242 页。

而生活。

在这里，可以回过头来重新审视菲尼斯的"宗教"的基本善，并对其作一个补充性的解读。当菲尼斯说，每一个基本善都对应于人性中的复杂特征时，他并不是说在人的本性的自然倾向中有对上帝的热爱及追求的因素，而是说"宗教"的价值表达了人类完满的一般要求，这样的一种理想的幸福只有在我们对有限的自我发出无限的追问时，才能够呈现给我们，也正是在这个意义上我们可以说，"如果一个人相信，不受限制的良善性——亦即良善性本身——可在上帝中被找到，这个人就会把上帝看成所有基本善之良善性的来源。从这个意义上看，每一种人类完满都是对于神圣良善性的一种分有"①。因此，说宗教是一种基本善无非是在说，我们要通过基本善的实现而最大限度地实现自身的完善，从而达致幸福。

---

① 〔美〕杰曼·格里塞茨、〔加〕约瑟夫·波义耳、〔英〕约翰·菲尼斯：《实践原则、道德真理与最终目的》，吴彦译，商务印书馆，2019，第103页。

第三章

整合基本善的道德理论

　　菲尼斯伦理学的一个核心特征就是将基本善视为"前道德性"的，我们指向基本善的实践理性推理只是避免了我们无目的的行为，却无法避免我们犯错。因此，在基本善以及"道德性"之间就存在某种断裂，而这样的一种断裂需要"中介原则"来加以弥补。对于菲尼斯而言，单一的基本善不足以给我们的道德行为提供指南。菲尼斯严格区分了人类完满的活动以及道德的活动，而道德的行为来自对人类完满的各个方面（基本善）的整体考量，也就是说，在我们实践的思维中不应只考虑一种基本善，而应对所有基本善加以考量；并且，我们在追寻人类完满的同时，也要考虑到其他人在实现基本善上的可能性，从而也就有了菲尼斯的整体的道德原则。菲尼斯所理解的道德原则是绝对的、无条件的，是与功利主义的道德原则相对立的。同时，在事实与价值严格区分的基础上，菲尼斯指出此种道德原则也是一个"真理"，但这一真理不是一种事实上的真理，而是一种实践上的真理。而符合了道德真理的行动即最为严格意义上的"正义"的行动，借助核心情形分析法，菲尼斯指出"正义"理论可以有多种形态，然而在这诸种形态中，只有以"道德"为内容的正义原则才是核心情形。

第一节　从基本善到道德原则的过渡

一　基本善与道德原则间的"逻辑空缺"

如何才能够从一个价值理论过渡到一个实践判断的理论？在传统的至善论伦理学中，这一过渡是自明且直接的，但在菲尼斯的理论中，每一个基本善都是根本的、终极的、不可还原为其他的善，那么就不存在唯一的"至善"，在这样一种多元的价值论中我们又如何引申出绝对的道德原则？同时，更为根本的，菲尼斯仅仅将"善"视为前道德性的，其即使在我们作恶时也在指引着我们，那么这就从根本上斩断了基本善与道德原则之间的直接联系。而自然法伦理学旨在给出绝对的道德规范，这样的一种规范又如何能够在多元的价值中寻找？这是菲尼斯的伦理理论所必须回答的一个问题。

（一）价值与实践判断之间的"无人之地"

菲尼斯在这一话题上的论述建立在他对当代哲学家大卫·威金斯理论的思考之上，因此，在此有必要先对威金斯关于"价值"和"实践判断"间的"空缺"理论作出一般性的介绍，只有这样才能为理解菲尼斯的理论提供一个良好的背景。

在《真理，发明和人生意义》（Truth, Invention and The Meaning of Life）一文中，威金斯提出了一个重要的区分——要求我们谨慎对待价值与实践判断之间的联系。在他看来，在一种类比的意义上我们可以将事实（is）与价值（ought）之间的区分用在"价值"与"实践判断"之间的区分上，在此就存在"什么是善"以及"应当如何行动"之间的区分，就如在事实与价值之间存在分离之墙那样，在"什么是善"以及"应当如何行动"之间存在一个"无人之地"（no-man's land）。①

---

① David Wiggins, "Truth, Invention and The Meaning of Life," *Hertz Philosophical Lecture*, 1976, p. 338.

关于如何理解价值与实践判断之间的这一空白，威金斯从两个方面作出了解释。从第一个方面来说，如果像非认知主义伦理学者那样将"善"视为一种主观的态度的话，那么将不存在任何客观的价值或者善，从而也就无法引申出普遍的"实践判断"的原则。威金斯以理查德·泰勒（Richard Taylor）在《善与恶》（Good and Evil）中对西西弗斯神话的解析来阐明这一观点。西西弗斯因违背神意而被惩罚无休止地在山顶和山脚之间推滚石头，这样的生活是完全没有"价值"的，而为了改变这一状况，仁慈的神先是为西西弗斯注入了一个非理性的欲望，然而此时西西弗斯的生活仍然是没有意义的，因为它缺乏某种目标。这时神又给西西弗斯设定了一个外在的客观目标——建立神庙，这时泰勒追问，当神庙的建立这一外在目标实现时，我们能说西西弗斯的生活是有意义了吗？泰勒从两方面进行了否定。一方面，泰勒指出，神庙的存在是不可能永恒的，如果将人生的意义驻足于此，那么在某种程度上说，人生将随着神庙的逐渐破败而失去意义；另一方面，即使神庙能够永远地存留下去，那么当我们完成这一客观目标时，我们的人生将会陷入无尽的空虚。就此而言，西西弗斯的典故提供给我们一个启示——人生的意义不在于外在价值的实现，而在于生活自身。[①] 威金斯随即指出了泰勒这种非认知主义伦理学的主要论点——善或价值不是外在的，而完全是内在于我们的。[②] 如果善是一种主观的观点，那么它如何能够提供一个普遍的实践原则呢？从第二个方面来说，即使善存在某种客观性，那么在不可通约的多元善的存在的前提下，如何能够得出一个普遍的实践原则呢？每一个善都告诉我们要如此行动，存在多少种善就存在多少实践原则，在其中不存在统一性，因此，威金斯如是说道："实践问题有着不止一种答案，在不同的答案之中也并不总存在一种'更好'或'更坏'的秩序。"[③] 威金斯指出，我们在实践

---

① 关于泰勒对西西弗斯神话的详细讨论，参见 Richard Taylor, *Good and Evil*, Macmillan Press, 1970, p. 18。

② David Wiggins, "Truth, Invention and The Meaning of Life," *Hertz Philosophical Lecture*, 1976, p. 338.

③ David Wiggins, "Truth, Invention and The Meaning of Life," *Hertz Philosophical Lecture*, 1976, p. 372.

中遇到的现实情况是如此复杂，以至于我们不可能期望以一种一致性的方式对这一难题作出解答，甚至在某些极端可怕的情形中，不存在任何可以称得上是理智的答案。而面对实践上的难题，我们只能采取亚里士多德式的方式——在具体情形中审慎地裁决，也就是说我们要拥有一种实践智慧。此时，价值的客观存在并没有给我们的实践判断提供任何"指导"，就此而言，价值和实践判断之间存在一片"无人之地"。

威金斯的这一论述对菲尼斯的伦理理论提出了挑战。这是因为，一方面，菲尼斯坚持了价值的多元主义立场；另一方面，菲尼斯又要维护自然法伦理学中绝对道德规范的命题。这迫使菲尼斯不得不回答如何去填补价值与实践判断之间的"无人之地"。两者之间的空缺问题在一般的意义上说，是"善"与"正当"的一般性问题。在现代的价值多元社会中，当理论家发现存在各种各样的"善"观念时，他们就放弃了在伦理层面上去寻求统一的规范的努力。相反，他们致力于在公共性的合作体系中去为大家的行动作出规约，并反对罗尔斯提出的"综合性的教义"理论。在这种视角下，自然法伦理学就是一种"综合性的教义"理论。然而，菲尼斯的理论却明显地表现出了对这一"妥协"的反对，因为这将摧毁自然法伦理学的一般立场。

（二）基本善到道德原则的过渡不是自明的

在菲尼斯的理论中，基本善即威金斯所说的"价值"，而道德原则即威金斯所说的"实践判断"，两者之间同样存在一片"空白"，这一片"空白"被菲尼斯称为"逻辑上的空缺"（logical space）。

可以从如下三个方面来理解菲尼斯的这一"空缺"理论。首先，菲尼斯伦理学中的"善"并不是非认知主义伦理学中的"主观态度"，而是存在一种客观性，是人类完满的不可通约的客观面向，也因此，基本善和道德原则之间的逻辑空缺就不是威金斯指出的第一种类型的断裂，而是第二种类型的断裂。其次，在菲尼斯的基本善理论中，所谓的最终的善不止一个，而是多个，每一个基本善都是根本的、内在的，因此就不存在唯一的至善，在诸基本善之间不存在一种等级秩序，因而菲尼斯的基本善理论就不是一种"至善论"理论，在其中不存在能够指导我们在各种情形下作出各种各样的行为的单一的善。最后，基本善仅仅具有一种前道德性，人类完满活动不是一项道德活动，二者之间存在某种差别。因此，在菲尼斯看来，从基本善到道德原则的过渡不是一个自明的过程，而是需要加以澄清的。

这样的一种空缺应该如何去填补？菲尼斯提出了他的"中介原则"（intermediate principles）理论，这一理论不仅能够很好地联结多元的基本善命题和绝对的道德规范命题，还能够对我们的人类完满活动提出要求，指引我们在一种"道德"的约束下去开展人类完满的活动。这一中介原则相当于康德哲学中的"先验图形"，它虽不是"经验杂多"及"知性范畴"，却同时具有了两者的属性，因此，作为一种中介，它便有资格将两种完全不一样的东西联结起来。① 而菲尼斯的中介原则也是一样的，它既不同于基本善又不同于道德原则，却内在地包含了两者的内容，因此便可以用作填充基本善和道德原则间"逻辑空缺"的工具。

二 通过中介原则填补"逻辑空缺"

在菲尼斯看来，伦理学理论历史的一个重要脉络即寻找从"善的判断"到"实践判断"的过渡方法，也即回答这么一个问题——如何将我们对"善"的认知运用到我们的具体实践当中，以使我们能够在一些具体的场合实现"善"的要求。② 阿奎那在《神学大全》中讨论过自然法的首要命令（基本善）与道德原则之间的关系，对于它而言，从基本善的认知到在具体的情境中行道德之事同样是一种不自明的联系，虽然在阿奎那看来，有些道德律令是我们所能直接认识到的，如不能杀人的律令是我们所能直接把握到的，但是对于大多数的律令来说，则需要实践智慧，并且这一智慧并非所有人都拥有。这一论点也获得了麦金纳尼的支持，在他看来，我们能够先天地认识到道德的首要原则——应当追求善并避免恶，而具体的道德规范，如不能杀人、不能撒谎等则以一种自明的方式与道德的首要原则产生联系，因此

① 关于康德在这一问题上的论述，参见杨祖陶、邓晓芒编译《康德三大批判精粹》，人民出版社，2001，第152~153页。

② John Finnis, *Fundamentals of Ethics*, Georgetown University Press, 1983, p. 70.

在某种程度上，我们可以直接把握到这些具体的道德规范。① 然而对于菲尼斯而言，阿奎那的这一说辞过于模糊，并且不能从实质上解释为什么前道德性的基本善会产生一些道德要求，因此，阿奎那在关于这一问题的回答上同样留下了空白，而菲尼斯则提出了通过"中介原则"去填补这一空白。

（一）十项中介原则的内容

在菲尼斯的伦理体系中，这一作为联结"善"与"道德原则"的因素被称为"中介原则"或者是实践理智的基本要求。而在新自然法学派的其他代表，如格里塞茨那里，这样的一个因素被称为"责任模式"（modes of responsibility）。无论是中介原则也好，抑或责任模式也罢，它们一方面是基本善所要实现的要求，另一方面则是我们具体道德规范的直接来源，也正是有着这种双重的身份，中介原则具备了充当"中介者"的资格。当我们将自身投入基本善的追求及实现当中时，应当怎么思考？同时又应当如何行动？在这些思考以及行动当中，存在实现基本善的要求。菲尼斯提出了众多中介原则，可以概括为以下几个方面。

第一个方面与基本善的实现相关，其中存在三个实践理智的基本要求。第一个要求，要有一个有条理的人生计划。也就是说将人类完满活动视作一个整体性的实现活动，我们将对基本善的追寻视为贯穿一生的活动，它要求我们一方面不能够因一些偶然的欲望或想法而改变自己的初衷，另一方面根据实时的情形去调整我们的计划。第二个要求，不能有意贬低某一基本善。当我们投身于一个有条理的人生计划时，我们必然会将自己的思想及行动集中到某一基本善或者某些基本善之上，就如学者投身于知识的海洋中、艺术家沉浸在审美的体验中，从而在主观上忽略了其他基本善的实现。然而菲尼斯提醒我们，虽然基本善在主观上会呈现出某种"优先性"排序，但是从客观上来说，基本善之间是不可通约的、不可比较的，因此，当我们有意地去贬损某一基本善时，就是对这种客观性的否定，进而是对人类完满的一个

---

① 参见〔美〕约翰·戈耶特、马克·拉特科维奇、理查德·迈尔斯编《圣托马斯·阿奎那与自然法传统——当代视角》，杨天江译，商务印书馆，2015，第275~277页。

面向的否定。第三个要求，尊重他人实现基本善的权利。当我们投身于对基本善的追求时，我们不仅仅意识到这一基本善对自身而言是一种善，同时意识到这一基本善对具有相同的实践理性能力以及共享了人类本性的其他存在者来说同样是一种善，因此基本善"原则上可以为任何人所追求、实现并参与"①。因此，在追寻人类完满的过程中，我们要尊重其他人实现基本善的权利。

第二个方面与人性中的自私、偏爱、懒惰等负面因素相关，而我们要克服这些负面因素。第一个要求，要时刻怀有"超然"（detachment）的态度。具体来说，我们要将基本善的展开视为一生的活动，因此不要因为一个具体目标的失败或者破灭就对生活及人生的意义抱有怀疑态度，一个具体目标的失败或成功地实现并不能代表一种对基本善的失败或成功的追求。与之相关的第二个要求——对基本善的追求要许以承诺，这意味着我们要忠于自己的选择及理想，在选择了一项追求后就不应轻易放弃并且在出现困难时寻找出路。

第三个方面与基本善实现的手段相关，而这一方面的实践理智要求则更为明显地展现了蕴藏在基本善之中的"道德性"。第一个要求，采取有效的手段实现基本善，在不损害基本善的前提下，我们应当选择最为有效的手段去达到一个基本善的好的结果。虽然基本善的实现与结果的预期相关，但这并不是在说，"结果"在我们的实践判断中占据着一种优先性地位，由此就有了第二个要求，即要尊重每一个基本善。这要求我们的人类完满不能以故意损害任何一基本善为前提，其类似于康德的绝对命令——永远将人视为目的，而不仅仅是手段。这样的一个要求也体现出菲尼斯的道德理论的核心特征——选择及行为的特性由"意图"所刻画，其不仅仅要求我们不能怀有一个损害基本善的恶的意图，更为直接地，即使是为了实现好的结果而采取坏的手段同样是不允许的。第三个要求是，要促进基本善在共同体中的实

---

① 〔英〕约翰·菲尼斯：《自然法与自然权利》，董娇娇、杨奕、梁晓晖译，苏苗罕、张卓明统校，中国政法大学出版社，2005，第90页。

现。这一要求指出中介原则不仅仅是一种"消极的规范"，其还是一个"积极的要求"，类似于阿奎那所提出的道德原则——像爱自己一样爱自己的邻人，我们不仅要追求人类完满，还要意识到，缺乏了"友谊"的人类完满是一种不全面的人类完满，而真正的友谊即双方互相为了对方的善及完善而行动。

上述八个要求是菲尼斯在《自然法与自然权利》中所详细论述的，除此之外，菲尼斯在《伦理学原理》中还提到了另外一项中介原则，即不要将虚假的善视为基本善。① 诺齐克"缸中之脑"的思想试验指出，人生的真正意义不在于欲望的满足或者是一种精神上的体验，而是存在于理解基本善以及追求基本善的活动中。生理性欲望的满足以及快乐的体验都不能被视为一种终极的、基本的善，而应该被视为一种次要意义上的善，它们并未构成人类完满的一个方面。

（二）从中介原则过渡到具体的道德规范

我们是先有一个总体的、形式上的道德原则，进而才能从中导出一个具体的、实质上的道德规范，还是只能在实践中把握到一个个具体的道德规范，而总体的道德原则无非是在形式上对诸多具体道德规范的总括性陈述？菲尼斯提醒我们，实践科学的原则和形而上学——数学原则的区别如此之大，我们绝不能将道德判断的推导过程视为某种从一个自明公理出发的推论，也就是说在道德命题的把握上，我们不是从抽象走向具体，而恰恰相反，是从具体走向抽象。

麦金太尔提示我们在推理的过程中要避免一种笛卡尔式的错误，这样的一种错误存在于如下的思维方式中。"我们只有先对推论的前提有一种完全的理解，进而我们才能够询问从这一前提出发我们能知道什么，实际上，我们只有首先对从前提出发的结论有所理解，我们才能够理解前提本身。"② 菲尼斯站在这一立场上指出，在任何阐述性的学科中，我们一方面可以说存

---

① John Finnis, *Fundamentals of Ethics*, Georgetown University Press, 1983, pp. 75-76.
② Alasdair McIntyre, *Whose Justice? Which Rationality?* Notre Dame University Press, 1988, p. 174.

在从原则出发进展到结论的过程，更为重要的，我们正是通过对结论的把握才能够对前提进行一个理解。这一点在道德领域中是尤为重要的，因为道德的生活无非是这样一种生活——"是一段通往第一原则的旅途，而第一原则的充分展现只有在终点才是可能的"①。

因此，基于这一立场，是先有具体的道德规范，进而才能够对总体性的道德原则进行一个说明，具体来说，只有先把握到了"不能杀人""不能撒谎"等具体的道德规范，才能够得出"像爱自己一样爱自己的邻人"这样的道德总体原则。而我们对具体的道德规范的把握即来自从"中介原则"出发的推论，这样的一个过程是三段论的演绎过程，其具体运作如下。这一演绎的大前提是某一项"中介原则"或"责任模式"，它以相关基本善为实质内容从而排除了某些"阻碍"基本善实现的行为；这一演绎的小前提是对一种行为的陈述，它表明了此种行为将会阻碍"中介原则"中所表达的相关的善的实现；结论是，此种行为将在道德上被评价为错误的。② 举例来说，"不能杀人"的特定的道德规范是这样来的，首先我们有一项作为大前提的"中介原则"——在每一行为中尊重每一个基本善，其次我们有一项作为小前提的行为陈述——杀人阻碍了基本善的实现，最后我们有一个特定的道德规范——不能杀人。

总之，在菲尼斯的伦理体系中，不是先有了道德的总体原则，而后才有具体的道德规范，恰恰相反，道德的总体原则是来自对具体道德规范的抽象概括，具体的道德规范来自"中介原则"，而"中介原则"又以基本善为核心，这样就通过"桥梁"完成了从基本善到道德原则的过渡。

"中介原则"理论在菲尼斯的伦理体系中是比较重要的一个环节，它联结着菲尼斯伦理思想的两个主要部分：基本善理论和道德理论。基本善理论和道德理论间的逻辑空缺被菲尼斯视为一个极为重大的理论问题，然而当菲尼斯提出用中介原则去填补这一空缺时，他并没有告诉我们，这些中介原则

① John Finnis, *Moral Absolutes—Tradition*, *Revision*, *and Truth*, The Catholic University of America Press, 1991, p. 46.

② 具体的推导过程参见吴彦主编《菲尼斯与新自然法理论》，商务印书馆，2020，第20页。

是从哪里来的？它们为什么有资格去充当这一中介，而不是其他的原则？这一论证上的不严密，使得菲尼斯在这一关键理论问题的解决上，显得过于松散和无从考证。似乎菲尼斯已经提前设想好了道德原则的内容，之后再根据基本善的理论提出所谓的中介原则理论，这是因为，有时我们很难将菲尼斯所说的"中介原则"和"道德规范"区分开来，诸如"尊重他人实现基本善的权利"这一中介原则俨然是一种道德意义上的表述，如果一个原则是"中介"性质的，那么这一原则和它要联结的两者之间要能够有所区别，然而，菲尼斯似乎模糊了这样的一种区别。一种合理的解释是，菲尼斯已经预设了道德原则的内容，进而才提出了所谓的中介原则。

三 "道德"因选择而可能

如果说"道德性"在理论上来源于"中介原则"，那么在实践上，"道德性"则是在"选择"（choice）中呈现的。如果基本善是赋予人类所有行动的理由及意义的那一事物，那么无论是从整体层面的指向"理想自我"的活动来说，抑或从具体层面的指向"特殊目标"的活动来说，基本善都在引导着我们，这一指引即使在我们"作恶"时也在引导着我们，也正因如此，在菲尼斯的伦理体系中，基本善不是严格意义上的道德概念，而是前道德性的。那么作为"行为"的两种特殊类型，道德的行为抑或不道德的行为也就只能在基本善的实现中显现，而"道德"又是以怎样的一种方式在基本善的实现中显现的？虽然基本善是前道德性的，但是我们实现基本善的手段则可以加以道德上的评价，实现基本善有各种各样的手段，而我们只有在这些手段中作出了选择，才能够从道德上对我们的行为进行评价。一个道德的行为在于一个选择是与全部基本善的实现相兼容的，而一个不道德的行为在于一个选择损害了某一种或多种基本善的实现。

（一）自由意志是选择的前提

是什么因素决定了一个行为是道德的或是不道德的？没有人会同意，一个具有道德意义的行为是出自无意识的行为，同时基于运气以及其他不可抗的因素所导致的行为也不具备进行道德评价的资格。而一个行为之所以能够被评价为"道德的"或是"不道德的"，其完全在于人们的选择，而所谓的选择也即在各种可能的行动选项之间作出决断，而一个无法作出选择的人是没有"道德"或"不道德"可言的，在这个意义上，"一个行为的对错完全取决于选择而非其他"①。而选择之所以是可能的是因为我们拥有"自由意志"，如果我们没有自由意志，那么我们就不能够作出决断，进而从根本上来说，我们的行为就不可能有"道德意义"可言。

是否存在自由意志？这在哲学史上是一个颇具争议的话题。自由意志的存在与否一直与因果律的理论联系在一起。否定人拥有自由意志的哲学家认为，一切事物都必须用因果律加以解释，因此并不存在什么自由意志可言，就如我们在斯宾诺莎的《伦理学》中所看到的那样。承认拥有自由意志的哲学家则莫衷一是。在阿奎那那里，"自由"与"自然的因果律"是相兼容的；在康德那里，自由在于通过理性的自我立法完全摆脱自然规律；在德谟克利特那里，自由则是"原子"中的一种完全的偶然性。就如波义耳在评价菲尼斯的道德原则时所指出的那样，"在菲尼斯的道德原则中，关键性的因素是自由意志"②。然而在菲尼斯的文本中，他似乎不愿意从理论上以及形而上学的层面上对自由意志加以证明，对他而言，自由意志的存在不是一个理论上的问题，而是在我们的实践的反思中被我们把握到的：我们在实践的思维中考量应该如何去行动时，经常意识到我们不是面临一种可能性，而是面临多种可能性，同时我们意识到我们既可以选择"这么做"，也可以选择"那么做"，不同的选项虽然提供给我们的理由不同，但是对于我们具有同样的吸引力，因此我们就犹豫了，不知到底该如何作出选择。鉴于不同的选项对于我们有同样的吸引力，因此没有一个选项能够从根本上决定我们的

① 参见 John Finnis, "Moral Absolutes in Aristotle and Aquinas," in *Reason in Action*, Collected Essays, Vol. I, Oxford University Press, 2011, p. 194。

② 参见 Joseph Boyel, "On the Most Fundamental Principle of Morality," in John Keown, Robert P. George eds., *Reason, Morality and Law—The Philosophy of John Finnis*, Oxford University Press, 2013, p. 57。

选择，最终使我们作出选择的乃是自由意志，通过这样的一种实践性的反思，我们就意识到了自由意志的存在。

因此，在菲尼斯看来，"正是因为一个人能够且经常处于上述状态中，所以在面对两种或更多种吸引人的选择可能性的时候，除了选择行为本身之外，都不存在任何其他东西可用以规定他的选择"[1]。总之，我们的行为之所以能够被加以道德评价完全在于我们的选择，而我们之所以能选择是因为我们拥有自由意志。

（二）"选择"指向了实现基本善的手段

自由意志的"选择"决定了一个行为的道德属性，只有当我们的实践思维面临多种多样的不同选项时，我们才能有选择可言，如果我们只拥有一个选项，除此之外无法作出别的选择，那么我们也就没有所谓"自由意志"的能力，同时也就没有资格在道德上被加以评价。而我们所有实践理性的思考都不可避免地指向了"基本善"，因为实践理性的这一运作逻辑避免了我们无意义的思考。而在实践的思考中，我们想要根据基本善作出某种行动，但是这时我们会发现我们面临的不是一种手段，而是多种手段，而这些多种多样的手段就构成了我们实践思维中的可能"选项"。一旦我们在手段间作出选择，我们的选择或行为就可以被加以道德上的评判。

但是这时更进一步的问题出现了，因为人的有限性，我们在选择时可能会影响到其他基本善的实现，诸如我们出于自保（对"生命"这一基本善的维护）而抛弃朋友（对"友谊"这一基本善的维护），这时我们的选择及行为就可以被评价为不道德的；与之相反的，在菲尼斯看来，一个道德的行为存在于"尊重所有的基本善的所有方面"[2]。而尊重所有的基本善不仅仅是一个消极的要求，也就是说不仅仅"损害"基本善的实现就够了，其还是一个积极的要求，即要求我们在选择时尽可能地促进所有基本善在所有方面的实现，而基本善的实现又是伴随着人类完满的实现而实现的，因此，当

---

① 〔英〕约翰·菲尼斯：《自然法理论》，吴彦编译，商务印书馆，2016，第19页。

② John Finnis, Joseph Boyle, Germain Grisez, *Nuclear Deterrence*, *Morality and Realism*, Oxford University Press, 1987, p. 283.

所有基本善的所有方面都实现时，就达到了人类完满的事态，就此而言，道德的第一原则表述为："应当选择和意欲这样一些以及仅仅这样一些可能性——亦即对于这些可能性的意欲能够与一种趋向'人类完满'的意志相兼容。"① 简言之，就是"意愿人类完满"。

到这一部分为止，菲尼斯理论中"基本善"和"道德原则"之间的区别和联系便全部展现出来了。就两者的区别而言，基本善指向了人类完满活动，而道德原则则在和他人的交往中显现；对基本善的追寻往往是一种单一的面向，而道德原则则是建立在一种整全性的思维中。就两者的联系而言，基本善理论为道德理论提供了实质性的内容，道德原则要求我们，以一种尊重所有基本善实现的方式进行人类完满的活动。

第二节　道德原则的内容与性质

一　道德原则建立在对基本善的整全理解之上

我们可以从"逻辑"与"内容"两个方面，来理解基本善在道德领域中的位置：在逻辑上，道德原则通过中介原则和基本善联结；在内容上，一个道德的行为出自尊重所有基本善的所有方面。由此，菲尼斯给出了道德原则的一个规定——"我们应当意愿人类完满"。除此之外，菲尼斯对道德原则还有另外两种表述，分别为"选择应当建立在不受束缚的理性（unfettered reason）之上"② 以及"选择应当遵从实践理性的整体指引（integral directiveness）"。这三种表述在逻辑上是相同的，都要求我们对所有基本善有一种整全的理解——尊重所有基本善的所有方面。然而在具体指向上则有所不同，各有侧重。在菲尼斯的著作中，他没有以一种明确的方式

---

① John Finnis, Joseph Boyle, Germain Grisez, *Nuclear Deterrence*, *Morality and Realism*, Oxford University Press, 1987, p.283.

② 参见 John Finnis, *Moral Absolutes—Tradition*, *Revision*, *and Truth*, The Catholic University of America Press, 1991, pp.45-46。

指出这三种表述的联系及区别，而帮助他完成这一工作的是他的新自然法学派同事——约瑟夫·波义耳，我们可以通过对波义耳的分析，更好地了解菲尼斯所提出的道德原则的内容。

（一）选择应当遵从实践理性的整体指引

在波义耳看来，菲尼斯所提出的道德原则的三种表述都可以作为指导我们行动的总体准则，但是以"选择应当实践理性的整体指引"为内容的道德原则是形式上更为一般的道德原则，其提供了一个道德上正确的标准①，而另外两条道德原则是对"选择应当实践理性的整体指引"原则在内容上的展开。

阿奎那曾指出，实践理性是"什么是善"以及"应当如何行动"命题的源泉。这就表明我们不仅可以通过实践理性把握到一个基本善（实践理性的积极运作），同样地，我们可以通过自由意志为基本善择采一个手段（实践理性的消极运作）。在指向基本善的实践理性推理中，我们通过对未来的人类完满的可能性的洞察获得了一个实践上的判断，在这样一个判断的获取中，不存在"整体"（integral）或"非整体"（partial）可言，因为它只是指向了单一的基本善。可如果我们在"道德"的情境中，也就是说面临多种基本善的选项时，我们的实践理性推理就有可能出现偏颇。例如，一个人在追求"知识"的过程中将一本他感兴趣的书从图书馆偷出；又如，一个人为了自己"生命"的存续而选择对他人撒谎或伤害他人。这些都是实践理性推理不充分的运作。然而，存在一种充分的实践理性推理。当我们面临不同的选项，将所有选项的所有方面都加以充分考虑时，就是实践理性推理的一种充分的运作，我们不仅要意识到有的选项能够给自己带来某些好处和利益，还要考虑到有的选项会对他人造成某些损失或伤害，当我们将所有基本善的所有方面都纳入我们的实践考量时，就构成了一种"整体"上的考量。就此而言，当我们遵从实践理性的整体指引时，我们不是在选择中偏爱

---

① Joseph Boyel，"On the Most Fundamental Principle of Morality，"in John Keown，Robert P. George eds.，*Reason，Morality and Law——The Philosophy of John Finnis*，Oxford University Press，2013，p. 63.

一种基本善的实现而不顾其他基本善的实现，而是对所有基本善的所有可能方面加以整体考量。

但是，需要注意的一点是，在理解菲尼斯的这一理论时，"道德"的这样的一种"指引力"并不等同于"基本善"所蕴含的指引力。我们可以将基本善的指引力视为我们实践理性推理的一般逻辑，也就是说我们的每一个实践理性的运作都不可避免地指向基本善，这样的一种"指引力"在某种程度上说是我们本性中的一种倾向。但是，在基本善的这种指引力中，我们往往为了追求某个方面的基本善而忽略了其他方面的基本善的实现，甚至有时特别专注于实现一个好的目的而采取了某种坏的手段。而道德的整体指引性则不是一种"规律"，而是一种"要求"，其要求我们在选择时充分注意到各基本善的可能实现以及对每个选项可能产生的负面作用加以考量。然而，菲尼斯以及波义耳都承认的一点是，鉴于人类能力的有限性，我们并不能作出一种"完全"的整体考量，即便如此，我们在有限的能力范围之内遵从实践理性的整体指引同样是具有道德意义的。

菲尼斯所谓的"基本善"的指引性和"道德"的指引性之间的区别，还体现为 is 和 ought 之间的区别。当我们按照实践理性的整体指引去塑造我们的选择时，作为基本善中的"单一指引性"就变成了道德原则中的"整体指引性"，这一整体指引性也被称为"规范性"（normativity），与此过程相一致的，基本善中的"将要存在"（is to be）就变成了"应当存在"（ought to be），此时的"应当"就是道德意义上的应当。

（二）人类完满与不受束缚的理性

在波义耳看来，菲尼斯的"选择应当遵从实践理性的整体指引"的道德原则表述只是形式上的，它仅仅表达了如果我们想要在实践思维中获得一个道德上正确的判断应该怎样去思考，缺乏了实质性的内容，而"人类完满"的表述以及"不受束缚的理性"的表述则是对这一形式上的标准作出了内容上的补充，前者指出了我们通过道德行为想要实现的目标，而后者指出了是什么因素导致了不道德的行为。

在三种道德原则的表述中，菲尼斯最多使用的即人类完满的表述，其要求我们在作出选择时，我们的意愿应指向人类完满。何谓人类完满？在菲尼斯看来，我们应当首先避免以下这几种误解。首先，"人类完满"不是一个人在所有方面的完善，也即我们在前面所说的个人的一种完全的幸福的状态；其次，"人类完满"也不是一个全人类的"现实"目标，其要求制定一个可行的计划使所有的善都实现；最后，"人类完满"也不是一种最高的"善"，因为它并非构成我们行动的理由，而毋宁说它对我们的行动提出了一种"要求"。① 在菲尼斯看来，人类完满指的是所有的善在所有的人以及所有的社会中充分的实现，这样的一种"实现"只能是一种理想的状态，而不是一个可行的、现实的目标，因为我们永远不可能以一种充分的方式实现任何一种基本善。道德原则的这样一种表述为"选择应当遵从实践理性的整体指引"的表述增添了实质性的内容，它指明了我们在塑造自身的道德动机时应该以什么为目标，因此，这一表述构成了对"选择应当遵从实践理性的整体指引"表述的有力补充。

虽然"选择应当遵从实践理性的整体指引"作为一般的原则告诉我们，在我们的实践思维中应当去以一种"整体"的视角对基本善进行选择，但是它并没有直接回答这样的一个问题——是什么阻碍了"整体"的选择，而"不受束缚的理性"的道德原则的表述则对这一问题进行了回答。实践理性的运作在何种意义上能够被称为"被束缚的"（fettered）？单从实践理性指向基本善的运作而言，这一运作过程不可能有"不被束缚"及"被束缚"可言，因为实践理性把握基本善的运作是我们实践思维的一般规律，它表明了我们的实践思考不可避免地指向了我们的最终目的；而只有在道德的情境中，也就是我们必须在诸基本善间作出决断时，实践理性的运作才能够被评断为"不被束缚的"或是"被束缚的"，那么是什么因素造就了一种"被束缚的理性"？在菲尼斯看来，正是欲望及情感性的因素阻碍了道德权衡中的实践理性运作，比如当一种自私的欲望以及一种报复的情感超越了我们的理性判断时，

① 参见 John Finnis, Joseph Boyle, Germain Grisez, *Nuclear Deterrence*, *Morality and Realism*, Oxford University Press, 1987, pp. 283–284。

我们的实践理性运作就是"被束缚了",基于自私的欲望及报复的情感所作出的行为就是一种不道德的行为,这一点将在下文详细展开论述。

因此,虽然菲尼斯并没有在他提出的道德原则的诸种表述之间作出区分,但实际上,这三种表述在表意上是有着细微的差别、各有侧重的:首先,"选择应当遵从实践理性的整体指引"是更为一般的、形式上的表述,它告诉我们在道德的考量中应当如何去思考及选择;其次,"人类完满"则表明我们的道德选择及行动所指向的目标;最后,"不受束缚的理性"则指出是什么因素导致我们的一种不充分的道德考量,从而导致一个不道德的行为。就此而言,菲尼斯所提出的道德原则的三种表述在内涵上是相互依赖、相互补充的,而我们应当在这样的一种互相解释的关系中去理解菲尼斯的道德原则。

二 "不道德"的来源

如果一个合乎道德的行为是出自遵从实践理性的整体指引,将选择建立在不受束缚的理性之上,那么与之相对的,一个不道德的行为就是部分遵从实践理性的指引,并且将选择建立在了受束缚的理性之上。此处的关键问题是,我们如何才能够部分地遵从实践理性的指引,如何才能够将选择建立在受束缚的理性之上呢?菲尼斯认为这样的一种行为同样能够在基本善中找到来源。

(一)不道德的行为也是基于某种基本善

如果像麦金纳尼所认为的那样,我们实践理性的首要原则"应当追求善并避免恶"是一个能被我们先天把握到的道德规范[①],而这一道德规范又是以诸基本善为实质性内容的,那么就等于说,我们能够以一种先天的方式把握到"道德性"的善。这时就会出现一个令人困惑的难题,如果我们已经知道了什么行为在道德上是正确的,那么我们如何能够做错呢?麦金纳尼给出的解释是——有些时候,我们只是在原则上知道该做什么,但是到具体

---

① 吴彦主编《菲尼斯与新自然法理论》,商务印书馆,2020,第44页。

的情境中，我们无法将这样的一种原则进行具体的运用，这是因为具体的情境往往给我们提供一个"欲望"上的目标，这一目标和我们的实践理性原则相对立，从而导致了不道德的行为的出现。①

菲尼斯将基本善界定为"前道德性"的，在很大程度上就是为了回应这样一个问题：一个不道德的行为肯定也是基于某种根本性的理由、基于一种"基本善"的，那么是哪种基本善赋予我们以不道德的动机？菲尼斯在《道德的绝对性》一书中采纳了格里塞茨的观点，将"和谐"（harmony）视为一种形式上的基本善，"和谐"这一形式上的基本善包括四个方面的内容，分别为友谊、内心平静（内心各种情感的统一以及情感与选择之间的和谐）、良心统一（选择、行动与表现间的统一）与上帝的和谐。实际上，这四个方面并非为菲尼斯在《自然法与自然权利》中所提出的七种基本善目录增添了新的内容，而是包括在七种基本善中。其中，友谊有着一致的对应，而上帝的和谐则指的是"宗教"的基本善，内心平静与良心统一则是包含在"实践合理性"这一基本善中。而不道德的行为恰恰是来自内心平静，具体来说即在情感与选择之间寻找某种和谐，而在不道德的情形中，这样的一种情感性因素往往是自私的欲望、复仇的情感，当我们的选择听从于这样一种情感性因素而非理性时，我们虽然达到了某种形式的内心平静，却在实质上造成了对基本善的损害，因此，这种内心平静的状态是不道德的来源。

和麦金纳尼的理论相比，菲尼斯在"不道德的来源"这一问题上的论述显得更为符合我们的常识，并且与自身的理论构成了前后一致。基本善是我们行动的终极理由，这样的一种理由既存在于道德的行动当中也存在于不道德的行动当中。当我们进行一种不道德的活动时，其是出于"善"的考虑，而非"道德"的考虑，这也是菲尼斯将"人类完满活动"和"道德活动"区分开的一个具体例证。

---

① 参见 Norman Kretzmann, Eleonore Stump eds., *The Cambridge Companion to Aquinas*, Cambridge University Press, 1993, p. 205。

（二）情感性因素对理性的束缚

内心平静在道德选择中是一个重要的事态，它所表达的实质是"情感"和"理性"之间的关系。在菲尼斯看来，我们的行为及选择不可能是纯粹地出自理性的判断，其中一定也包含了某些情感性的因素，当我们意欲一个基本善时，我们既可以在理性中找到根据，同样可以在情感中找到根据，但是问题就在于，这样的一种情感性因素是否受到了理性的规制，如果情感性因素受到了实践理性的整体指引，那么这时我们的选择即使是出自情感性因素，也同样是道德的。

应当如何理解菲尼斯所说的"束缚"一词？在菲尼斯的理论中，当我们的情感性因素不受理性的规制并且迫使我们的实践思考听命于这一情感性因素时，理性就是被"束缚"了，这样的一种情感性因素阻碍了理性的"整体"思考，它迫使我们在思考中专注于自身及自身的善而忽略了他人及其他可能的善的实现，在这种情形下，与其说是情感性因素不受理性的规制，毋宁说理性受到了情感性因素的奴役①，而这样的一种实践理性就是"被束缚的理性"，而在这样的一种理性的指导下所作出的行为就是不道德的行为。这样的一种情感性因素对实践理性的整体指引的阻碍分为两个方面，一方面是负面情感性因素的阻碍，其表现为一种自私的欲望及复仇的情感；另一方面是正面情感性因素的阻碍，其表现在为了一个好的目的的达成而采取一个坏的手段。从第一个方面来说，自私的欲望以及复仇的情感都是负面的情感性因素，它表现为为了使自己的私心得到满足或者是为了让自己的无法抑制的敌意发泄出来而故意采取的一种伤害他人或损害别的基本善的行为，如当一个人受到屈辱时，他采取一种"以怨报怨"（answer injury to injury）的方式去进行一种报复性的行为，通过剥夺、阻碍别人基本善的实现而获得内心上的一种满足，这时就是一种负面情感性因素对理性的奴役。从第二个方面来说，不单单是一种负面的情感性因素能够束缚实践理性的整

① 参见 John Finnis, *Moral Absolutes—Tradition, Revision, and Truth*, The Catholic University of America Press, 1991, p. 44。

体运作，一种正面的情感性因素常常也能够束缚实践理性的整体运作，这种束缚表现为通过一个坏的手段来达成一个好的目的，也就是功利主义原则所坚持的立场。然而根据菲尼斯所提出来的道德原则，一个道德上正确的考量也即要求尊重所有基本善的所有方面，而这一"所有方面"不仅包括在目的的达成上要以整体的人类完满为目标，而且要求在手段上不能够采取任何一种损害基本善的方式去行动。

在"理性"与"情感"的关系上，菲尼斯的论述明显地追随了伦理学历史中理性主义的先驱。菲尼斯并不排斥情感、欲望等因素在我们实践活动中的作用，然而，这些因素必须受到理性的规制。对于菲尼斯而言，一个不道德的行为来自情感性因素对实践理性整体运作的束缚，在这样的一种束缚下，我们的道德考量不再是一种整体的、充分的考量，而是一种自私的、不充分的考量，我们在选择做一件道德上是错的事情时，仅仅考虑到了自身的、一种或几种基本善的实现，而没有考虑到他人的、所有的可能的基本善的实现。

三　道德原则的积极性质与消极性质

在对菲尼斯道德原则的三种表述的解读中，不难发现菲尼斯的道德原则有着双重性质，从积极的层面来讲，道德原则要求我们在塑造动机时以人类完满为理想上的目标；从消极的层面来讲，道德原则要求我们在塑造动机时避免有意损害任何一个基本善，要充分考虑到一项行动中所有基本善的可能的实现情况。在这两种面向的关系中，虽然道德原则的积极面向要求我们以人类完满为目标，然而这样的一种的人类完满事态是不可能实现的，而道德原则的消极面向则是一项更为优先及迫切的要求。下文将指出，正是道德规范的"消极性"构成了菲尼斯道德规范"绝对性"的规定。

（一）爱人如爱己

作为"法"或规则的一种，道德原则同样有着一种"指引性"的力量。在哈特看来，将法律仅仅视为一种外在的强制从而认为其仅具有"消极性"

的看法是一种偏见，这样的一种偏见散见于奥斯丁以及凯尔森等人的著作之中，实际上法律还是"积极性"的，其表现为主动创设或者废除权利，因此法律不是一种消极的规范，更为严格地来说，法律是一种指引性的规范。菲尼斯正是沿着哈特的这条分析路径来进行他的伦理学理论构建的，道德规范作为一种类型的"法"，不仅是一种消极的规范或者命令，还有着一种积极的面向，对于菲尼斯而言，这样的一种积极性的要求完整地表达于阿奎那的首要道德原则"像爱自己一样爱自己的邻人"中，更进一步，菲尼斯认为阿奎那的这一首要道德原则还直接地表现为黄金规则（golden rule）的要求——像希望他人会对自己那般对待他人。

在菲尼斯的伦理体系中，黄金规则不是道德原则的三种表述之一，而是展现首要道德原则要求的一项"中介原则"。虽然不是菲尼斯明确地提出这样一项中介原则，而是他的新自然法学派的同事格里塞茨明确地提出了这样一项中介原则（在格里塞茨的表述中也被称为责任模式），但是菲尼斯在多处明确地表达了对这样一项中介原则的认可，特别地，在《自然法与自然权利》中，菲尼斯明确地将黄金规则视为"尊重他人实现基本善的权利"这样一项中介原则的等值的表述。[1] 更为重要的是，在菲尼斯的文本中，黄金规则不是一项消极的规定及命令，而是一种"爱"的展现，"爱"某一个人在本质上来说即意欲那个人的善，而黄金规则给予我们的指引不是在两个人之间的"爱"，而是指向所有人的"爱"，这样的一种指向所有人的爱，是一种扩展意义上的友谊情形，其直指人类完满实现的理想事态。在黄金规则中，"自我"与"他人"构成了一种类比意义上的友谊双方，而在一种友谊中，"自我"是完全为了"他人"的基本善的实现而行动的，而"他人"也是完全为了"自我"的基本善的实现而行动的。因此，在这个意义上说，爱他人就是爱自己的完善，就此而言，"爱的原则和黄金规则之间所存在的此种紧密关系意味着我们的确无法把爱与正义

---

① John Finnis, *Natural Law and Natural Rights*, Oxford University Press, 2011, p. 107.

彼此对立起来"①。

菲尼斯理论中的黄金规则不像是在其他理论中所解释的那样，是一种消极性的要求，而是一种积极性的要求，这一道德规范的核心是"爱"，这样一种"爱"指引我们抛弃自私的欲望以及复仇的情感，从而将我们的眼光从自我的完善转向他人的完善，而当我们"爱"他人时，我们就有了一种对"人类完满"的理想状态的意欲。

（二）不能有意损害任何一个基本善

在解读菲尼斯的道德原则时，可以认为，与道德原则的积极面向相比，道德原则更为直接、本质地体现出一种消极性，它规定了我们在塑造动机时，有些选择是绝对要被禁止作出的。这是因为，正如菲尼斯所指出的那样，自然法理论的核心命题是提出一组客观的行为对错的规范理论，也就是以一种禁令、规范性要求的方式对我们的行动进行约束，而道德原则的积极面向则更像是一种愿望及理想事态。

在菲尼斯所提出的诸项中介原则中，大部分都是提出了消极性的要求，如我们不能有意"贬低"任何一个基本善，又如我们不能有意地"损害"任何一个基本善。前者排除了我们对诸基本善进行通约排序的行为及选择，而后者排除了我们有意采取一种损害基本善的行为，即使这样的一种行为是为了某种别的基本善。这样的一种消极性的道德规范与如下基本主张是兼容的，如苏格拉底所提出的，"宁愿受过错之苦，也不愿做过错之事"，又如康德所提出的，"永远将人视作目的而不仅仅是手段"②，其都表明了道德原则的消极面向，它指出了有一些行为是绝对不能作出的，而根据菲尼斯的理论，任何一个有意损害基本善的行为都将被道德原则加以排除。这也表明了菲尼斯的道德原则是和功利主义原则泾渭分明的，如前所述，功利主义原则对自然法理论构成了一个根本的挑战，而菲尼斯在其伦理学的各部著作中都对功利主义进行了全方位的批判，这一批判的基本意图是：如果功利主义原

① 〔英〕约翰·菲尼斯：《自然法理论》，吴彦编译，商务印书馆，2016，第37页。
② John Finnis, *Fundamentals of Ethics*, Georgetown University Press, 1983, p. 109.

则是成立的，就意味着并不存在一个绝对的道德规范，简单来说，就意味着没有一种行为是绝对不能作出的，只要一个选择能够促进所谓的最大多数人的最大幸福，那么这一行为就是正当的，即使这一行为是以损害一种或多种基本善为前提的。

总的来说，菲尼斯道德原则的三种表述可以被概括为——尊重所有基本善的所有方面。但是，关于"尊重所有基本善的所有方面"这一命题，我们可以按照富勒的愿望的道德（morality of aspiration）和义务的道德（morality of duty）的区分划分出两个不同层次的要求①，一种是"愿望"的要求，另一种是"义务"的要求。作为愿望的要求，道德原则的最高目标是实现人类完满，然而其仅仅是一种不可实现的理想状态，即便如此，这一目标对我们的道德动机的塑造仍然有一种指引力；而作为义务的要求，菲尼斯指出了在我们的选择及行为中所要守住的底线，这样的一个底线就是"不能有意损害任何一个基本善"，超出底线的选择和行为将被评判为不道德的，这样的一个底线不依赖于任何一个"最大"以及"最多"的善的理论。就此而言，菲尼斯拓展了传统自然法理论的命题域，传统自然法理论的道德原则多体现为一种消极性的禁令，而在菲尼斯的表述中，道德原则还有一种积极性的指引，引导我们的行动以一种理想的人类完满为目标。

第三节　道德原则的绝对性

任何自然法性质的伦理学都主张存在一个客观的道德规范，这样的一个规范在何时何地都存在效力，它规定了在我们的选择以及行动中存在任何情形都不能逾越的界线。因此，任何自然法性质的伦理学，都在某种程度上主张存在绝对的道德原则。菲尼斯虽然在很大程度上改变了传统自然法伦理学的构建方式，然而从根本上来说，菲尼斯维护了传统自然法伦理

---

① 关于富勒"愿望的道德"以及"义务的道德"的区分，参见〔美〕富勒《法律的道德性》，郑戈译，商务印书馆，2005。

学的基本立场，在他所提出的道德原则中，同样存在一种绝对性（absolutes）。虽然菲尼斯对"绝对性"的解读主要体现在《道德的绝对性》一书中，但是结合菲尼斯的整个文本，我们可以通过三个方面来对菲尼斯的这一"绝对性"进行解读：首先，道德原则绝对性意指"无条件性"，其不依赖于上帝而存在，并且核心在于目的不能证立手段；其次，自然法伦理学与功利主义原则势不两立；最后，道德原则是一个实践上的"真理"，具有普遍的效力。

一　"绝对性"概念的澄清

在菲尼斯提出的众多中介原则中，存在这样一个实践理智的基本要求——不能有意损害任何一个基本善。在这一个要求中，便暗含着道德原则的绝对性因素，这样的一个绝对性因素不依赖于上帝的意志，而是在基本善的选择中得以展现。具体来说，我们在选择及行动中不能直接违反任何一个基本善，即使是为了另外的基本善或好的目的。这样的一种绝对性要求，在伦理学史中有着众多相似的表述，如著名的苏格拉底原则——宁愿受过错之苦，也不愿做过错之事；又如圣保罗（St. Paul）在罗马书中所说的，"不能因善之故而作恶"；再如康德所说的"永远将人视作目的而不仅仅是手段"。在菲尼斯看来，这些不同的表述都可以化约为同一个命题——目的不能证立手段。[①]

（一）不依赖于上帝

传统自然法理论往往与上帝的存在纠缠不清，这种纠缠不清不仅体现在阿奎那的理论中，还存在于近代政治哲学家的理论中：阿奎那一方面将自然法原则解释为实践理性思维的运作规律，另一方面将自然法原则视为对上帝"永恒法"的分有；而格劳秀斯虽然将自然法原则视为一种"理性的命令"，但在他的理解中，自然法作为一种道德原则，其强制力及绝对性的来源仍然

---

① John Finnis, *Fundamentals of Ethics*, Georgetown University Press, 1983, p. 109.

是上帝的意志。① 及至当代，虽然一些自然法理论家仍然坚持自然法原则必须在宗教的语境中理解，然而更多的自然法理论家则在努力将超验的因素从自然法原则中剔除，在菲尼斯、格里塞茨、麦金纳尼以及克劳（Jonathan Crowe）的著作中可以看到这样一种尝试。

菲尼斯的一贯立场是，"自然法能被认识、赞成、应用以及加以反思性分析，而不需要论及上帝存在问题这个事实"②。正如自然法学家克劳所指出的，自然法原则之所以与上帝的存在纠缠不清，其往往是要回答这样的两个问题——自然法原则从何处来？其绝对性又由何来证立？自然法理论的核心命题在于提出一组客观的行为对错的规范理论，那么将其视为从一个绝对的、无条件的存在者引申出来的法则就理所当然了。然而，这样的一种论证方式在近代以来遭受了毁灭性的批判，这也迫使菲尼斯不得不回答这个问题。菲尼斯区别于传统自然法理论的一个很大的方面在于，菲尼斯将自然法原则视为人类理性思维的运作规律，也就是说是我们实践性思考的范式，其在内容上指向了基本善，也正因如此，"自然法表明了一个纯粹的内在世界"③。

但是菲尼斯只回答了第一个问题，也就是自然法原则从何处来，还没有回答第二个问题，即自然法的绝对性又由何来证立？对于菲尼斯而言，道德原则是建立在对基本善的整全理解之上的，与此相应的是，道德原则的绝对性建立在基本善的客观性之上，因此，在论及道德原则的绝对性时，我们同样可以避开上帝的话题。那么，如何理解传统自然法理论中的将自然法原则视为对永恒法的"分有"这一命题？菲尼斯认为，这一"分有"不是一种先在的、来自上帝的"赋予"，而是后来被我们理解到的、在一种类比的意义上谈论的。具体来说，同"爱上帝即爱基本善"这一命题论证相似的是，自然法原则指示了我们追求基本善，而这些所有的基本善在最为完备的意义

---

① Hugo Grotius, *De Jure Belli ac Pacis*, trans. by Kelsey, Oxford University Press, 1925, pp. 1-2.

② 〔英〕约翰·菲尼斯：《自然法与自然权利》，董娇娇、杨奕、梁晓晖译，苏苗罕、张卓明统校，中国政法大学出版社，2005，第39页。

③ 〔英〕约翰·菲尼斯：《自然法与自然权利》，董娇娇、杨奕、梁晓晖译，苏苗罕、张卓明统校，中国政法大学出版社，2005，第311页。

上都可以在上帝那里找到来源，因此在这种意义上，我们可以说，自然法是来自对上帝的分有。

（二）"无一例外"的特征

在《道德的绝对性》中，菲尼斯开篇即对"绝对性"一词作出了澄清，所谓的绝对性即意味着"无例外"（exceptionless）、"无条件"（unconditional）①，它标记了一种本质上是错误的选择及行为。

菲尼斯所指出的这样一种绝对性，不应与如下表述相混淆。第一种混淆是将这种绝对性解读为形式上的普遍性，当一种理论将"延续自身的生命"当成普遍的道德原则时，这一形式化的原则并没有排除一些不道德的选择及行为，如当两个人陷入困境时，唯一的食物就是对方的身体，这时"延续自身的生命"这一道德原则并没有排除"吃掉对方"的选择及行为，因此这样的一种绝对性并不是无例外的。第二种混淆是将这样的一种绝对性建立在外在的条件上，它表现为，"在某些条件下，永远不去做某事"，在某些功利主义者的视角中，存在这样一种绝对性的道德原则——不要做违背了更大的善的事情，然而这样的一个所谓的绝对性的道德原则就是有条件、有例外的，诸如功利主义者会承认，在一般性的场合中，我们不能够杀害无辜的人；然而，在一些特殊的场合中，当杀害无辜的人能够带来所谓的"最大善"时，我们就可以正当地将其杀害。第三种混淆是将道德原则的绝对性视为一种"语义"上的不矛盾，如谈到谋杀的不道德性时，在亚里士多德主义者哈迪（W. F. R. Hardie）看来，亚里士多德提到的所谓不允许谋杀实际上是在表达"一种错误的杀人行为是不被允许的"，而谋杀是一种错误的杀人行为，因此任何关于"谋杀"的言谈一定是错误的，其语义中就蕴含着一种错误性。然而，根据菲尼斯的理论，谋杀之所以是一种恶并非源自其语义上的错误性，而是在说谋杀这一行为本身即是不道德的，这样的一种不道德性不从其"语义"上获得效力，而是从"基本善"中获得效力，因为

---

① John Finnis, *Moral Absolutes—Tradition*, *Revision*, *and Truth*, The Catholic University of America Press, 1991, p. 1.

这样的一种行为在实质上杀死了一个无辜之人。就如通奸（adultery）是一种恶，其不在于语义上的"错误的性行为"，而是由于这一行为在实质上违背了"友谊"（夫妻之间）的基本善。而基本善是人类完满的各个客观方面，就此而言，道德规范的绝对性最终可以化约为基本善间的客观性。菲尼斯如是说道："道德规范为我们的选择和行为提供了可理解的以及理性的指引，而这种指引是通过识别人们在正确的行动中以及错误的行动中所实现的善而完成的。"①

因此，道德原则的绝对性意味着无条件，这一绝对性绝不能被视为一种形式上的普遍性，同时也不能被附加上外在的条件，更不能视为一种语义上的"同义反复"。就此而言，菲尼斯对道德原则的绝对性的界定和康德的"绝对命令"理论相契合，一种绝对性的道德原则之所以能是一种"定言命令"而不是一种"假言命令"，是因为前者是无条件的而后者是有条件的；然而菲尼斯绝对的道德原则与康德的绝对命令的不同之处在于，菲尼斯的道德原则是以实质性的基本善理论为核心的，也就是说其是有实质性的内容的，其告诉我们在塑造动机时，要明确避免的一些（基于基本善的）选择，而康德的绝对命令的证立则在于逻辑上的"可普遍化"以及"不矛盾"，其中缺乏实质性的内容，因此也就缺乏实践上的指引性。

（三）目的不能证立手段

如果将一个道德原则理解为"绝对的"，那么就意味着有一些行为是无一例外的、无条件的要被避免的。同时也意味着，在行动的各个环节中，都要遵从绝对的道德规范的指引。具体来说，即使通过不道德的手段能够获得利益，这样的一种行为也是需要加以避免的。

当一个理论宣称可以通过一个坏的手段达成一个好的目的时，其至少隐含地坚持了如下两个立场：第一，在各种善之中存在一种优先排序，进而就存在某种"最高"的善；第二，各种善之所以是可以加以优先排序的，恰

---

① John Finnis, *Moral Absolutes—Tradition*, *Revision*, *and Truth*, The Catholic University of America Press, 1991, pp. 41–42.

恰在于，各种善之间是彼此可以通约的，也就是说存在一个统一的标准去衡量各个善的价值。我们可以在功利主义原则中找到关于这一立场的具体论述。功利主义原则主张幸福或快乐是唯一的至善，因此任何实践上的选择都可以通过幸福或快乐加以衡量，在各个选择中，能够最大化地促进幸福或快乐的选择就是一个最优的选择，因此只要我们能够实现这样的一种事态，我们的行为就是正当的。

然而在菲尼斯的道德理论中，人类的基本善之间是不可通约的，因此在诸基本善之间不存在统一的衡量标准，我们不能将各个选择衡量为更好的或者更坏的选择，进而就根本不存在一种所谓更好的或者更坏的事态，这样的计算只是一种幻想。菲尼斯对功利主义的批判将一种基于绝对原则的道德理论与功利主义的主张彻底区别开了。

凡是主张我们能够通过一个坏的手段去达成一种好的目的的理论，"道德"（严格意义上）的意义都让位于"正当"的意义，这是因为这样的一种道德指示并非以整全性的视角去审视道德推理的各个环节，而仅仅强调什么能够促进最大化的善，而能够促进这一最大化的善的手段就是"正当的"，作为达到这一目的的手段无所谓"道德"或"不道德"，因此在某些功利主义者的视角中，"坏的手段"可能并不是一种道德意义（moral sense）上的，而仅仅是一种技术化的手段，就如我们在经济活动中所采取的必要手段一样。

这样的一种理论与菲尼斯的道德立场是相悖的：无论是在任何行动中采取任何手段，只要该手段对基本善造成了有意的损害，那么这样的行为就必将被视为不道德的，手段和目的并非一个行为中的不同环节，而是可以单独加以道德评价的两个不同的行为。就如亚里士多德以及阿奎那曾反复强调的那样，有时一个行为是更高的目的的手段，但是这一行为在另一方面本身又是目的，其达成依赖着其他的手段，因此在这样一个依次递进的因果序列中，每一个环节都可以单独作为一个行为来加以进行道德上的评价，因此将一个手段视为纯粹技术性的活动在道德理论中是不成立的。

根据菲尼斯的"实践理性观",仍然可以对他所提出的"目的不能证立手段"的命题进行解读:当我们遵从"目的不能证立手段"的指示时,我们就是在遵从实践理性的整体指引,同时也是以一种不受束缚的、完全的理性来塑造我们的动机,这一指示要求我们在道德考量中留意所有基本善的实现,而不是为了某一种基本善的最大限度的实现忽略其他基本善;同时,用不受束缚的理性来塑造我们的动机即用一种"整体的""客观的"视角去审视我们的道德活动的各个环节,其中不仅包括目的还包括手段,而非用一种"偏颇的""主观的"视角去进行考量。可见,当我们采取了一个恶的手段,无论最终目的是什么,其本身已经是一种不道德的行为了。

二 对功利主义的批判

菲尼斯在其各部著作中都或多或少地对功利主义的道德原则提出了基于各种理由的攻击,在其中菲尼斯有时使用功利主义(utilitarianism)的用词、有时使用结果主义(consequentialism)或比例主义(proportionalism)的用词。虽然菲尼斯对这三种用法有过细微的区分,但总的来说,在菲尼斯的批判中,这三个概念都暗示着同样的一个道德推理原则:一种道德推理中的最大化策略。在这种策略下存在唯一的至善能够通约所有可能的选项,因此我们在面临选择时可以将某些行为衡量为更好的或者更坏的。在某种程度上,功利主义的主张和菲尼斯伦理思想是针锋相对的,这体现在菲尼斯伦理思想的核心且基础的理论上:善的多元性以及不可通约性。也正是在这一十分重要的问题上,菲尼斯伦理思想与功利主义流派划清了界限。

(一)菲尼斯道德理论与功利主义的区别

当我们谈到"功利主义"这一概念时,其形式上指的是对我们道德推理的一个基于最大化结果的指导理念,"结果"的概念就如我们在经济学理论中所看到的那样,是一个类似于"效益"的概念,而功利主义的策略也是与经济学的策略一致的,功利主义者预先设立一个目标,而合适且正确的行动就是最大化(maximize)地实现这一目标,而在内容上,根据什么是应当被最大化实现的目标可以区分出不同类型的功利主义流派。然而，无论是哪种形式的功利主义，其所呈现出的一致特征是：它们都承认各种选择之间存在统一的衡量标准。正因如此，当道德推理者面临道德困境中的不同选择时，其能够对每一个选择进行预先的评估，该评估最终在于将一个选择判断为"更好的"或者是"更优的"。而所谓更好的、更优的选择也即在"善—恶的比例上"具有优先性，也因此优先于其他的选择。这一概念的核心逻辑在于确定一个对于确切目标的合宜的确切手段。

菲尼斯的道德理论在如下几个方面区别于功利主义。第一，并非存在唯一的"至善"。人类的最终目的并非单一的，而是存在许多"终极的善"，也即基本善，而功利主义者实际上只承认唯一一个至善，也就是要被最大化实现的那一类善。第二，各种选择之间是不可通约的。功利主义者希望站在一个客观的"第三视角"上作出对道德困境的最优的解答，其有一个必然的内在逻辑：各种选择是可通约的，存在统一的衡量标准。而如果我们想要比较各个选择是否最终达到了一种在善恶比例上的更优性，那么我们就不可避免地要对所有选择进行预见性的评估，菲尼斯将各种选择间不可通约的基础归结到了个人的自我塑造与自由选择的同一性上，每个人的每一个自由意志的抉择都塑造了一个"新我"，成了一个新的实在，而这样两种不同的"实在"之间如何才能够进行通约呢？第三，事实与价值的严格区分。功利主义的最大化策略实际上是一种从事实到价值的非法推论，就如伦理主观主义者一样，功利主义者的出发点往往也是人性中一些先于理性审视的因素，如对于快乐的向往，这实际上是一种独立于理性的欲望，其往往是基于经验的观察及归纳而被我们所感知的，这样一种经验的立场怎么能够被用作实践科学的研究中呢？因此，功利主义者的出发点实际上在道德推理中是一种事实上的因素，从中也无法引申出应然（ought）的结论。菲尼斯如是说道："道德以及正确与否关乎实践理性，但是功利主义者所主张的最大化实现的目标在任何情形下都不属于理性，而是一些非理性的欲望、可感知的冲动、感官的驱动力以及'幸福'，一言以蔽之都是一些经验的立场,从中无法推导出应然。"①

（二）自然法理论与功利主义不相容

在《道德绝对性——传统、修正及真理》中,菲尼斯展现出了彻底与功利主义决裂的态度。当代一些站在自然法性质的伦理学立场的学者认为,在某种程度上来说,自然法理论是可以和功利主义原则相兼容的,菲尼斯则通过康德的绝对命令以及苏格拉底原则（宁愿受过错之苦,也不愿做过错之事）来进行反驳,进而指出,自然法性质的伦理学在任何场合都是和功利主义原则势不两立的。

基于菲尼斯对自然法理论的理解,康德的绝对命令理论也可以视为自然法性质的伦理学,它主张存在客观的道德规范,有些行为是我们永远都不能作出的,在一种极端的道德观困境中就表现出这样一种事态——不能为了某些善而做邪恶之事。然而在某些理论家看来,这样的一种事态是可以用功利主义原则加以解释的,在功利主义中至少存在一种绝对的道德原则——不要做某件违背了更大的善的事情②,这项原则既是绝对的又可以采取最大化策略而得到评估,因此在这些功利主义者的视角中,他们似乎找到了一条横贯在康德主义与功利主义之间的中间道路。

菲尼斯主张,这样一种将自然法原则化约为功利主义原则的道路,在理论上以及实践上都是走不通的。首先,在理论上我们无法找出一个通约性的中间项去对各种选项进行权衡,因而也就无所谓"更大"或者"更小";其次,在实践上,从结果来说,所谓的"更大"的善远非绝对的、确定的,而是易变的。菲尼斯在此拿出了他十分喜欢的一个事例来进行思想试验——苏格拉底和僭主之间的故事。在《申辩篇》中,柏拉图讲了这样一个故事,三十僭主召集苏格拉底以及其他四人把一个名为乐翁（Leon）的无辜人找来进行无端的审判,此时柏拉图并没有跟随他们一同

---

① 参见 John Finnis, "Commensuration and Public Reason," in *Reason in Action*, Collected Essays, Vol. I, Oxford University Press, 2011, p.236。

② 参见 John Finnis, *Moral Absolutes—Tradition, Revision, and Truth*, The Catholic University of America Press, 1991, pp.48-49。

前去，而是径直回家了。① 菲尼斯将这样的一个故事作为典型案例来揭露功利主义道德推理为何与自然法理论不兼容。

现在，假设我们作为功利主义者站在苏格拉底的立场上，诚然，功利主义者倾向于承认政治上的迫害是一种恶，当然这种所谓的"恶"是从更为可怕的后果来说的（造成死亡及政治上的动荡），因此，在没有进一步压力的情况下，这时作为功利主义者，我们会以非常礼貌的方式来回绝僭主的指示，因为在这样的一种简单情形下，避免迫害进而保留乐翁的生命被视为"更大"的善；然而，紧接着，僭主给出了威胁，如果我们不将乐翁带来，就将我们处死。此时，情形已经完全变化了，这时作为功利主义者的我们开始了重新的"计算"，也就是哪种选择才是"最大的善"，这时我们面临两个选项：第一个选项，选择继续拒绝僭主的指示，进而我们将失去生命，然而马上会联想到的是，即使我们失去生命，其他的四人也会将乐翁带走并致其被杀害，此时就有两条无辜的生命牺牲了；第二个选项，选择向僭主妥协，能够预料的是，乐翁将被僭主迫害，然而我们却保留了生命，在这个选项中，只需要一条生命的牺牲。因此，在最终的权衡下，功利主义者会选择第二个选项。如果功利主义者宣称在他们的推理原则中，也有一条绝对的原则——永远选择增进"更多"的善的选项，那么为何在相同的事态中，当条件改变了，结果就有所不同了呢？相反，根据菲尼斯对"绝对性"的理解，无论条件如何改变，我们都不能采取一种故意伤害的方式去行事，这是因为我们在任何时刻都要尊重理性存在者的生命。因此，在菲尼斯看来，所谓的功利主义原则与自然法理论是兼容的说法实质上是一种谬误，他们所谓的"绝对性"只是形式上的空话，其中没有任何能够被称得上是实质性的"绝对"的东西，一切评估策略及结论都随着具体条件的改变而发生了改变。

更进一步，菲尼斯主张，如果功利主义原则尝试提出能够判断出"更

① 参见〔古希腊〕柏拉图《申辩篇》，载《柏拉图全集》（第 1 卷），王晓朝译，人民出版社，2017，第 20 页。

好"或"更坏"事态的衡量策略是可以和苏格拉底原则（宁愿受过错之苦，也不愿做过错之事）相兼容的话，那么这样的一种论证同样将陷入矛盾之中。具体论证如下。在 a 和 b 两个人的情境中，如果存在一种"恶"或"过错之事"，那么，如果功利主义者认为他们能够站在自然法理论的立场上提供一个绝对的道德原则——"受过错之苦"是相较于"做过错之事"更好的事态，那么我们应该永远选择"受过错之苦"。这时就会出现如下困境。按照这一原则，a 受 b 的过错之苦是一种比 a 对 b 做过错之事更好的事态；但是，同时对于 b 来说，b 受 a 的过错之苦是一种比 b 对 a 做过错之事更好的事态。那么这时，同一事态——a 对 b 做过错之事（即 b 受 a 的过错之苦）怎么会既是一种更好的事态又是一种更坏的事态呢？因此，这样的一种"兼容性"是不存在的。

菲尼斯的这一论证比较抽象，并且比较难以理解，我们可以通过一个例子来理解菲尼斯的这一主张。a 和 b 中存在一件 b 攻击 a 的过错之事，这时 a 可以一方面选择通过另一件过错之事——伤害 b 来阻止 b 的攻击，另一方面 a 也可以什么都不做，任凭 b 来伤害他。这时如果将功利主义的提案提交给 a 和 b 来判断，那么按照这一原则进行推理，对于 a 来说，a 宁愿被 b 伤害也不愿意伤害 b，因为 a 受 b 伤害是一种更好的事态，而 a 伤害 b 是一种更坏的事态；然而在另一方面，b 这时听从了功利主义的教导，他宁愿受 a 的伤害也不愿意再伤害 a，因为 b 受 a 的伤害是一种更好的事态，而 b 伤害 a 是一种更坏的事态。这时，问题就出现了，a 伤害 b 和 b 受 a 的伤害是同一种事态，这种事态怎么能够既是一种更坏的事态又是一种更好的事态呢？因此，任何带有自然法性质的伦理学都无法和功利主义原则相兼容，而尝试用功利主义的策略去解释道德推理进程的理论在任何意义上都不是自然法性质的伦理学。功利主义原则中的最大化策略将是一个充满诱惑性的误区，它将致使我们误认为根本不存在什么绝对的"对"与"错"，一切判断都要交予在理论上无法成立的"更好"或"更坏"的计算，这是与自然法伦理学的根本命题相违背的。同时在实践上，它将诱导我们去相信没有什么价值是绝对的、不能贬损的，因此，"道德"的概念在功利主义者的视角中被边缘化了，一切都要服从经济学上的"效益"因素。就此来说，功利主义原则实际上不是指导我们进行"道德"权衡的原则，而仅仅是指导我们进行"效益"权衡的原则。① 在功利主义的表述中，我们看到了对"绝对性"的误读，道德原则的"绝对性"绝非形式上的普遍性，其也绝不依赖任何外在的附加条件。道德原则之所以是绝对的，在于它是无条件、无例外的，它规定了本质上错误的行为，这种行为在任何情形中都将被批判为不道德的。

与其他批判功利主义的理论相比，菲尼斯批判的独特性及创新性体现在如下两个方面。首先，虽然以往各个理论都指出了功利主义原则在"计算"上的局限性及不可能性，但菲尼斯从实践的观点出发，将各种选择间不可通约性的基础化约到了个人通过选择的自我塑造上，这是亚里士多德式的观点，也符合菲尼斯构建伦理学体系的一贯方式——用完全实践的观点去审视伦理学中的各个要素以及各个环节；其次，菲尼斯澄清了一个误区，即任何带有自然法性质的伦理学在任何程度、任何层面上都是和功利主义原则不相容的。自然法理论在现代有了明显的复兴，而一些自然法哲学家以及神学家为了解决传统自然法理论中的一些难题，不惜以牺牲自然法理论的基本前提为代价，从而将自然法理论按照功利主义原则加以解释，这对菲尼斯来说不仅是不可接受的，同时已经从根本上偏离了自然法理论的立场，因此，此种误区必须予以消除。

三 道德原则是实践上的"真理"

道德原则的命题是不是"真理"？在主观主义者看来，并不存在"道德真理"这样一种命题，因为在他们的视角中，所谓的"真理"仅仅意指形而上学或物理学中的真理，其标志着主观认知与外在事实的符合。然而在菲尼斯的伦理体系中，他严格区分了事实领域与价值领域，那么处于实践领域

---

① 参见 John Finnis, "Commensuration and Public Reason," in *Reason in Action*, Collected Essays, Vol. I , Oxford University Press, 2011, p.238。

的道德命题是不是真理呢？菲尼斯及格里塞茨等人主张，当我们讨论道德上的"真"时，其绝非意指与外在事实的符合，道德命题之"真"有其独特的性质，道德之"真"不依赖于外在事实的客观性，而依赖于基本善的实践的"客观性"，并且建立于这一基础之上的道德真理同样具有普遍性。

（一）从实践客观性到道德真理

休谟宣告了 is 和 ought 的根本区别，虽然两者都是联结命题之中主语和谓语的系词，然而不同的是，is 所作出的判断是事实命题的判断，是对事实上的客观性所作出的判断，而 ought 所作出的判断是道德命题的判断，其不存在一种事实上的客观性，也正因如此，事实和价值是完全分离的，休谟据此发展出他的道德主观主义理论，道德命题并不是关于真理的理论，其只是我们主观情感的一种表达。澳大利亚哲学家约翰·麦基继承了他的理论，进一步指出，当我们谈论所谓的道德实在时，只是将我们的主观情感通过一种映射的方式投射于外部的事实之上。因此，从根本上说，道德真理只是一种幻想，因为在道德领域中并不存在客观性。

为何要在道德的领域中去寻找事实上的客观性呢？既然可以将事实和价值的领域完全分开，就不能够再用一种事实客观性的视角去寻找道德上的真理。如前所述，我们通过实践理性所把握的基本善具有实践上的客观性，而道德原则的真理性正是建立在基本善的这一客观性之上的。因此，我们要避免在寻找道德真理的途中采取一种科学主义的视角，将道德原则的真理性视为与外在实在的"符合"。道德命题的真理性同样存在一种符合，只不过这样一种符合不是与先在的外部实在的符合，而是与未来的人类完满的符合。当我们通过实践理性把握到基本善时，我们把握到了未来人类完满的一种可能性，当我们逐渐实现这一基本善或是逐渐达致人类完满时，我们的自我存在的现实与先在的实践理性判断达成了某种"符合"，因此通过基本善的实现我们就获得了一个实践上的真理。

因此，在以基本善为内容的实践命题中存在实践上的真理，而道德原则又是以基本善为内容的命题，正因为如此，道德原则同样也是一种实践上的真理。然而菲尼斯提醒我们，不能混淆以基本善为内容的实践真理和以道德原则为内容的实践真理，这是因为，基本善仅仅是前道德性的，道德活动虽然以基本善为其实质内容，而一个道德的行为在于以一种整全性的视角对基本善进行选择，因此，一个以基本善为内容的实践真理不必然地是道德上的真理，就如一个人可以将一种追求单一基本善的方式视为自己的人生目标，并且在这种基本善的实现中逐渐把握到真理，然而与此相伴的是，这样的一种人类完满是建立在对其他基本善的忽视或贬损之上的，就此而言，虽然我们通过某一基本善的实现把握了一种实践上的真理，然而这一真理却不是一个道德上的真理。道德真理来自以"整体性的方式作用于实践判断"①，它体现于在一个实践判断中尊重所有基本善的所有方面，就此而言，"道德谬误可给予一个行动以某种理性指引的意义，这些道德谬误也属于实践真理，而在道德领域中，真理就是整体，错误就是部分"②。

如果我们将"真理"的内涵仅仅限制在科学的、形而上学式的与外在事实的符合上的话，那么我们可以将菲尼斯主张的道德原则的真理性视为一种类比意义上的"真理"。总的来说，在菲尼斯及新自然法学派的视角中，实践理性所作出的判断同样具有真理性，只不过这一真理不再是建立在思辨判断与外部实在的符合之上，而是建立在实践判断与人类完满的符合之上。

（二）道德真理的普遍性

大卫·威金斯在《真理，发明和人生意义》一文中探讨了达致真理的"条件"问题，威金斯一方面反对伦理自然主义者真理观，将真理仅仅视为事实意义上的真理，另一方面也反对伦理非认知主义者的真理观，这种真理观认为在价值领域中我们根本就不存在什么真理，因为真理无非只存在于经验的领域。从而威金斯试图在伦理自然主义者以及伦理非认知主义者之间达

---

① 〔美〕杰曼·格里塞茨、〔加〕约瑟夫·波义耳、〔英〕约翰·菲尼斯：《实践原则、道德真理与最终目的》，吴彦译，商务印书馆，2019，第79页。

② 〔美〕杰曼·格里塞茨、〔加〕约瑟夫·波义耳、〔英〕约翰·菲尼斯：《实践原则、道德真理与最终目的》，吴彦译，商务印书馆，2019，第80~81页。

成某种调和，进而在事实和价值两个领域之间找到一处"重叠"之地。① 就如亚里士多德所说的，我们既可以说我们欲求一物是因为它是善，同样可以说一物是善是因为我们欲求它，这两个命题实际上是兼容的；还如洛克所见，当我们作出"一个信箱是红色的"判断时，这样的一个判断作为真理来自确实存在的"红色"，然而在另一方面"一个信箱是红色的"判断作为真理同样是因为我们有一种普遍被人类所共享的认知模式，这种认知模式将事实上为红色的感官材料统合在一起。② 因此，在威金斯的视角中，真理是以人类为中心（anthropology）的，但这样的一种"以人类为中心"的表述并不是非认知主义意义上的"仅仅依赖于人"，其同时还包括外部的、事实上的经验。就此而言，威金斯希望找到一条塔斯基（Tarski）式的真理的条件（当且仅当条件 p 为真，命题 s 为真），这些条件使真理成为可能，并且不仅能够涵盖传统意义上的事实真理，而且能够涵盖价值领域中的判断。威金斯给出了五个条件，分别为：（1）表达真理语言必须被解析为令人享受的；（2）在真理达成时，分歧会逐渐消失，共识会逐渐达成；（3）如果一个命题是真理，那么这个命题必须独立于人们认知的手段及意志；（4）真理对于它的言说者和解释者都是同等适用的；（5）每一个真命题同其他的真命题之间都是兼容的。

菲尼斯对于威金斯的真理观有着极高的评价，"威金斯的真理观的价值在于，在避免相对化'真理'的前提下，避免了一个误区——这个误区认为所有的真理都是与事实或实在相关联而非与我们的理解与判断相关联"③。但是，威金斯也同时指出了我们的价值判断和我们的实践判断之间存在一片"无人之地"，其表现为即使我们能够在价值上发现普遍的真理，然而在我们的实际行动中，我们的判断及选择所依赖的原则便不是真理，这是因为当价值是如此

---

① David Wiggins, "Truth, Invention and the Meaning of Life," *Hertz Philosophical Lecture*, 1976, p. 350.

② David Wiggins, "Truth, Invention and the Meaning of Life," *Hertz Philosophical Lecture*, 1976, pp. 348–349.

③ John Finnis, *Fundamentals of Ethics*, Georgetown University Press, 1983, p. 64.

之多又彼此不可通约时，我们何以能够在行动的判断原则中获得普遍的意见呢？我们在具体的情境中只能够采取亚里士多德式的方法，根据具体情形审时度势地判断我们该如何行动。①

菲尼斯虽然认可威金斯关于"真理"概念的解读，但他并不认同威金斯的这一观点：不存在实践判断上的真理。如果道德原则像菲尼斯所主张的那样是绝对性的，那么其必须是一套普遍的、客观的标准，换句话说，道德原则必须是真理。菲尼斯对道德原则的真理性证明虽然主要地依赖于"实践客观性"的命题，但建立在实践的客观性之上的真理理论并没有回答"普遍性"的问题，实际上，菲尼斯也没有集中地论证过道德真理的普遍性问题，然而根据菲尼斯的文本，菲尼斯道德原则的普遍性是可以得到说明的，这体现在如下三个方面。

第一，如果"真理"像威金斯所认为的那样具有普遍性，并且不局限于事实领域的话，那么菲尼斯的道德原则同样是普遍的真理。菲尼斯的道德命题作为一项实践命题完全区别于事实命题，也正因如此，如果道德命题具有真理性，其也远非事实命题的真理性。然而从更为广泛的意义上来说，无论是道德真理也好，还是事实真理也罢，它们想要达成就必须遵循某些一般性的条件。在威金斯所列举的五个条件中，就有着普遍性的要求，即要求真理性的命题能够成为共识并独立于人们认知的手段及意愿，不仅事实真理遵循这一普遍性的规约，道德真理同样遵循这一普遍性的规约。

第二，菲尼斯的道德原则既有一种积极的面向，又有一种消极的面向，前者以人类完满为目标，而后者以一些必须加以禁止的意图及行为为底线。而在这两种面向中，消极性是道德规范中更为本质的面向，如前所述，它是道德原则绝对性的核心，而消极性的道德规范之所以区别于积极性的道德规范，根本在于，"否定性的规范可被适用于或几乎都能够被适用于所有的场

---

① David Wiggins, "Truth, Invention and the Meaning of Life," *Hertz Philosophical Lecture*, 1976, p. 338.

景，而肯定性规范的可适用性基于某些适宜的情景"①，因此，有一些选择及行为是在任何情形都要加以排除的，如杀人、通奸等行为。威金斯在其论文中一方面承认在价值判断以及实践判断之间存在逻辑空缺，另一方面也承认确实存在一些"关于行为的一般或特殊的陈述，这一陈述表达了去做或不去做某事是不人性的、卑鄙的以及恶的"②。而威金斯所说的单单就其命题表述就知道是一种恶的、不人性的行为即菲尼斯意义上根据消极性的道德原则所要加以排除的行为，就此而言，威金斯在寻找实践（道德）原则的普遍性时，忽略了消极性的规范与积极性的规范之间的这一重要区别，道德原则之所以可以加以普遍适用，基于的是它的消极性要求。

第三，基于价值多元主义的一般立场，自由主义倾向于认为并不存在普遍适用的实践真理。基于菲尼斯的理论，可以从如下两个方面对这一立场进行反驳。首先，持这一立场的理论家所采取的一般推理形式如下——如果自然法 p 这种东西存在，那么某种统一性就会出现 q；然而，我们并没有在现实中发现这一 q，因此自然法是不存在的。这样的一个推理在逻辑上是自洽的吗？菲尼斯和另一位著名的自然法学者耶夫·西蒙一致认为，没有发现统一性就否定自然法是不成立的。也就是说，"一个命题缺乏一般赞同以及存在广泛的不赞同，并不能证明这个命题的错误性"③。借助核心情形分析法，菲尼斯时刻提醒我们要留意同一种理念或原则下的核心情形的示例以及边缘情形的示例，有些看似完全不同的两个行为，其有可能只是同一种理念下的不同示例。我们可以举一个例子来理解菲尼斯的这一命题。历史学家希罗多德曾经记载了这么一个故事，波斯国王大流士将一批希腊人召来，问他们用多少金钱可以让他们吃掉亡父的身体，希腊人断然拒绝，表示任何价格都不能收买他们并让他们吃掉亡父的身体，并表示这是对亡父的大不敬；大流士

---

① 〔英〕约翰·菲尼斯：《自然法理论》，吴彦编译，商务印书馆，2016，第 47 页。

② David Wiggins, "Truth, Invention and the Meaning of Life," *Hertz Philosophical Lecture*, 1976, pp. 338-339.

③ 〔英〕约翰·菲尼斯：《行动中的理性》，刘坤轮译，中国政法大学出版社，2016，第 49 页脚注。

又将名为卡拉丁的种族召来，在这一种族中有吃掉亡父身体的习俗，紧接着问他们用多少金钱可以让他们火化亡父的身体，这一群卡拉丁人惊恐不已，表示这是对亡父的大不敬。通过这个故事我们可以看出，无论希腊人和卡拉丁人在祭祀的方式上有多么的不同，它们都遵循着同样的实践原则——尊重死去之人，因此，有时展现出来的"多元事实"只是表面的，当我们深入这些事实背后便会发现，表面上相差如此之大的两个行为很可能只是同一种理念或原则之下的不同示例，其中这一理念或原则的核心情形比较容易被我们所接受，然而与之相对的，我们很可能忽略掉这一理念或原则的边缘情形。

因此，在论证上，菲尼斯虽然指出实践领域中也存在真理，并且这一真理与未来实践秩序相符合（这是十分具有创新性的），但菲尼斯并没有系统讨论过这一真理何以是普遍的。通过上述三个方面的阐述，我们可以根据菲尼斯的理论和立场对这一问题进行一个补充性的说明，根据这一说明，可以认为菲尼斯同样承认道德原则是普遍真理。

第四节 以"道德"为核心的正义原则

一 正义原则的一般意义和核心情形

菲尼斯对于"正义"的讨论大体上是沿着阿奎那以及亚里士多德的正义理论进行的，并且在讨论"正义"理论的过程中，菲尼斯也有意地避免将"正义"局限于特殊的领域之中，如像罗尔斯那样将"正义"限定在社会制度中的分配方式里①，又如菲尼斯的导师哈特将正义视为法律上的"相同的同等对待，不同的差别对待"的原则②。在菲尼斯的文本中，就如他讨论"真理"那样，他仅仅在一般的意义上使用"真理"这一术语，这一术语既可以指事实真理，又可以指实践真理；在"正义"的问题上，菲尼斯

---

① 参见 John Rawls，*A Theory of Justice*，Oxford University Press，1972，pp. 4、8、84。

② 参见 Hart，*The Concept of Law*，Oxford University Press，1961，pp. 55-56。

同样是在一般的意义上使用"正义"这一术语，他着重于剖析"正义"概念的构成性"要素"（就如威金斯注重发掘真理的"条件"一般），在这些要素的涵盖下，不仅存在分配上的正义理论，还存在法律上的正义理论，更存在道德上的正义理论。在菲尼斯看来，虽然"正义"的理论不一定必然是道德意义上的正义理论（就像罗尔斯的理论那般），但符合道德要求的正义理论是所有正义理论的"核心情形"，是最为理想的状态，就此而言，"道德"构成了正义原则的核心。

（一）正义的三个条件性要素

在《自然法与自然权利》中，菲尼斯对其"正义"理论作出了详细的阐述。菲尼斯对柏拉图、亚里士多德以及阿奎那等人的正义理论都作了检视，并从诸多的正义理论中剖析出了正义的一般性要素，分别为以他人为导向、义务以及平等。

首先，在菲尼斯看来，当我们谈到"正义"时，其总是在人与人的关系中显现。正如亚里士多德虽然区分了一般意义上的（法律的）正义以及平等的正义，但具体来说，正义首要地体现在平等的正义之中，其涵盖了政治共同体中成熟、自由、平等的人之间的和谐关系。在菲尼斯的理解中，柏拉图的正义理论似乎是一种独特的正义理论，柏拉图将"正义"在首要的意义上视为灵魂中理性、欲望以及激情之间的有序[1]，因此似乎可以在柏拉图的意义上说"正义地对待自己"。即便如此，菲尼斯倾向于认为柏拉图的正义理论同样暗示了"以他人为导向"的要素，这是因为，柏拉图将灵魂的三个方面视为一种类比意义上的独立"个体"，因此正义问题同样是这几个"个体"之间的有序的关系，从而柏拉图"保留了以他人为导向的要素"[2]。其次，"正义"的概念暗示了义务的要求，此种面向的正义概念即在法律理论中谈到的"正义"，它规定了人们"行动"的限度，正义在此告诉我们，一些行为是要避免的，我们有不如此行动的"义务"。最后，菲尼斯

---

[1] 参见〔古希腊〕柏拉图《理想国》，郭斌和、张竹明译，商务印书馆，1986，第166页。

[2] 〔英〕约翰·菲尼斯：《自然法与自然权利》，董娇娇、杨奕、梁晓晖译，苏苗罕、张卓明统校，中国政法大学出版社，2005，第133页。

指出了正义的最后一个条件性要素即"平等"（equality），具体来说，即亚里士多德"平等的正义"所表达的内涵，在此就涉及亚里士多德以及罗尔斯等人所讨论的"分配正义"的问题，也即将共同体中的资源合理地分配给个体的问题。

菲尼斯在此的意图是，通过对不同的正义理论的检视勾勒出正义理论的一般性"条件"或"要素"，这些要素并不具体指向某一个特殊的正义理论，却可以一般性地涵盖这些特殊的正义理论，从最为宽泛的意义上说，正义原则即"一个人应该怎样对待他人的评价原则"[1]，而在这一最为一般的表述中，并不暗示按照何种具体的标准（政治的、法律的或是道德的）去对待他人。然而就如在第一章所谈论到的，菲尼斯伦理思想处于他的整个自然法体系中的核心地位，也就是说，伦理原则在所有其他的实践领域中（法律的、政治的）处于一种支配性的地位，正因如此，菲尼斯也常常在多数场合中将"道德原则"视为严格意义上的"正义原则"（符合道德要求）的可替换项。

（二）道德正义是正义理论的核心情形

在菲尼斯的著作中，有着对"正义"概念的看似相互矛盾的两种表述，一方面菲尼斯将"正义"视为"道德"的同位语，如在讨论道德原则的绝对性以及普遍性时，菲尼斯将亚里士多德对"自然的正义"的讨论视为切入点，仿佛是在说道德的原则就是正义的原则[2]；另一方面，菲尼斯似乎又将"正义"和"道德"区分开来，如在谈到一个具体的道德要求——不能以怨报怨时，表达了这样一个观点，以怨报怨在道德上是错的，但可能是公平的（fair）[3]。

看似相互矛盾的两种表述，实际上可以通过菲尼斯的核心情形分析法加

---

① 〔英〕约翰·菲尼斯：《自然法与自然权利》，董娇娇、杨奕、梁晓晖译，苏苗罕、张卓明统校，中国政法大学出版社，2005，第134页。

② 参见 John Finnis, "Moral Absolutes in Aristotle and Aquinas," in *Reason in Action*, Collected Essays, Vol. I, Oxford University Press, 2011, pp. 187-188。

③ John Finnis, Joseph Boyle, Germain Grisez, *Nuclear Deterrence*, *Morality and Realism*, Oxford University Press, 1987, p. 286.

以消解。这一方法要求区分出一个概念中的核心情形以及诸多边缘情形，其中核心情形展现了一个概念最为充分的、理想的状态，而与之相对的，边缘情形则体现了一个概念不那么充分的、理想的状态。这样的一种分析方法在"正义"概念中同样是适用的，当菲尼斯致力于解构出"正义"的条件性要素时，就意味着菲尼斯并不仅仅将"正义"理论视为一种形态的（菲尼斯多次提醒我们要避免这样一种律法主义式的错误），相反，正义理论既可以是亚里士多德意义上的，也可以是罗尔斯意义上的。但这并不意味着不存在完满的、理想的正义理论。在菲尼斯看来，完满的、理想的正义理论便是符合道德要求的正义理论，它以一种最为充分的方式满足了正义的三个要素；而不完满的、有缺陷的正义理论便是以一种较不充分的方式满足了正义的三个或部分要素。在《自然法与自然权利》中，菲尼斯在讨论"正义"时开篇即指出，"正义的要求是实践理智要求的总和"，而实践理智的诸多要求即菲尼斯所说的"中介原则"，这些中介原则的要求不再是基本善理论中那一指向了人类完满的要求，而是指向了包含其他人的自我实现的要求，这些要求也即道德的要求，就此而言，当菲尼斯在此说正义的要求是实践理智要求的总和时，菲尼斯不再是在一种最为宽泛的意义上使用"正义"的术语，而是在一种严格的意义上使用，换句话说，菲尼斯在此讨论的是"正义"的核心情形。

因此，我们便可以理解菲尼斯为什么会在其讨论正义问题时有着两种几近矛盾的表述，一方面，菲尼斯倾向于在"最为宽泛的意义上使用正义概念"[①]，正义仅仅是对待他人的"应然性"原则，并不特指具体的正义理论；另一方面，菲尼斯将严格意义上的正义原则，或者说，将正义原则的核心情形建立在了"道德"之上。这样的一种完满的、理想的正义原则在最为充分的程度上满足了正义的三个要素，在这个程度上来说，正义可以视为道德的同位语；而就"以怨报怨"这一具体事态来说，虽然它也在一定程度上

---

① 参见〔英〕约翰·菲尼斯《自然法与自然权利》，董娇娇、杨奕、梁晓晖译，苏苗罕、张卓明统校，中国政法大学出版社，2005，第132页。

满足正义的三个要素，然而是以一种不充分的方式的满足，并且过于偏重对三个要素中"平等"这一要素的充分满足而忽略了对其他两个要素的充分满足，也正因如此，菲尼斯仅仅说这样的一种事态是"公平的"，而不是严格的"正义的"。

二　自我完善应符合"正义"的要求

菲尼斯的正义理论可以被理解为有两个方面的指向：一方面，正义是约束个体自我完善活动的道德要求，即人际交往中的"正义"；另一方面，正义是对"共同善"的一种分配上的标准，而分配只有以一种"促进所有成员自我完善"的方式进行时才是正义的。无论是哪一种指向，其"正义"的内涵都是"道德的正义"，具体来说，即使在政治领域的分配问题上，也应以"所有人的充分的自我实现"为追求。

（一）从"矫正正义"中延伸出道德要求

人类完满是菲尼斯伦理思想的最高命题，而道德理论则是对自我完善活动的一个要求，其要求我们在追求基本善的过程中不应以损害他人的基本善的实现为前提，并且理想的是，在自我完善的活动中秉持着人类完满的理想。在我们对菲尼斯正义理论的解构中，又可以将道德上的正义视为正义形态的核心情形，也正因如此，"道德"对自我完善活动的约束同样可以被视为"正义"对自我完善活动的约束。

亚里士多德曾经区分了"分配的正义"和"矫正的正义"，前者指向的是公共财富的分配，而后者则主要指的是在私人交易中的一种"补偿"和"矫正"。而阿奎那在解读亚里士多德的正义理论时，对亚里士多德的"矫正的正义"作出了进一步的阐发，在阿奎那看来，"矫正的正义"适用于个体交往的一切形式，不限于买卖、交换等商业活动，而是可以延伸到诸如偷盗、谋杀等具有道德意义的活动当中。[①] 菲尼斯接受了阿奎那的解释，将"矫正的正义"视为较为宽泛的概念，其不仅存在于商业形式的个体交往

———

① 参见 Thomas Aquinas, *Summa Theologica*, Christian Classics Press, 1981, p. 1976。

中，还存在于一般的人际交往中。"矫正的正义"可以用来解决在人际交往中产生的道德问题。在菲尼斯看来，当我们使用"矫正的正义"这一概念时，往往将关注点放在"矫正"或"补偿"上，而忽略了是什么因素产生了矫正的问题。①"矫正的正义"在于通过一种矫正或者补偿的方式去实现"正义"的目标，但是与此相应的，正是有了正义的要求，才有了正义的目标，正义的要求在最为首要的意义上是道德的要求，其要求我们以一种"道德"的方式对待他人，不能损害其他人基本善的实现，因此，菲尼斯指出，"矫正的正义"概念暗示了在 a 和 b 两者中，a 已经对 b 做了错事（道德上的）。②

因此，理解"矫正的正义"这一概念的关键不在于通过一种矫正、补偿的方式恢复两者间的交往关系，而在于，之所以要采取矫正的措施，是因为在两者间的交往中存在一种"道德"上的"恶"，因此"矫正的正义"概念便内含道德的要求，其要求我们以一种不损害他人基本善实现的方式进行自己的行动。

（二）在正义的要求中实现自我

当"正义"在最严格的意义上被视为"道德"的同位语时，正义便对自我完善活动提出了要求。菲尼斯借用柏拉图的正义理论指出，在自我完善活动中，不仅要以自身所追求的基本善为指向，还要按照一定的秩序去追寻基本善，这一秩序即柏拉图所说的"正义的秩序"。

柏拉图的"正义"在最为原初的意义上指的是人类心灵各个部分间在"理性"统治下的有序，其着重地体现在理性部分对激情及欲望部分的引导。在菲尼斯的文本中，从个体层面上说，每个人追寻基本善的实现（进行自我完善活动）时，同样要用理性对一些负面的情感性因素及欲望进行克服，从而在内心达到理性主宰的状态，此时所达到的一种"正义"的事

---

① 参见 John Finnis, *Aquinas: Moral, Political, and Legal Theory*, Oxford University Press, 1998, p. 216。

② John Finnis, *Aquinas: Moral, Political, and Legal Theory*, Oxford University Press, 1998, p. 216.

态就不再是柏拉图意义上的心灵中的有序并由此形成勇敢、节制、智慧的德性，而是指向了人际交往中的"正义"，就如在道德原则那一部分所指出的，"不道德"的根源在于"受束缚的理性"，而理性之所以受束缚恰恰是由于情感及欲望的阻挠，而其中最为明显的即一些自私、仇恨的因素，也就是说是一些"以他人为指向"的消极性因素阻碍了完全的实践理性推理，而当我们克服了这些消极性因素后，我们的实践理性推理就是"道德的"。

因此，需要注意的是，当菲尼斯谈论通过"正义的秩序"约束我们的自我完善活动时，虽然他使用了柏拉图所谈论的"正义"的约束，但是此时菲尼斯所使用的"正义"在内涵上则不同于柏拉图所使用的"正义"，而是对柏拉图的"正义"的一种延伸，理性在此需要引导的恰恰是那些指向他者的欲望及情感。就此而言，我们需要通过"正义"的要求去为我们的自我完善活动作出规制，自我完善的各个方面是基本善，而基本善是通过我们的实践理性推理去把握的，实践理性的运作作为"自然法"，无非是我们实践思维的一种运行规律，它不必然指向"道德的"自我完善活动，因此，如果缺乏了正义秩序的引导，自我完善活动将有可能沦落为建立在损害他者利益之上的活动。

三 正义旨在促进"共同善"

菲尼斯正义理论的第二个方面的指向即分配正义的问题，对这一问题的阐述则是围绕"共同善"（common good）的概念展开的。"共同善"是菲尼斯伦理思想中又一个过渡性的概念，正是通过"共同善"的概念，基本善的实现从自我层面过渡到了"共同体"的层面；同时也通过"共同善"的概念，菲尼斯尝试解答基本善在"公共领域"内实现的问题。从第一个话题来说，共同善可以被理解为基本善，这是因为基本善是所有个体的共同目标、是所有个体共同的追求对象；从第二个话题来说，共同善又可以被理解为公共善（public good），基本善的实现是在"共同体"内的实现，共同体以个体基本善的实现为最终导向，然而个体基本善的实现又是以公共性的积累为"条件"的，在两者的关系中，个体性的共同善是首要的，而公共性的共同善则是辅助性的。也就是说,对公共善的分配要以人类完满为理想,达到了这一理想的分配便是正义的分配,而人类完满又是一个道德理想,因此,正义的标准在此即道德的标准。

（一）共同善的双重维度

在菲尼斯的理解中,共同善包含双重维度。一方面,共同善可被视为"公共善",其包括共同体的有序、协作、财富积累等,一言以蔽之,共同善可以被理解为宽泛意义上的"公共利益"。① 另一方面,共同善的"公共性"面向虽然是共同善概念内涵的题中应有之义,但"共同善从根本上讲就是众多个体的善,说造福共同体不过是有利于共同体成员的一个简称"②,用核心情形分析法我们可以将菲尼斯的个体之善理解为共同善概念的核心情形。

第一种解释十分常见,现在的问题是,为什么要接受菲尼斯的第二种解释? 也就是说,个人的基本善实现如何能够被视为一种共同善? 从一方面来说,菲尼斯接受了阿奎那对于共同善的理解。与亚里士多德所不同的是,在阿奎那看来,共同善不仅仅存在于公共领域,同时也和个人相关,一个直接的依据即,在《神学大全》中,阿奎那提出了"幸福也是一种共同善"③。从另一方面来说,遵循着对"善"的一般的定义,菲尼斯将善定义为行动的理由,那么共同善就是"共同的理由",其指的是在共同体中的"个体"行动的共同的理由,而行动的理由又是由行动的目的来提供的,正是有着共同的目的才有着共同的理由。那么,个体如何才能够有共同的目的呢?

菲尼斯区分了三种个体交往的形式:"商业的"、"游戏的"以及"友谊的"。商业的交往活动类似于在交换经济中发生的活动,即在 a 和 b 间存在

① 需要注意的是,在菲尼斯的用法上,共同体不仅仅局限于国家,而是包含家庭、社团、宗教团体等在内的一个宽泛的概念,与之相应地,公共利益指的也不仅仅局限于国家利益,而是指共同体中的"公共部分"。

② John Finnis, *Natural Law and Natural Rights*, Oxford University Press, 2011, p. 146.

③ Thomas Aquinas, *Summa Theologica*, Christian Classics Press, 1981, p. 598.

一种固定的交往模式或是契约关系，二者在这一固定的交往模式下进行着交往并各自追求着各自的利益，其中，对这一固定的交往模式的遵守及维护是对共同善的维护，然而对共同善的维护并不是我们进行商业的交往活动的最终目的，其只是我们追求自我利益的"条件"并且"公共性"地被双方所享有，商业的交往活动中所体现出的这种共同善也被称为"公共善"；游戏的交往活动典型地体现为我们在游戏中所进行的活动，而菲尼斯对"游戏"的界定即以本身为目的、没有进一步的目的的活动，因此，在游戏的参与中，各方有着共同的目的，那就是"游戏本身"；最后一种交往活动是友谊的交往活动，它典型地体现在核心情形的友谊之中，其中，a 完全为了 b 的福祉而行动，而 b 也完全为了 a 的福祉而行动，双方具有共同的目的，那就是"对方的善"，双方为了这同一个目的而行动。

而所谓的"共同体"正是在这种基于共同目的的互动中创造出来的，因此，当菲尼斯使用"共同体"这一术语时，他是从一种宽泛的意义上使用的，它不仅仅指"国家"或者"社会"，菲尼斯认为在家庭、社团或者宗教团体中同样存在共同体，总的来说，哪里存在基于共同目的的互动交往形式，哪里就有着"共同体"的存在。正是在"友谊的共同体"中存在个体的共同善的维度，双方都在为了对方的个体的善而行动，对方的个人幸福和利益成了共同的目标。这样的一种共同体可以被理解为"共同体"的核心情形，也就是说，是一种共同体的完满、理想的状态，在其中，自我都为了对方的善而行动，而对方又为了自我的善而行动，最后所形成的理想状态是人类完满。因此，虽然共同善有着"公共善"和"个体善"的双重维度，但作为个体实现的共同善才是共同善的核心情形，而作为公共性的共同善（公共善）只是一种"条件之善"，其只是个体之善实现的"共同条件"，这也是理解菲尼斯共同善理论的关键之处。

（二）通过正义原则实现共同善

共同善虽然有两个方面的内涵，但是从根本上说，共同善在严格的意义上（核心情形的）即个体的基本善的实现。菲尼斯政治哲学构建的基本前提即"辅助性原则"（subsidiary principle），也就是说，"共同体"（不仅限于国家）唯一的职能就是促进、协助个体的自我实现，共同体不需要有独立于个体自我实现的公共目标——"没有理由认为某个政治共同体的成员每个人都怀有，或应该怀有某一或某一系列的政治共同体支持或者应该支持的确定目标"①。

就此而言，菲尼斯的正义理论和罗尔斯的正义理论相区别，罗尔斯在《正义论》中倾向于认为一种正义的制度的实现似乎是最高的价值，所有人的最终的共同目标是成功实现了正义制度的安排②，而根据菲尼斯的理论，人类完满才是共同体的唯一的目标，正义的"制度"只不过是达到这一目的的手段罢了。

"共同善"的实现唯有通过正义原则才是可能的，菲尼斯将共同善区分出两个方面的内涵。与此对应，存在两个方面的"正义"问题，一方面是如何正义地分配"公共善"，另一方面是如何正义地实现"个体善"，而又因为"辅助性原则"的存在，如何正义地分配公共善的问题最终可以被化约为如何正义地实现个体善的问题。同罗尔斯所不同的是，根据菲尼斯的理论，对公共善（罗尔斯所谓的基本善）的分配不再是一个制度问题，而是一个道德问题。这不仅仅在于辅助性原则的存在，更是因为道德正义是所有正义形态的核心情形，当我们在个体之间达到了道德上的正义，才是实现了真正意义上的、严格的正义。在对公共善的分配中，存在一个正义的标准，那就是个体充分的自我实现，而分配的限度也应以此为限度。也就是说，对于公共善的分配应该首先以"共同体的所有成员的自我实现"③ 为标准，当一个个体所占有的资源超过了他的"理性自治"所需要的程度时，多余的部分便要被划分到公共的部分分配到那些还不能达到"理性自治"的成员手中。在这个首要的标准之下，"平等"就成了次要的原则，无论是实现何

---

① 〔英〕约翰·菲尼斯：《自然法与自然权利》，董娇娇、杨奕、梁晓晖译，苏苗罕、张卓明统校，中国政法大学出版社，2005，第 125 页。

② John Rawls, *A Theory of Justice*, Oxford University Press, 1972, p. 527.

③ 参见〔英〕约翰·菲尼斯《自然法与自然权利》，董娇娇、杨奕、梁晓晖译，苏苗罕、张卓明统校，中国政法大学出版社，2005，第 141。

种意义上的平等，其都不是分配上的首要原则，这是因为，即使达到了一种平等的状态，其也不一定能够达到所有人的充分的自我实现。

总的来说，因为辅助性原则的存在，菲尼斯的分配正义问题归根结底可以化约为个体的基本善的实现问题，共同善的实现归根结底也是所有个体的基本善的充分实现，也正是在这个意义上，菲尼斯的共同善理论可以视为他的道德理论的延伸。因此，为了达到共同善的充分实现，只有依靠菲尼斯所说的道德原则才是可能的，菲尼斯的道德原则对我们的实践推理及选择提出了如下要求——我们应当意愿人类完满，而所谓的人类完满不是一个人的充分的自我实现，而是所有人的充分的自我实现，"即为了当前和未来整个人类和人类共同体的完善"①。就此而言，菲尼斯的正义理论最终的归宿仍然是道德理论，说"通过正义实现共同善"与说"通过道德原则实现所有人的充分的自我实现"实际上是相同的，这也体现出菲尼斯构建自身的思想体系时在逻辑上的一贯性，所有其他的实践学科中的论证最终都以"伦理命题"为依据，具体来说，在"分配正义"的问题上，虽然表面上看其是政治哲学的一个问题，其要求将公共资源在个体间进行恰当的分配，然而归根结底，这一分配只有满足了道德上的要求才能够被称得上是"正义的"。

---

① 〔英〕约翰·菲尼斯：《自然法理论》，吴彦编译，商务印书馆，2016，第37页。

第四章

实现基本善及道德要求的行动理论

　　菲尼斯在《伦理学原理》一书的开篇就指出，伦理学科兼具理论性与实践性，其中理论性指的是对实践真理（基本善）以及道德真理的追求，而实践性则指的是要在现实的行动中实现基本善以及道德要求。具体来说，我们可以将这一命题理解为，一个人正是在实现基本善的过程中塑造着自我，也正是在对实现基本善的方式的选择中选择成为"道德之人"还是成为"不道德之人"。就此而言，基本善以及道德理论就为"行动"划定了限度：一方面，行动的理由应建立在可理解的目的（基本善）之上，而非建立在主观性的欲望和情感性因素之上；另一方面，对一个行动的评价建立在意图之上而非建立在结果之上，一个道德的行动是出自符合道德原则的意图，一个不道德的行动在于其意图是与道德原则相违背的。菲尼斯伦理思想也有着强烈的现实关怀，菲尼斯将其基本善理论以及道德理论广泛地应用到对现实伦理难题的解决中，其中涉及生命伦理、政治伦理及战争伦理等话题，菲尼斯对这些话题的讨论紧紧地围绕以下两个命题展开，一个是与基本善理论相关的"人权不可侵犯"，另一个是与道德理论相关的"意图决定了一个行为的道德性质"。

第一节　伦理命题以行动为最终导向

一　伦理学兼具理论性与实践性

与思辨性的学科相似，菲尼斯认为伦理学研究也是以"真理"为追求的，然而与思辨性的学科不同的是，伦理学研究中的真理不是事实真理，而是实践真理。菲尼斯笔下的实践命题的"真"在于，实践概念及命题能够一方面引导我们实现更好的自我，另一方面能够要求我们以一种道德的方式实现着自我。因此，在类比的意义上，存在实践真理也正是因为有对真理追寻的要求。伦理学是一门理论性的学科。然而在菲尼斯看来，更为重要的是，伦理学的理论最终要在现实的行动中实现，菲尼斯将善定义为行动的理由，并且将道德原则建立在对基本善的整全理解之上，这就意味着基本善的现实化以及道德要求最后都要落脚于现实的行动之中，因此，伦理学兼具理论性与实践性。该解释立足于菲尼斯的这一意图：反对将伦理学还原为形而上学，从而抹除了伦理学"行动"的维度；并且，反对将善等道德话语视为个人情感的表达，从而抹除了伦理学"理论"的维度。

（一）伦理学以"真理"为追求

在对伦理学理论的历史回顾中，菲尼斯指出存在两个"还原论"的观点，一是抹去了伦理学的理论性特征，将实践要求视为完全主观的、不具备真理性的情感的表达或赞同的态度；二是抹去了伦理学的实践性特征，将实践真理视为从形而上学或事实经验中推导出来的产物。这两个还原论观点是菲尼斯所着力批判的，正是在对这两个还原论观点的批判中，菲尼斯指出为什么伦理学兼具理论性与实践性。

第一个还原论观点典型地体现在元伦理学中的情感主义者对传统伦理学的批判当中。维特根斯坦就主张，我们绝不能将伦理学视为一门"学科"，在伦理的话语中既不存在确定性、绝对性以及唯一性，也无所谓真假，所谓的道德命题或实践命题归根结底只是一种情感的表达，维特根斯坦甚至提出不可能存在"伦理命题"。[①] 与菲尼斯所主张的道德绝对主义一致的是，维特根斯坦认为"伦理学"要想成为一门学科，必须以某种绝对性、客观性的对象为研究课题，具体来说，即以客观的、绝对的善及道德规范为研究课题，这要求我们摆脱不确定性以及相对性，然而，在维特根斯坦看来，这样的一门以客观性、绝对性的价值理念为研究课题的"学科"实际上是不存在的，并不存在所谓的"伦理学"学科，我们的语言及言谈只能指向事实及经验，而我们语言中的"好"与"坏"并不在任何意义上表达所谓客观的价值或规范，当我们说谋杀是一种恶的时候，我们只能够描绘出与谋杀这一事件相关联的种种事实，并且我们说谋杀是一种恶的时候，我们不是说谋杀本身具有内在的"恶"的事态或性质，而只是表达了我们对这一事件的厌恶及痛恨，因此，并不存在所谓的"绝对的价值"以及"绝对的规范"，当我们使用这些相关的说法时，我们只是在"比喻"的意义上使用的。"伦理学"归根结底只是一种理想的事态，如果我们能够写出这样一本关于绝对性的善与恶、正确与错误的书，那么这本书将是"爆炸性的"[②]，因此，即使在延伸的意义上使用"真理"这一表述，也并不存在所谓的伦理学"真理"。

菲尼斯对该还原论立场提出了批判，他认为其有着根深蒂固的偏见，也就是将"知识"及"真理"这些概念的使用局限在了事实领域，认为伦理学是一门关于实践态度（赞同）的学科，并且在各种实践态度中不存在统一性。这种偏见可以通过以下三个步骤消解。第一步，借助威金斯的真理理论，指出在伦理学中同样存在"真理"。第二步，菲尼斯的伦理学立足于人类完满的实现，而在不知道人类完满为何的前提下，一个人是无法更好地进行自我实现的活动的，我们通过实践理性所把握到的人类完满的各个方面（基本善）在理论上就是一个个实践上的真理，只有当我

---

① 参见万俊人《维特根斯坦的伦理学演讲》，《哲学译丛》1987 年第 4 期。
② 参见万俊人《维特根斯坦的伦理学演讲》，《哲学译丛》1987 年第 4 期。

们把握到了实践上的真理，我们才可以更好地进行自我实现的活动，因此，"一个人要想行动得好，除非他反思并追问如何去行动"①。第三步，菲尼斯指出情感主义者的还原论实际上是不彻底的，一个人当然可以对某件事持赞同、反对的态度，但是在这里关键的不是"我赞同""我反对"，关键的是"事情本身"，而"我"或者任何人都可以从赞同、反对的事态中"隐藏"。就如一个人说我赞同帮助他人或我反对谋杀，在这两个事态中决定性的是"帮助他人"以及"谋杀"本身，而非我赞同或我反对的态度及情绪，恰恰是"帮助他人"以及"谋杀"的内在性质决定了我赞同或我反对的态度及情绪。

（二）"真理"在行动中展现

如果伦理学理论以"真理"为追求，那是否意味着只要我们把握到了实践真理就可以一劳永逸了？绝非如此，菲尼斯虽然强调伦理学是理论性的，但是在首要的意义上其是实践性的②，伦理学的实践特质体现在两个方面，一方面在于我们对实践真理的把握正是通过现实的生活及实践来完成的，真理展现于我们对实践经验的"洞察"；另一方面，更为重要的是，当我们通过实践把握到实践真理时，其预示着我们要通过行动将这一真理现实化并展开。

前面提到的第二个还原论观点抹去了伦理学的实践性特征，其典型地体现在传统的自然法伦理学的理论中，自然法以客观的善以及绝对的道德规范为追求，而为了证立客观的善以及由之而来的绝对的道德规范，传统自然法伦理学者往往采取摩尔所说的"自然主义"的策略，将事实作为价值的前提并且采取一种三段论的方式推论出所谓的"善"的存在，如从人的自我保存的事实行为中预设出人具有自我保存的天性，从而推论出"生命"是一种客观的、普遍的善，而自休谟提出事实与价值相分离以及摩尔提出"自然主义谬误"的命题之后，这样一种构建伦理学体系的方式就不再时兴

---

① John Finnis, *Fundamentals of Ethics*, Georgetown University Press, 1983, p. 2.

② 参见 John Finnis, *Fundamentals of Ethics*, Georgetown University Press, 1983, p. 2。

了。菲尼斯站在事实与价值严格区分的立场上重新解构了自然法伦理学。善的理论是在现实的实践行动中被我们把握到的，虽然善在本体论的意义上依赖于一种人性的因素，但在现实中，我们对善的认知是纯粹实践的。菲尼斯将"善"定义为"行动的理由"，就意味着我们不是把握到了静态的理念，而是把握到了"要如此行动"的判断，这也暗示着真理的展现是在人类完满的活动中发生的。也就是说，我们一开始通过实践理性所把握到的真理只是抽象的，只有当我们通过现实的行动去追求真理并逐渐达成人类完满的实现时，"真理"才变得现实及丰满起来，此时真理的实现与人类完满的实现有着一种同步性。

综上所述，两个还原论观点分别将伦理学还原为不问真理为何的"实践态度"以及与形而上学相混淆的"自然主义谬误"，也因此分别抹除了伦理学的理论性与实践性。在菲尼斯看来，伦理学以"真理"为追求，但并非只有"事实"能够提供给我们这样一种真理性，纯粹实践领域中的伦理学理论同样具有确定性以及绝对性。更为重要的是，在伦理学真理的最初来源上，我们是在现实的行动以及生活中把握善的，并且当我们把握到基本善时，其以一种"要如此行动"的方式呈现给我们，其指引着我们要在此后的行动以及生活中将这一基本善逐步变为现实，也正因如此，伦理学兼具理论性与实践性。

菲尼斯为什么要反对这两个还原论观点？这是因为，这两个还原论观点构成了对自然法伦理学的威胁，这体现在两个方面。首先，从内部来看，如果将伦理学理论中的"善"视为从事实前提或形而上学命题推论出的结果的话，这样的一种推论方式将模糊事实与价值之间的区别；其次，从外部来看，如果将善、规范性命题都视为主观态度的表达的话，那么，将不会存在客观的善，同时也不会存在绝对性的道德规范，更为严重的是，就不会存在自然法伦理学。因此，就如在第一章所谈到的那样，自然法伦理学不仅面临内部的理论困难，还面临来自外部其他理论的挑战。为了应对这一危机，菲尼斯必须作出回应。

二 基本善在行动中成为现实

根据菲尼斯的理解，"善"是行动的理由，而"基本善"是行动的最终理由，这就预示了"善"不是一个静态的概念，而是一个动态的趋向性的概念，凡是言善或基本善，就意味着"要如此行动"，就此而言，"目的只能通过采取或不采取行动才能得到实现及表达"①。借助诺齐克"缸中之脑"的思想试验，菲尼斯指出没有人愿意一生都活在"体验机器"中，即使这个机器能够给我们带来所有意识层面的享受，而之所以拒绝这样的一个诱惑在于——人生的意义（基本善）恰恰是在现实的行动中实现的。②

（一）解释"行动"的内在观点和外在观点

"行动"（action）的概念是菲尼斯伦理体系中的又一重要概念，其重要性在于，我们是在生活的行动中把握到基本善的，并且我们在把握到基本善后，又要依赖此后的行动将基本善的理念现实化（instantiation），而为了现实化基本善，就不可避免地要采取一些必要的手段，而在手段的选择中就有了"道德"的方式以及"不道德"的方式，从而就有了道德的行动以及不道德的行动。总之，菲尼斯伦理学理论中的每一个重要概念最终都落脚于行动，这也表明，"行动"的理论是贯穿菲尼斯整个伦理思想的线索。

如何理解"行动"？菲尼斯拒绝将行动的首要意义定位于物理现象，对于菲尼斯而言，一个行动是通过"目的"而被刻画的。阿奎那曾经对人类的行动作出深入且细致的探讨，在他看来，人类的行动从总体上可以划分为两种类型，分别为"人的行动"（actus hominis）及"人性的行动"（actus humani）③，一切可以作为现象被观察到的行动都可以被称为"人的行动"，只有经过了我们理性权衡、审视的行动才可以被称为"人性的行动"，这样的行动总是指向某种理性目的。而人类行动之所以是实践哲学研究的对象，恰

---

① 参见 John Finnis, *Natural Law and Natural Rights*, Oxford University Press, 2011, p. 127。

② John Finnis, *Fundamentals of Ethics*, Georgetown University Press, 1983, p. 38.

③ 关于将两种行动译为"人的行动"及"人性的行动"，参见〔意〕托马斯·阿奎那《神学大全》（第4册），周克勤、高旭东等译，台湾碧云学社出版社，2008，第3页。

恰在于人类行动最为显著的体现为"人性的行动"。人性的行动之所以占据核心的解释地位，恰恰在于人类如此行动意味着能够自作主宰，而自作主宰是自由意志运用的完美展现。那么自由意志又指向何处？如前所述，自由意志在我们主动地选择基本善以及实现基本善的过程中呈现出来，也正因如此，菲尼斯对于"行动"的理解在首要的意义上总是和人类的目的相关，而人类的目的又总是来自实践理性的主动构建，因此，行动总是和"理性"、"目的"以及"自主"这些概念相关，行动在次要的意义上才是可以被经验观察到的物理现象。因此，"行动经由它的目的而被予以具体规定，亦即从它们的目的那里获得其具体特征"[1]。

菲尼斯对于"行动"的重视，也使得菲尼斯伦理思想区别于传统的自然法伦理学，而有了更为浓郁的当代色彩。我们可以按照哈特的"内在观点"与"外在观点"的区分，来理解菲尼斯对于"行动"一词两方面的解释。基于可理解的目的的行动是解释行动的内在观点，而作为物理现象被经验到的行动则是解释行动的外在观点，这也解释了为什么在表面上看完全相同的两个行动会有着不同的"目的"或"意图"以及进而有了不同的道德上的评价。在此，菲尼斯伦理思想中的"行动"也可以理解为拉兹所谓的意向行动——"其是被认为有意义的行为，使我们相信这一行为具有某种吸引力或价值"[2]。因为"行动"总是和人的意志以及目的相关，也就是说其是我们主动选择及追求的结果，在这个意义上，出自非自愿的行动不是"行动"，因为它并非基于我们的主动选择，虽然在物理的层面上，我们可以将出自非自愿的行动归因于某个特定的主体。菲尼斯关于行动的界定，在其整个伦理体系中特别重要，这是因为，我们之所以能够对一个复杂的行动事件进行道德上的评价，正是依赖于意向性的行动和物理层面的行动之间的区分。而在道德的评价中，意图是核心的要素。

---

[1] 〔英〕约翰·菲尼斯：《自然法理论》，吴彦编译，商务印书馆，2016，第21页。

[2] Raz, "On the Guise of the Good," in Sergio Tenenbaum ed., *Desire*, *Practical Reason and the Good*, Oxford University Press, 2010, p.116.

（二）基本善意味着"要如此行动"

基本善是我们的最终目的，而我们对基本善的把握又是实践理性运作的最终结果，因此每一个基本善都可以被称为实践理性的第一原则，而"第一"（first）意味着每一个基本善都是终极的，是每一个实践理性运作中的终点，并且不可被还原为其他的基本善，同时不可能出现在其他的实践理性的运作之中，存在多少种基本善就存在多少实践理性的第一原则。

如前所述，实践理性把握基本善的过程是动态的，它起始于我们对倾向的理解，并且在理解的过程中逐步深化，最终作出一个有助于人类完满的判断，这样一种判断在形式上来说并非指向"什么是好的"，而是指向"如此行动是好的"，因此菲尼斯也将基本善表述为一种"可能性"（possibility）。因此，我们通过实践理性的推理把握到了基本善，就意味着我们把握到了人类完满的一种可能面向，因此基本善是有待于我们在一生中追求并且实现的，而要实现这一基本善就必须将思维中的，也即实践理性把握到的基本善落实到具体的行动中。因此，基本善不仅是能够提升人类完满的存在，从更为根本上说，是我们在行动中追求的。

菲尼斯伦理思想是自然法性质的，而菲尼斯在解释阿奎那的自然法思想时，将阿奎那的自然法的首要原则——"应当为善和追求善，且应当避免恶"解读为实践理性的首要原则，并将其称为绝对意义上的实践理性的第一原则。这样的一种绝对意义上的实践理性的第一原则，不仅是对阿奎那哲学的重新解读，而且被菲尼斯用作覆盖他的基本善理论的普遍原则，这样的一种绝对意义上的实践理性的第一原则即自然法的首要原则。在伦理学的历史中，一些理论家倾向于将自然法的首要原则简化为这一表述——"求善避恶"①，在此省略了自然法的"当行"（to be done），而在菲尼斯的视角中，正是"当行"为我们的行动提供了指引，因此自然法的首要原则不仅

---

① 参见 John Finnis, Germain Grisez, "The Basic Principles of Natural Law: A Reply to Ralph McInerny," 26 *Am. J. Juris*, 1981, p. 21。

告诉我们最终目的是什么以及应当追求什么，还告诉我们应当如何去行动。

应当如何理解基本善的诸第一原则与首要原则之间的关系？在菲尼斯的基本善理论中，所有以具体基本善为内容的实践理性的第一原则都是自然法的首要原则的示例（instantiation），每一个基本善的表述都是自然法的首要原则的一个方面。例如，当我们谈到知识是一种基本善时，这样的一种表述从根本上来说是"应当为善和追求善，且应当避免恶"的一个具体面向。就此而言，我们可以通过亚里士多德意义上的"质料"与"形式"的关系来对两者的关系加以理解。在认识的先后顺序上，我们并不是先认识到自然法的首要原则进而对实践理性的诸第一原则进行把握的，其过程恰恰是相反的，因为我们的实践认识是依赖于"材料"及"经验"的，所以我们不可能先天地把握到一个自然法的总原则，而是只能够在实践当中、在生活中把握一个个具体的基本善，也即我们只能认识到一个个实质性的实践理性的第一原则，而自然法的首要原则则是从形式上来说，蕴含在一个个具体的实践理性的第一原则中的普遍规律。

因此，以各基本善为质料的实践理性的第一原则具有实质上的实践指引性，而自然法的首要原则则可以被视为具有"整体"上的实践指引性。这样的一种指引性之所以是实践的，是因为这样的一项或一组指令不仅告诉我们什么是好的、被追求的，还告诉我们应当去"如此行动"。需要注意的是，自然法首要原则的这种整体上的实践指引性也意味着其并非一种类似于道德原则的命令，而是我们实践思维的一般规律，其类似于非矛盾律在思辨思考中的地位及作用，这样的一种规律制约着我们所有的实践理性的思考，即使是我们在"行不道德之事"时也具有一种指引，引导我们趋向于某种基本善，虽然这样的一种指引是不完善的。

在此，需要补充的一点是，菲尼斯是以"新自然法学派"的一员出现在学术界的。然而，作为一名自然法伦理学家，菲尼斯的理论构建并不明显地依赖于"自然法"这一术语，在大多数场合，菲尼斯也只是通过对阿奎那自然法原则的重新解读来构建自己的基本善理论。即使如此，菲尼斯对实践理性诸第一原则的阐述在形式上以及内容上都是对阿奎那自然法原则的继承。就此而言，从整体上说，可以将菲尼斯实践理性的诸第一原则视为"自然法原则"，而基本善就是自然法原则的所指。

三　"道德性"在行动中显现

在菲尼斯的理论中，基本善和道德原则除了存在逻辑上的空缺外，还有如下的区别：基本善的现实化唯有通过行动才是可能的，而正是在采取行动实现基本善的过程中有了道德性可言。这是因为，基本善的现实化只有依靠对适当手段的选择才可以实现，当我们对手段的选择符合菲尼斯所提出的道德总体原则（尊重所有基本善的所有方面）时，我们就是以一种道德的方式在进行自我实现的活动；而当我们对手段的选择是以一种"不完整"的方式进行时，我们就是以一种不道德的方式在进行自我实现的活动。就此而言，道德性在行动中显现出来，具体来说，道德问题存在于以何种方式进行自我实现的活动。

（一）通过"实践理智"采取行动

在菲尼斯看来，对"实践推理"（practical reasoning）和"实践理智"（practical reasonableness）作出区分是十分必要的，这种必要性在于，正是这种区分划分出了"善"和"道德"之间的界限，当我们从实践推理的运用过渡到实践理智的运用时，基本善的实现便具备了道德的意义。

上文谈到，对基本善的把握是根据实践推理来完成的，实践推理是一种实践上的思考方式，它起始于我们对实践经验的"反思"和"洞察"，终结于对作为人类完满的可能面向的基本善的把握，而当我们的实践推理进行得顺利时，我们就能够在"思维"中把握到一个可能的人生完满的方面。然而在"思维"中把握到的基本善意味着"我们要如此行动"来实现这一基本善，因此，实践性思考的下一步是如何将这一"思维"中把握到的基本善在"行动"中展现出来，如果我们能够找到实现这一基本善的恰当手段及方法，并且更为重要的，我们最终能成功地将作为"理念"的基本善落实到行动当中，这时我们运用的就是"实践理智"的能力。就此而言，实践理智的能力是实践推理的进一步延伸，从实践推理的运用过渡到实践理智的运用就意味着从"思维"过渡到了"行动"。而当我们将思维中把握到的基本善成功地落实到行动当中时，就标志着我们实践性的思考的最终完成，在这个意义上说，"实践理智的运用意味着实践推理的成功"①。

在菲尼斯的文本中，无论是实践推理的能力还是实践理智的能力，它们都可以被一个更为一般的概念所涵盖，即"实践理性"，它意指我们的实践性的思考方式及执行方式。当我们使用"实践理性"这一术语时，一方面可以指我们在思维中对何为善的"思考"能力，另一方面可以指将思维中把握到的基本善落实到行动中的"执行"能力。如果我们在大多数的场合中都能够将我们的思考付诸行动，这时我们就具备了一种德性，在此我们可以在另外的一个意义上使用"实践合理性"这一术语，其是七种基本善之一。在菲尼斯的语境中，当我们说一个人具备实践合理性这一德性时，我们不仅仅在说这个人思考得好，更是在说这个人行动得好。②

（二）"完全的"实践理智即"道德的"实践理智

就如所有的基本善仅仅是前道德性质的，作为基本善之一的"实践合理性"也是前道德性的，当我们说一个人能够时刻将思维落实在行动中，并且由此在思维和行动中建立起统一性时，我们说一个人具备了"实践合理性"的德性，或者说在实现"实践合理性"这一基本善上做得"好"。

但是需要注意的是，此处菲尼斯所谓的"好"并非道德意义上的"好"，道德败坏之人同样能够卓越地发挥"实践理智"的能力从而将邪恶的想法变成现实。因此，我们虽然通过实践理智的能力将基本善在行动中展现出来，从而达到了一种"实践合理性"的状态，然而这样的一种状态不是必然是道德的，也可能是不道德的。当我们以一种"整全性"（建立在对人类完满的理解之上）来塑造我们的实践思维，并且将这样一种整全性的

---

① 参见戴一飞《约翰·菲尼斯访谈录（英文）》，《法哲学与法社会学论丛》2010 年期，第 289 页；关于对菲尼斯 practical reasonableness 的解读，参见吴彦《如何理解菲尼斯的 "practical reasonableness"？》，《同济大学学报》（社会科学版）2023 年第 5 期。

② 戴一飞：《约翰·菲尼斯访谈录（英文）》，《法哲学与法社会学论丛》2010 年期，第 290 页。

思维成功地在行动中表达出来时，才是一种"道德的"实践理智运用，这样的一种"道德的"实践理智运用建立在对人类完满的理解上，也因此是一种"完全的"实践理智的运用；相反，在另一个方面，当我们以一种"不完全性"（往往建立在自私、自利的情感性因素基础之上）来塑造我们的实践思维，并且将这样一种偏颇的实践思维成功地在行动之中表达出来时，便是"不道德"的实践理智运用，也因此是一种"不完全的"实践理智运用。这样看来，通过实践理智的能力，人类在基本善的议题上从思维过渡到了行动，而在行动中便有了"道德的"或"不道德的"区分，道德的行动来自完全的实践理智或者说实践理智的充分运用，不道德的行动来自不完全的实践理智或者说实践理智的不充分的运用。实际上，在菲尼斯看来，他所说的"practical reasonableness"即阿奎那所说的"prudentia"（明智）以及亚里士多德所使用的"phronesis"（实践智慧）。

实际上，当菲尼斯使用这些术语时，已经在某种程度上脱离了这些术语的传统含义。与传统解释所一致的是，无论是"practical reasonableness"也好，抑或"prudentia"以及"phronesis"也罢，都是指我们在具体的事务或行动上做得好，就是说，作为一种实践上的德性，其总是在具体的"行动"中展现；然而与传统解释所不一样的是，在传统的解释中，"practical reasonableness"意为在具体的情境中采取不同的策略的一种能力运用，这种理解进路不仅可以在亚里士多德的著作中看到，还可以在当代哲学家麦金太尔以及麦金纳尼等人的著作中看到。① 而菲尼斯所理解的"practical reasonableness"，则暗示了我们在行动中要参照绝对的、一致的规范性标准。虽然我们对实践理智能力的运用不必然地导向了道德的行动，但实践理智本身却给我们的行动提供了一些规范性的要求，也就是说，我们在任何场合行动都要遵循一些普遍的范式，这些范式即菲尼斯所说的实践理智的基本要求或者是格里塞茨等人所说的"责任模式"，而这些基本要求最终导向一个统

———————

① 参见〔英〕阿拉斯代尔·麦金泰尔《现代性冲突中的伦理学：论欲望、实践推理和叙事》，李茂森译，中国人民大学出版社，2021，第 35 页；Norman Kretzmann，Eleonore Stump eds.，*The Cambridge Companion to Aquinas*，Cambridge University Press，1993，p. 202。

一的、绝对的道德原则，因此在行动的规范性问题上存在一个绝对的标准（不应以有意损害任何一个基本善为前提，或者说与人类完满的意愿相一致）。这么看来，传统上对"prudentia"以及"phronesis"的解释与菲尼斯的伦理学立场是不兼容的，其缺乏了菲尼斯语境中的"严格的道德意义"，也正因如此，菲尼斯在谈到一个人的行动符合道德要求时，往往是说一个人具备了"完全的"实践理智，正是"完全的"这一词语的使用表明了在菲尼斯的理解中实践理智具有一种内在的道德要求。[1]

第二节　以理性目的为行动的理由

一　"非理性"因素不构成行动的理由

是什么激发了我们的行动？换句话说，我们行动的理由是什么？该问题之所以如此重要，是因为，其从根本上提出了人类在行动中"追求善"以及"成为道德之人"是如何发生的问题。菲尼斯虽然一开始就将"善"定义为了行动的理由，但似乎并没有作过多的解释。然而，从菲尼斯的整个伦理体系来看，这样的一个定义并不是武断的，而是可以根据他的立场加以说明的。基于菲尼斯的立场，当我们被追问为何要如此行动时，就是在对我们行动理由进行追问，而一个因素要想成为"理由"，其必须解释我们如此行动的"意义"，并且赋予我们行动以某种"可理解性"，因此，行动的理由一定是来自理性的思考及构建，其指向某种可理解的目的，而非来自任何未经理性审视的主观欲望或情感性因素。

（一）伦理主观主义的行动理由理论

在《人性论》中，休谟花了很大的篇幅批判萨缪尔·克拉克的"永恒法则"理论。克拉克主张存在一种永恒的规则作为我们所有行动的规范性

---

[1] John Finnis, "Aquina's Moral, Political and Legal Philosophy," *Stanford Encyclopedia of Philosophy*, 2005, part. 3.

来源，这样的一个绝对规范由"上帝"赋予合法性保障，并且最重要的是——人类能够通过"理性"对这样的一个绝对规范加以认知。① 该理论是"自然法"理论的变体，它主张存在绝对的道德规范，并且这样的一种规范与人类的理性有着密切的联系。也正因如此，休谟对克拉克的批判可以视为其对传统自然法理论的批判，该批判的矛头直接指向"行动理由"的话题，而菲尼斯的行动理由理论正是建立在对休谟批判的反思之上的。

休谟批判的要点在于，"认识德是一回事，使意志符合德又是一回事。因此，为了证明是非的标准是约束每一个有理性的心灵的永久法则，单是指出善恶所依据的那些关系来还不够，我们还必须指出那种关系与意志之间的联系，并且必须证明，这种联系是那样必然的……我们不能够以一种先天的方式证明，即使有一些真正存在并能够被我们所察觉到的关于正确和错误的关系，其将会是普遍的有强制性的和义务性的"②。休谟在这里要求克拉克指出的是，即使我们能够通过理性认知到一个先天的道德法则，那么它如何和我们的意志发生联系？而要回答这一问题就要指出，道德法则如何必然地驱动我们的意志从而导致了我们的行动。但是休谟也很清楚，克拉克所给出的任何答案，他都可以予以否定，因为在休谟的哲学中，理性功能永远是消极的、第二性的功能，它不能直接地导致我们的行动，而只能以一种间接的方式对我们产生影响："道德上的善恶的区别不可能是由理性造成的；因为那种区别对我们的行为有一种影响，而理性单独是不能发生那种影响的。"③任何借由理性构建起来的命题，无论是事实的还是规范的，都不足以驱动我们的意志。休谟在这一段话中，虽然直接批判的是，一种基于理性的道德命题不能够驱动我们的行动，但是他所立足的更深层次的理由是，在现实的生活中，是情感而不是理性驱动了我们的行动。

休谟对传统自然法理论的批判实际上代表了伦理学流派中的伦理主观主义的一般立场，与阿奎那所主张的（同样也是菲尼斯所主张的）人的意志

---

① 参见 David Hume，*A Treatise of Human Nature*，The Floating Press，2009，p. 710。
② David Hume，*A Treatise of Human Nature*，The Floating Press，2009，p. 710.
③ 〔英〕休谟：《人性论》，关文运译，郑之骧校，商务印书馆，1980，第 502~503 页。

驻留在理性之中所不同的是，伦理主观主义主张将理性和意志严格区别开来，并且将其视为"各有分工"，理性负责事实、经验的认知，而意志则指向"善"的确立以及行动的驱动性因素，两者之间不存在协调性关系，更不存在"决定性"关系。① 在伦理主观主义者看来，是主观性的因素——非理性的情感与欲望决定了我们在道德上的态度，并由此引发了我们的具有道德意义的行动，就如理查德·泰勒在《善与恶》中通过西西弗斯寓言所指出的，人类活动的意义不在于"外在的善"，而纯粹是在于活动自身，而人类活动又是建立在与理智相区别的"意志"之上的，意志又通过我们的主观欲望或情感加以表达，因此，人类活动的意义归根结底来自我们的主观态度。②

（二）伦理主观主义行动理由理论的内在困难

实际上，休谟对克拉克的批判同样适用于对菲尼斯伦理理论的批判，这是因为，菲尼斯不仅主张存在绝对的道德规范，还将这一绝对的道德规范建立在"理性"之上（道德规范以基本善为核心，而基本善又是通过理性被我们加以认知的），因此，菲尼斯就不得不对休谟的质疑以及非认知主义的策略作出回应，否则菲尼斯将很难稳固地构建起自身的伦理理论。

如果像伦理主观主义者那样将行动的"理由"还原为主观的情感、欲望，赞同的态度等因素，那么这些因素是否还能够称得上是行动的"理由"？菲尼斯指出了非认知主义策略的两种困难，一种是理论上的，另一种是实践上的。理论上的困难有两个，首先，从逻辑上说，该推论违反了从 is 到 ought 无法互推的基本立场，休谟等人的一个隐含的观点是，承认有那么一些情感、欲望的因素是作为客观的、可被识别的事实出现的，它在我们主动理解、反思它们之前就已经出场了，这些因素在某种程度上可以被视为"先于理性的经验事实"——"仍然存在一些欲望可以不受质疑，它们的存在仅仅是一种'自然事实'，它们使实践推理成为可能并且自身不是理性或

---

① 关于对这一立场的反思，参见 David Wiggins, "Truth, Invention and the Meaning of Life," *Hertz Philosophical Lecture*, 1976, p. 340。

② 参见 Richard Taylor, *Good and Evil*, Macmillan Press, 1970, p. 18.

理解的一部分"①。如果将这些事实的因素作为我们行动的理由，那么将会毫不谨慎地跨过事实和价值的鸿沟。而无论是不是休谟第一个发现了事实和价值的分离，菲尼斯认为，这样一种论证行动理由的方式在逻辑上都是不成立的。解释行动理由的第二个理论困难在于，如果将这些因素作为行动理由的合法来源，那么实践主体将会被消极地理解。菲尼斯伦理学体系构建的一贯策略是坚持"内在观点"和"外在观点"的区分，并且坚持内在观点的首要性。菲尼斯不仅在道德评价的部分指出了道德评价的核心在于"意图"而非"结果"，还在对"行动"的概念分析中将那一建立在理性可理解的目的之上的"行动范式"视为伦理学的研究对象（阿奎那意义上的"人性的行动"）。这也表明，在菲尼斯看来，运用外在观点的视角是必将走入死胡同的，而休谟等人的这样一种对行动理由的解释实际上就是运用了外在观点的视角，它消极地理解了实践者。实际上，在这样的一种理解下，将不存在什么行动上的理由，如果人的行动的力量来自一些先于理性审视的情感或欲望，那无疑是在说，我们的道德意义上的行动将是一种"必然"导致下的行动，这样不仅将"行动"理解为类似于自然界的消极现象，还割裂了"实践者"和行动之间的本质上的内在联系。康德在这一点上明确地指出，道德之所以成为可能的，不在于人类按照自然法则而活动，而完全在于人类按照自由法则的自我立法。

更进一步，菲尼斯认为伦理主观主义者的这样一种解释，在实践上也会产生困难，如果将行动的理由建立在自然的欲望上，将会产生解释上的无意义和同义反复。当一个人问，你为什么这样做时，他最终的回答可能会被还原为在实践上看起来无意义的一句话——"我那个时候想这么做"，正如科斯加德在对休谟进行批判时所指出的，"当一个人问你为什么选择某物时……提及你对客体有所倾向，这是其价值基础，似乎是没有什么借鉴意义的"②。当他者追问：你为什么这么行动？他不是在问你此时或彼时的冲动、

---

① John Finnis, *Fundamentals of Ethics*, Georgetown University Press, 1983, p. 32.
② Christine M. Korsgaard, *Self-constitution*: *Agency*, *Identity*, *and Integrity*, Oxford University Press, 2009, p. 122.

情绪，因为这样做无法在实践上被充分理解，这种解释最多被作为行动理由的"外在观点"。

菲尼斯对"行动理由"的思索起始于他对伦理主观主义的批判，如果将"非理性"的因素视为行动理由的来源，不仅将导致一系列理论上的困难，还将造成实践上的"无意义"和同义反复，也正是在对伦理主观主义批判的过程中，菲尼斯勾勒出了一个"理由"能够合法地被称为"行动理由"的核心要素，那即是"可理解性"（intelligibility），而这样的一种可理解性正是建立在我们对基本善——人类目的的主动把握之上的。

二 行动的理由在于"目的"的构建

在对伦理主观主义的行动理由理论的批判中，菲尼斯指出，行动的理由不是建立在欲望及情感之上的，而是建立在某种"可理解性"之上的，也就是能够最终解释我们的行动并且赋予我们行动以"意义"的那一因素。在内容上，这一因素指向了某种"理性目的"，这一理性目的正是我们通过实践理性所主动构建起来的基本善。根据内在观点分析法，可以认为，菲尼斯将基于可理解性的行动理由视为解释行动理由的内在观点，而将基于欲望、情感等因素的行动理由视为解释行动理由的外在观点。

（一）理性目的赋予了行动以"可理解性"

休谟等人对理性主义批判的核心之处在于，他们一致认为，理性不能够驱动我们的行动，而只有情感或主观性的欲望能够驱动我们的行动，因此，行动的理由仿佛在于这些主观性的因素，而不可能在于理性的因素。在菲尼斯看来，这样的一种解释完全忽略了阿奎那所提出的"理性欲望"（rational appetite）概念，通过引入这一概念，菲尼斯指出，理性同样可以驱动我们的行动，只有理性驱动的行动才具备实践意义[①]，才成为伦理学所研究的对

---

① 在菲尼斯看来，只有基于可理解的目的的行动才是伦理学所研究的对象，当然在一般的意义上，其他哲学家会说这样的一个行动可以被称为"道德意义"的行动，但是因为菲尼斯严格区分了"目的"与"道德"，所以在此，我们可以说这样的一个行动具备"实践上的"意义。

象。而理性驱动行动的具体方式即通过实践理性构建起理性目的，而理性目的在建立起来之后又给我们提供了一种建立在"可理解性"之上的吸引力，引领我们主动地趋向并且追求这一目的。

菲尼斯认为，当我们解释由自由意志所引发的行动时，必须有某种"规范力"，这一规范力为我们的行动提供了理由及力量。正如菲尼斯所考察的那样，一些所谓的偶然的自然因素，无法给我们的行动提供规范力，我们的行动就如被牵着鼻子走一样，归根结底，这样的解释无法在审慎的思想与外在的行动中间构建起内在的秩序，从而无法被严格称为行动的理由。那么在解释我们的行动时，什么是最重要的？又是什么给我们的行动附加了一种规范力，从而使我们的行动成了实践意义上的行动，并且"为什么"行动的问题是严格意义上的"行动理由"的问题呢？实际上，当有人问我们为什么这样行动的时候，实际上询问的是我们行动的目的和意义，该目的和意义不是戴上了面具的"原始欲望"，而是实践理性自发的、积极的筹划，就如在前文谈到的，其必须是一种主动的内在的"认同"在起作用，这一主动筹划最终指向的是某种具有理性价值的目的。当我们将实践理性的解释从"满足欲望的工具"的工具主义视角中挣脱出来，我们就能发现真正构建起行动理由的力量由何而来。菲尼斯通过一个思想试验指出这一点：假设我们参加一个伦理学的讲座，走进会场并坐下，旁边的人会问道：你是来做什么的？这时我们可能会说，为了听有趣的演讲/为了获取一些伦理学的资料/单纯地为了开阔自己的视野。这些回答都指向了我们进入这个教室时的目的，当然，我们也可以换个方式说，我们想要听到有趣的演讲/我们想要获取伦理学的资料/我们想要单纯地开阔自己的视野。该种解释下的欲望（我想……），已经不是第一种意义上的欲望或情感了，它是经由理性审议所产生的欲望，用阿奎那的术语来说，就是"理智欲望"（rational appetite）。这样的一组"我想……"的解释，实际上表述的是，（在我看来）听到有趣的演讲将是好的/获取伦理学的资料将是好的/开阔自己的视野将是好的。实际上，这样一组理由的实质内涵是对"善"的内容上的回答，也就是说被一个人视作目标或目的，这样的一个目的的构建同样来自实践理性的运作。总之，如果我们的行动必须有一个严格意义上的"理由"，那么我们的行动就必须能够在实践上被理解，而这一行动要想能够在实践上被理解，我们就必须给他人某个可被理解的目的（价值或观念）。

（二）行动中"理性"之于"情感"的优先性

菲尼斯的立场是，在我们发掘行动的"理由"时，不是着眼于迎合了我们的兴趣的欲望、情感或冲动，而是着眼于通过主动的筹划所构建起来的"目的"，这一目的最终给我们的行动提供了规范力，并使我们拥有了一个具有实践意义的理由。当然，菲尼斯也会承认的是，行动中的人并不是一个冷冰冰的理性存在，我们在形成"理由"时，欲望、情感的因素也会被实践理性纳入审议的范围中，我们最终本质的实现也不是一种神圣的自我升华，而是在自我需求满足上的自我实现。这些条件都是我们理性审议的必要因素，然而就如康德的实践理性观一样，自我立法是对主观欲望的普遍化（理性化），最终这样的一种欲望或自爱倾向被理性化为能被他者所认同的内在观点，并且在理性主义者的内心构成了无条件的道德理由。也就是说，最终给予我们规范力并且使我们的行动能够被理解为一个具有伦理意义的行动的是理性的自我主宰。

从这个角度上讲，我们可以将菲尼斯笔下的"目的性"因素理解为解释行动理由的核心情形，同时，可以将情感、欲望等消极因素理解为解释行动理由的边缘情形。实际上，菲尼斯并非在伦理学史的视角下一味地维护所谓的"理性主义者"而否定所谓的"情感主义者"，而只是从逻辑以及我们实践活动（建立于自由意志之上的实践活动）本身出发探求道德理由之所以能够被证立的合法性问题。当然，在休谟、斯密（Adam Smith）、沙夫茨伯里（Anthony Ashley-Cooper）、斯洛特（Michael Slote）等情感主义者看来，我们或许有一种先天的"道德情感"给我们的行动提供了"理由"。即便我们退一步，假设这种因素是一种实在，这一解释仍可被理解为解释行动理由的边缘情形，而核心情形是，在我们行动时，我们主动理解什么是对"自我"或"他人"而言是"好的"或"善的"，这种实践上的规范力赋予了我们行动以可理解性。如果我们行动的理由不能够被自我或他者所理解，则这样一个理由就无法具备实践上的价值；并且，即使这种假设成立，这一说辞仍然是一种从"事实"到"价值"的非法推论，这样的一种所谓的先天的道德情感如果真的存在，那么我们如何能够从这一自然的事实因素推论出一个道德哲学上的结论呢？在这一点上，休谟提出了事实与价值的分离，然而他本身也犯了这一错误。① 将道德情感视为人的先天本性的做法无疑是将伦理学建立在事实及观察的基础之上，这将模糊伦理学和事实科学之间的区别。

三　道德目的作为行动的核心理由

当我们通过实践理性构建起一个可理解的"目的"时，我们就形成了一个行动上的理由，然而所有的"目的"都是以基本善为根基的，这就意味着，这一"行动理由"还仅仅是一种前道德性的理由，或者说仅仅具备了"道德意义"（moral sense），其不一定是严格的道德的（也即菲尼斯提出的符合道德原则的），很多情形下，一个被实践者自身所认同的行动理由，并非在他人看来同样具有价值，有时对他人来说可能是不道德的理由（例如在某些自私的倾向下对他人的漠视和冷淡）。那么在诸种以基本善为内容的行动理由中，我们是否可以区分最为完善的行动理由以及一些较不完善的行动理由？结合菲尼斯的基本善理论、道德理论及核心情形分析法，我们可以将菲尼斯理论中符合道德原则的那一理由，视为所有行动理由中的核心情形，它是最为完善的行动理由。

（一）道德理由是行动理由的核心情形

行动的理由根源于我们所主动把握到的"理性目的"，但是当菲尼斯说一个"目的"是由"理性"构建起来的时候，他仅仅是在说，这样的一个目的为我们的行动提供了规范力，为我们的行动赋予了"意义"，并使我们的行动"可被理解"。但是，菲尼斯绝非在说这样的一个目的是道德上的目的，正如在基本善的前道德性中所阐述的那样，一个邪恶的、不道德的目的同样具备"可理解性"，对我们的行动同样具有指引性，并且

---

① 参见 John Finnis, *Natural Law and Natural Rights*, Oxford University Press, 2011, p. 37。

赋予了我们行动以意义。也正是在这个意义上，在行动理由的诸多形态中，我们可以区分出不同层次的行动理由，其中有着较为完善的行动理由，也有着较不完善的行动理由，而最为完善的行动理由是行动理由的核心情形。

那么在行动中，什么样的理由才能称得上是充分的、完备无缺的？根据菲尼斯的解释，他将行动由确立的过程视为实践理性构建理性目的的过程，而正是在实践理性构建起理性目的的过程中，才有了充分以及不充分可言。当一个人进行实践推理塑造行动的理由时，可以只是为了自己的善的实现而不顾他人的善的实现，甚至在损害他人的善的实现的基础之上实现自己的善，正如休谟所说的那样，"人如果宁愿毁灭全世界而不肯伤害自己一个指头，那并不是违反理性"①，此种行动理由的确立便是以一种"不充分"的方式进行的。那么充分的行动理由的确立又是如何的？站在菲尼斯的立场上，一个充分的行动理由便是实践理性在确立起行动目的时的充分运作，这一目的不仅有助于个人的自我完善的实现，还不妨碍他人的自我完善的实现，最为理想的状态下，将有助于他人的自我完善的实现，能够符合这一标准的目的即符合"道德原则"的目的。菲尼斯的道德原则指出了我们在进行自我完善的过程中要有与人类完满相一致的意愿，并且任何选择都不能建立在损害任何一基本善的基础之上。如果我们的行动目的能够建立在"道德"的基础之上，那么我们就有了一个符合道德要求的行动理由，此时这一理由便是所有行动理由中最为完备的、理想的状态，也即行动理由的核心情形。

也正是在这个基础上，菲尼斯区分了"可理解性"与"合理性"（reasonable）。前者意指一般意义上的行动理由的性质，而后者则意指建立在道德原则基础上的行动理由的性质，一个不道德的行动理由虽然是可理解的，但并不是合理的。而"合理性"要求"完全性"，一个合理的行动理由一定是建立在对人类目的（基本善）的整全理解之上的，也因此一个合理

---

① 〔英〕休谟：《人性论》，关文运译，郑之骧校，商务印书馆，1980，第454页。

的行动理由一定是道德的行动理由，菲尼斯如是说道："完全的明智要求一个人自始至终都能够将他的合理的判断付诸实现，即在面临被诱导去做一些尽管可能是理智的（intelligent），但却是不合理（unreasonable）的选择的时候，也能将其合理的判断运用到其选择和行动的具体细节中去。"①

（二）道德行动在实践生活中的核心地位

根据菲尼斯的理论，我们可以将建立在道德要求之上的行动理由理解为所有行动理由的"核心情形"。然而，进一步的问题是，在现实的实践生活中，想要完全按照菲尼斯的道德要求去采取行动是一种十分复杂的状况，这是因为我们在塑造我们的行动理由时要对诸多因素加以权衡和考虑，一种最为常见的情形是，在不道德的考量（自利）和道德的考量之间作出权衡，这就需要菲尼斯解释为什么道德的理由在我们的实践生活中是如此的重要，以至于我们必须在每次考量及选择中都要选择道德的理由。

当代哲学家沃诺克（Warnock）对道德理由在我们的实践考量中的"支配"地位提出了质疑。在他看来，一个人或许认同某种因素比道德的因素更为重要，并且一个人完全可以从那一不是道德因素的考量中获得正当理由，在现实的实践生活中，道德理由并不处于一种支配地位②，如当一个人认识到按照一种考量去行动将会破坏他的友谊时，真诚地承认保护友谊是一个人的道德义务，然后又说到"这又如何"，这并不是不理性的。③ 那么菲尼斯应如何对这一观点进行反驳？在《理性，权威和友谊》（Reason，Authority and Friendship）一文中菲尼斯作出了回应。该回应指出，沃诺克在"支配"（dominant）这一词语的使用上是不恰当的，沃诺克的潜在语境是，当一个人在实践生活中经常性地、实际地基于一种不"道德"的考量去采取自己的行动时，就可以说这种情形是支配性的情形，然而在菲尼斯看来，当我们说道德理由在实践生活中是支配性的理由时，我们不是说这种支配性是一种"外

---

① 〔英〕约翰·菲尼斯：《自然法理论》，吴彦编译，商务印书馆，2016，第34页。
② G. J. Warnock, *Contemporary Moral Philosophy*, London Macmillan Press, 1967, p.72.
③ 参见 John Finnis, "Reason, Authority and Friendship," in *Reason in Action*, Collected Essays, Vol. I , Oxford University Press, 2011, pp.116-117。

在观点"的支配性，也就是说从物理层面上的发生频率来说的。道德理由的这种支配性在于它是我们行动的合理性标准、典范，在我们塑造我们的行动理由时，要时刻向它看齐，受它的约束。当然，我们在最终的权衡中放弃道德理由时会感到挫败和沮丧，但这并没有磨灭道德理由的支配性地位，也正因如此，道德理由在我们实践生活中的这种"支配地位"完全是从"内在观点"出发加以建立的。

菲尼斯的这一反驳稍显薄弱，实际上，基于菲尼斯伦理理论的整体立场，我们同样可以对沃诺克的观点加以反驳。根据菲尼斯的伦理思想，人类完满是伦理追求的首要目标，严格来说，行动中的各种各样的理由总是指向人类完满，从而构成了对"自我"来说的是善的理由。但是在个人的自我实现的各种活动中，有时为了自我生命的保存和延续，我们在行动中可能会采取一种自利甚至是危害他人的理由，从而构成了一种对他人来说不道德的理由。但是，没有人会否认，脱离了他人的自我实现是不完满的自我实现，缺乏了道德的秩序以及真正友谊的生活是不幸福的生活。也就是说，在个人的自我实现中，缺乏了"道德"的维度是不完满的。菲尼斯将"友谊"视为基本善的一个种类就意味着，"友谊"是人类完满的一个方面，而友谊的实现就意味着要实现他人的"善"，而为了他人的"善"采取行动，而为了他人的"善"采取的行动本身就是符合道德要求的行动。

我们应当注意到，菲尼斯在构建伦理体系时的一个基本立足点：区分开什么是被"理解"到的以及什么是被"体验"到的。行动的理由之所以能称得上是理由，就在于它总是以一种积极的方式展现于实践活动的各个环节中，而非以一种偶然的方式呈现于我们的无自觉的思维中。也正是在这一意义上，行动的理由总是实践理智主动筹划的产物，而非由欲望、情感等因素所消极造就的。此外，将我们的行动视为历史风俗的产物从而将行动理由视为潜在被社会风俗所影响、决定的结果，同样是一种诠释行动理由的"外在观点"，这样的一种观点不仅仅是机械论世界观的反映，更为危险的是，它忽视了人作为理性存在者的自我筹划以及自我实现的多样性事态，以及我们在实践反思中常常意识到的行动的多种可能选项共存的事实。在各种各样的行动理由中，道德理由是核心情形，道德理由在我们的实践生活中之所以如此重要，不仅在于我们拥有独特的理性筹划能力，还在于我们能够通过道德理由的确立将自我完善的实现与他人的自我实现整合起来。因此，在筹划行动之际，我们要审视我们的理由是否构成了道德上的重要性，而在落实行动的各个环节中，要时刻将他人的自我实现铭记于心。

第三节　以意图为行动评价的标准

一　意图在行动评价中的优先性

菲尼斯论证关于道德绝对性的核心在于目的不能证立手段，该论证已经暗示了康德式的义务论立场，基于这一立场，意图在道德评价中与结果相比有着绝对的优先地位。并且更为重要的是，在菲尼斯的意图理论中，意图作为对"目的"的回应，其在内容上不仅包括"最终目的"，还包括"切近目的"（proximate end），后者即作为更高目的的"手段"（means）。就此而言，菲尼斯的意图理论不仅包括对"目的"的评价，还包括对"手段"的评价，而说意图在道德评价中有着绝对的优先性，也就是说，这种优先性不仅支配着我们对目的的确立，还支配着我们对手段的选择，在目的的确立及手段的选择中我们都要有符合道德原则的那种意图。

（一）"意图"同时包括手段及目的

菲尼斯对意图的理论分析沿着阿奎那对人类理解活动及意志活动的分析展开，阿奎那展示出了这样的一个理解与意志相互对应的列表，其中每一个理解活动的运用都对应着一个意志活动，也就是说，每一个意志活动都是对相同进程中的理解活动的回应（responsiveness），而意图即意志活动对理智中的具体目的的回应。[①]

[①]　参见 John Finnis, *Aquinas：Moral, Political, and Legal Theory*, Oxford University Press, 1998, p. 71。

	理解活动	意志活动
关于目的:		
	对基本善的理解	对基本善的简单意愿
	想象一个达致基本善的具体目的	意图具体目的
关于手段:		
	对达致具体目的的手段的深思熟虑	具体目的愈发清晰可欲
	对所有可能手段的判断	对这些手段的认可
	对某一确定手段的确认	选择这一手段并将其执行

据此可以看出，意图指向了目的，并且其不是指向了作为基本善的抽象的目的，而是指向了一个特殊的目的，也就是说，目的总是在我们的具体目标中呈现出来的。那么这么一个意图是否包含了对手段的意图呢？在阿奎那看来，"意图"是在关于"目的"的考量中的最后一个环节，其出现于关于"手段"的考量之前，那么这是否可以说我们仅仅意图目的，而不包括手段？在菲尼斯看来，意图不仅仅是对目的的意图，同时还是对手段的意图，论证分为两个方面。

从第一个方面来说，手段和目的的区分不是绝对的，一个较高目的的手段，同时也是一个较低的目的。在菲尼斯看来，手段是通过意图来加以界定的，其无非表达了一个事态"指向了某种目的"[①]，就此而言，在逻辑上说，任何一个指向目的的事态都可以称为手段，即使是一个作为手段的目的。这样一种理解手段和目的的方式起源于亚里士多德，并被阿奎那加以运用，在阿奎那看来，"每一个介于主要行为者和最终目的之间的中间性手段，都被

[①] John Finnis, "Intentions and Objects," in *Intention and Identity*, Collected Essays, Vol. II, Oxford University Press, 2011, p. 159.

称作涉及先于其之事的一种目的"①，就如我们将生命视为最终的善，我们想要促进并实现这样的一个基本善，我们就要保持健康，而此时，保持健康就是实现生命的基本善的"手段"，而为了保持健康，我们就需要坚持锻炼以及在饮食上加以节制，这时保持健康又构成了一种"目的"。对于菲尼斯而言，在手段—目的这一序列中，除了最高的目的（基本善），其他的手段同时也是一种工具性的善，对于这一手段或工具性的善，可以用"切近目的"加以代替。因此，一个手段同时又是一个目的，"意图"的适用范围同样凭借着手段与目的之间的相互界定而具有灵活性，我们一方面说我们意图目的，但是当这一目的是较高的目的的手段时，我们同样可以说，我们意图手段。

从第二个方面来说，只有当一个手段出现时，我们才能在严格的意义上来说，我们有了一个意图。菲尼斯在分析阿奎那的理解——意志活动的理论时，明确强调了虽然意图是一种对具体目的的兴趣，但该兴趣并非以一种清晰确切的方式呈现给我们，而是"临时性的决心"（provisional resolution）；只有我们把实现这一具体目的的手段纳入考量时，目的才变得清晰及确切，而通过最终对某一手段的选择，我们才有了一种真正意义上的"决定性的意图"（definitive intention）②。第一种意义上的意图只是形式上的意图，第二种意义上的意图则是实质上的意图。因此，严格来说，当且仅当我们确定了一个达到目的的手段时，才存在意图，"意图表明达到目的的一种关系——只要当存在一个达到目的的手段时，我们才能够言说意图"③。就此而言，意图的活动不仅包括对目的的意愿，还包括对手段的意愿，意图活动以特殊的目的为对象，而对这样的一个对象的意愿则不得不包括对手段的意愿，也因此意图的活动总是有具体内容的，而不是指向抽象的基本善的。

① 转引自 John Finnis，"Intentions and Objects，"in *Intention and Identity*，Collected Essays，Vol. Ⅱ，Oxford University Press，2011，p. 159。

② John Finnis，*Aquinas：Moral，Political，and Legal Theory*，Oxford University Press，1998，p. 71.

③ John Finnis，"Intentions and Objects，"in *Intention and Identity*，Collected Essays，Vol. Ⅱ，Oxford University Press，2011，p. 157.

（二）意图决定了行动的道德性质

如何去评价行动的道德性质？在菲尼斯对功利主义的批判中，我们可以看出他的基本立场，行动的道德性质不取决于结果。在对道德原则的绝对性的证立中，我们可以看出菲尼斯伦理思想与康德主义的伦理学理论相契合，通过一个坏的手段达成一个好的目的在道德上是不被允许的。那么在道德评价上，是否菲尼斯也和康德处于同样的立场，从而将"善良意志"视为道德评价的核心？答案是肯定的，但菲尼斯与康德在论证上不同。菲尼斯的论证依赖于亚里士多德所采用的"本质"与"偶性"这一对范畴，我们可以根据内在观点分析法将前者理解为界定行动道德性质的内在观点，而将后者理解为外在观点。

一般地说，我们如何去理解一个事物或事态？亚里士多德和阿奎那一致认为，事物是由其自身（per se）被我们理解，而非通过其偶性（per accidens）被我们理解，而事物通过其自身被我们理解即通过其本质被我们理解，事物的本质即事物的根本性和实质性的因素。事物脱离了其偶性的因素仍然能够被我们理解，但是事物脱离了其本质便不足以称其为事物。这样一种从本质去理解事物的思路首先体现在我们的形而上学追问中，如在阿奎那看来，"存在者没有本质便不足以为存在者"[1]；这样的一种理解进路同样可以运用到我们的道德追问中，道德性质取决于行动的本质而非其偶性，阿奎那如是说，"正如在自然事物中，偶然之事不会构成它们的类型，在道德问题中也是如此"[2]。那么在道德问题中，什么构成了"道德"的本质或核心？

菲尼斯接受了上述立场，在他看来，道德总是在我们的自由意志的抉择中呈现的，而自由意志的抉择不是一种无所谓的态度，它是受了实践理性规定的自由意志，自由意志的抉择总是基于某些理性上可被理解的目的（基本善），因此，自由意志无非是对实践理性的回应，即"意图"，就此而言，

---

[1] 〔意〕圣托马斯·阿奎那：《哲学基础》，吕穆迪译，译林出版社，2016，第50页。

[2] 转引自〔英〕约翰·菲尼斯《意图与身份》，徐航、王志勇、杨茜译，中国政法大学出版社，2018，第199页。

道德问题的本质在于意图。而我们说道德由其自身被我们理解，也就是说道德是通过意图被我们所界定的。因此，当我们追问一个行为或选择是否具有道德上的意义时，其核心在于，这样的一个行为或选择是否具有明确的意图，这时"意图"就构成了道德评价中的"内在观点"；而意图之外的因素是道德评价中的"外在观点"。在道德评价中，区分内在观点与外在观点是十分重要的，这是因为，只有基于这样的一种区分，我们才可以理解为什么在表面上看完全相同的两个行为会有不同的道德内涵，就拿菲尼斯很喜欢使用的一个例子来说，在一起致使凶手死亡的自我防卫的事件中，一种是仅仅意图自我生命的保存下所导致的凶手的死亡的行为，另一种是防卫中意图杀死凶手的行为。两者从表面上看是完全相同的，但是在意图上则是完全不同的，从而基于不同的意图，两种表面上看完全相同的行为就具有了不同的道德上的评价。也正因如此，"道德性地评价人类行为时，一个人必须识别出行为是从主体的视角而非从一个观察者的视角被评价的"[①]。

更进一步，如果说意图是道德评价的核心，那么意图不仅指向了对目的的意图，还指向了对手段的意图，这就意味着道德的行为不仅在于其意图道德上良善的目的，还在于采取道德上良善的手段去达成这样的目的。意图邪恶的目的的行为是绝对的道德上错误的行为，而意图良善的目的的行为并不必然意味着其是道德上正确的行为，这取决于我们是否采取合适的手段去达成目的，当我们意图用道德上错误的手段去达成良善的目的时，即使目的是符合道德的，整个行为也是不道德的；只有当我们意图用一种合乎道德原则的方式去达成目的时，我们的行为才是道德上正确的。因此，在道德评价中，意图占据着绝对的核心地位，道德的行为一定是出自道德上良善的意图，也即康德所说的"善良意志"，这样的一种善良意志不仅指向了目的，还指向了手段，其要求我们在目的的确立以及手段的选择中都符合道德的要求，这也即阿奎那所说的，"当所有起作用的因素和方面都是善的，

---

① 参见〔英〕约翰·菲尼斯《意图与身份》，徐航、王志勇、杨茜译，中国政法大学出版社，2018，第295页。

一个选择或行为才是善的，相反，一个选择或行为也会因任何缺陷而成为恶的"①。

最后，在理解菲尼斯的意图理论时，还有两点需要加以留意。首先，在"手段"这一术语的使用上，菲尼斯语境中的手段绝非科学意义上的技术性手段，而是实践意义上的手段。当我们谈到有一个手段时，必然包含对具体目的的设想，因为在实践领域中，我们既无法设想一个没有手段的具体目的，也无法设想一个没有目的的实践手段，两者总是相互依赖的。其次，在"意图"这一术语的使用上，当我们说意图一个目的或手段（切近目的）时，并非在表达一种先于理性的欲望或想要，而是在表达一种理智上的意欲，同阿奎那一致的是，菲尼斯认为人的意志驻足于理智之中，也就是说，我们只有先理解了目的，才能产生出意志性的活动。因此，意图是一种建立在理解之上的意欲，其表达了我们对理性目的的渴望，而这样的一种理性目的最终又是以基本善为根据的。除此之外，我们不仅可以在学理上将"意图"和"想要"区分开来，还可以在实践中对其加以区分，如我们常常可以在"不想要"的基础上意图某物，当我们说意图健康时，我们常常为了健康而压制自身的一些非理性的欲望及冲动。

二　结果在行动评价中的有限性

如果意图是道德评价的核心，那么这是否意味着我们在道德评价中要置结果于不顾？菲尼斯虽然试图以"内在观点"去考察道德评价的问题，但他同样将"外部观点"纳入道德评价的权衡之中。他明确澄清了这样一个误解：道德责任完全取决于人的意图及选择从而可以置结果于不顾。菲尼斯在讨论道德原则的内容时提到过，一个道德上正确的实践理性推理要尽可能注意到所有基本善实现的所有可能方面，其中就包括一种可预见的结果的实现，因此，结果在道德评价中似乎占据着一席之地，然而其是有限度的，这样一个限度在于我们是否意图这个结果。

---

① Thomas Aquinas, *Summa Theologica*, Christian Classics Press, 1981, p. 888.

（一）区分于意图的"副作用"

我们的所有行为都不可避免地导向某种结果，但是"结果"本身却是一个十分复杂的概念，因为在同一个术语中，其包含着类型完全不同的事态。有些结果是我们所完全无法预料的，而有些结果是我们可以提前以一种较为明确的方式所预见的。更进一步，在一个可以被预料到的结果中，我们在实践推理中有时意图这个结果，而有时则不意图这个结果。因此，"结果"在内涵上是如此复杂，我们既不能孤注一掷地将结果完全从我们的道德考量中剔除出去，也不应将结果视为道德评价的唯一来源。

菲尼斯是如何理解"结果"这一复杂概念的？在菲尼斯看来，现有的关于"结果"的讨论缺乏对这一概念辨析的关注，只是简单地将"结果"视为一个单一的、具有确定性的概念，这种错误不仅存在于哲学理论中，还存在于司法以及法律的理论中。他认为，对"结果"概念的辨析将有助于我们深入理解道德评价的问题。那么，所有类型的"结果"事态是不是都要被纳入我们的道德评价中呢？在菲尼斯看来，道德评价的核心虽然是"意图"，但是这样的一种意图也可以延伸到对结果的意欲上。菲尼斯的立场是，如果结果以一种先在的方式出现在我们的实践推理中，那么当我们意图这样的一个结果时，我们的选择和行为就可以加以道德上的评价；相反，如果一个结果完全没有出现在我们的实践推理中，或者说，我们即使预见到了这一结果，但是不意图这个结果，那么这一结果就是所谓的"副作用"（side effects），而对这一副作用我们则不用负道德上的责任。从这样的一种立场来看，副作用是与意图相对的概念，凡是没有出现在我们意图中的结果就是一种副作用，而当我们说一个结果是我们意图的一部分时，是在说这个结果在我们的实践推理中给我们提供了一个理性上的目的，意志对这一理性目的进行回应并产生了相应的意图，而我们通过自由意志的抉择选择了这样的一个目的就意味着我们要承担道德上的责任。

菲尼斯的这一论述的关键是，当我们预见到了一个确定的结果后，我们又何以能够言说意图或不意图这个结果？当我们采纳了一个选择并将其实施，随之而来的是一个完全意图之外的结果，这时，严格来说，我们不负有道德上的责任。然而，当我们在考量中预知到了某个确切的结果，我们还如此行动时，我们是否要负有道德上的责任呢？菲尼斯认为"预见"和"意图"是可以分开来考量的，即使我们预见到了某个结果，我们也不必意图它。例如，一个患有高血压的病人能够十分清楚地预知自己吃降压药将损害自己的身体，但是他仍然选择通过吃降压药的方式来控制自己的血压，在这样的一种抉择中，我们不能够说这个病人在意图自己身体的损害。另一个方面，即使一个人在自卫中预见到了自己的行为将会伤害到行凶之人，这时他出于某种仇恨及报复的情绪，意图通过一种杀害凶手的方式来进行自保，这时结果就成了意图的一部分。

因此，我们考察一个结果是否具有"道德意义"，关键是考察这一结果是不是我们意图的一部分，也就是说，该结果是否构成我们行动的一个理性上的目的，从而给我们提供了行动的理由。如果结果是我们意图的一部分，那么这一结果就具备道德意义；相反，如果结果不是我们意图的一部分，那么这一结果就是一种纯粹的"副作用"，不具备道德上的意义。

（二）行动评价中的"双重效应"原则

我们的选择将不可避免地导致结果，有时一个行为不仅会导致我们在实践推理中原本意图的那一结果，还会导致一种外在于我们意图的那一副作用，这时就会出现选择中的"双重效应"。那么，应如何看待这一双重效应？菲尼斯再次强调了"内在观点"的重要性："没有什么能够阻止一种单一的行为具有双重效应，仅仅其中之一是意图的而另一个是一种副作用。现在，具有道德重要性的行为，根据的是所意图之事而非副作用之事，由于后者是偶然的以及附带的。"[1] 因此，双重效应原则无非是在告诫我们谨慎看

① 〔英〕约翰·菲尼斯：《意图与身份》，徐航、王志勇、杨茜译，中国政法大学出版社，2018，第 301 页。

待选择所产生的结果，基于意图的结果可以加以道德上的评价，而作为副作用的结果，我们可以不必为此承担道德责任。

双重效应原则肯定了道德评价中内部观点的重要性，"道德"是从意图及选择中获得规定的，因此，菲尼斯反复强调道德评价应该是从行为人的视角出发的，而不是从观察者的视角出发的。从观察者的视角出发，我们的所作所为能够还原为"物理世界"的效应，在其中能够发现某种时间性的"因果联系"，诸如一个时间上在先的行为引起了一种时间上在后的确切的效应，前者构成了"原因"，而后者构成了"结果"，是前者导致了后者，因此我们也要因先前的行为而负有道德上的责任。在菲尼斯看来，道德评价所聚焦的不是因果关系，而是力图发掘意图的内容。在因果关系上，我们能够从"外在观点"出发，将行为和结果在时间上加以联系，但是这样的一种联系并不决定行为的道德性质。以自卫为例，一个人在自我防卫时为了自我生命的保存不幸将行凶者杀害，这时站在观察者的角度来看，就有了两个物理性的事件，一个人的杀害行为与另一个人的死亡，两者构成了一种因果上的联系，但是我们能够说，因为行凶者的死亡作为一个坏的结果是自卫者的行为所引起的，所以自卫者应该在道德上被谴责吗？绝非如此，菲尼斯反复强调，表面上看似相同的行为，其可能有着完全不同的意图，而只有根据意图我们才能够进行道德评价。同样地，根据意图，我们能够区分出哪些结果包含在意图之中，而哪些结果是纯粹的副作用。

安斯库姆（Anscome）曾在《行动，意图以及双重效应》（*Action，Intention and Double Effect*）中作出针对双重效应原则的批判，认为双重效应原则的拥护者想要区分开意图以及副作用是不可能的。在一个极端的例子中，胖子堵住了洞穴的唯一出口，而这时其他人提议，将胖子头上的一块石头挪开以使其他人得救，但是如此移动石头将不可避免地使石头砸到胖子的头上。那么是否可以说等待救援的人仅仅意图自身的逃生并且没有意图胖子的死亡呢？在这一例子中，当压碎胖子的头颅是一个如此直接的结果时，我们不可能不意图胖子的死亡。因此，我们无法在胖子的死亡这一具体事例上区分出意图以及副作用。① 在菲尼斯的视角中，安斯库姆的批判似乎找错了方向，因为"意图"以及"副作用"之所以能够区分开来，完全是依赖于"内在观点"，也即从行为人的视角出发去界定的，而绝不是从"外在观点"，也即从观察者的视角出发去讨论的。而批判意见则倾向于认为，挪开石头的行为在"表现"以及"结果"上是如此直接，以至于其是我们意图的一部分，这样的一种反对意见实际上严重曲解了"意图"的概念，意图基于的是个体的意愿及选择，其在任何时候都不依赖于"结果"，在这个意义上，菲尼斯指出，"双重效应原则绝非一种关于选择的描述，其并非取决于一种对行为的观察，其取决于一个人是如何选择的"②。

总之，正确的道德评价依赖于双重效应原则，其要求我们谨慎地区分什么是被"意图"的，而什么仅仅是"副作用"。但是双重效应原则并不排除对某些可预见结果的参考，当一个可预见的结果出现在我们的意图中时，如果我们意图这一结果，结果就成了意图的一部分，我们要为此种结果承担道德责任；如果这一结果并非意图的一部分，也就是说这一结果并不构成我们如此这般行为的理由，那么我们将不必为这一结果承担道德责任。

三 有力辩护了双重效应理论

菲尼斯的道德理论极大地依赖于他的"意图"理论，菲尼斯反复强调在道德判断中要赋予"内在观点"以核心位置，而将"外在观点"视为不那么重要的参考。具体来说，菲尼斯的道德理论虽然强调尊重所有基本善，但并非任何造成基本善的贬损的行为都是不被允许的，菲尼斯在阐述道德原则时着重地强调了"有意"（intentionally），只有"意图"基本善的损害的行为是不被允许的，而基本善的贬损作为一种"副作用"则是可以接受的。拉尔夫·韦奇伍德（Ralph Wedgwood）指出，"双重效应原则暗示了'意

---

① G. E. M. Anscome, "Action, Intention and Double Effect," *Proceedings of the American Catholic Philosophical Association*, Vol. 56, 1982, p. 23.

② John Finnis, "'Direct' and 'Indirect' in Action," in *Intention and Identity*, Collected Essays, Vol. II, Oxford University Press, 2011, p. 191.

图'有一种本质的、非衍生的伦理重要性"①。虽然菲尼斯对双重效应原则的理解深深地植根于阿奎那的文本，但通过对"意图"理论的深度解读，以及在对反对者的细致的回应中，菲尼斯较为有力地维护了双重效应理论。

（一）双重效应理论的一般难题

斯坎伦在《道德之维：可允许性、意义与谴责》一书中对双重效应原则作出了如下规定："一个旨在造成某无辜者死亡的行为，不管是作为目的还是作为达到该目的的手段，都是错误的。"② 该定义表达了我们运用双重效应原则时的一般目的——反对功利主义者的道德推理原则。这里的双重效应原则即菲尼斯所说的绝对道德原则，但其既没有展现双重效应原则的核心要旨，也不能作为我们分析双重效应原则的切入点，一种更为细致化的表述可以在沃伦·奎因（Warren Quinn）的文章中发现。在奎因看来，双重效应原则表达了如下观点："在追求一个善时，如果造成的损害是被意图为一种手段，而非仅仅是可以预见的，那么前者是较不能被接受的。"③ 在奎因的表述中，我们能够发现双重效应原则之所以能够成立的核心所在——预见和意图之间的严格区分。

正如奎因等众多理论家所指出的，双重效应理论者首先要回答的是，如何能够将"预见"和"意图"区分开来？除了批评者之外，一些理论家只是部分地承认双重效应原则的效力，却反对将这一原则应用到所有的道德难题的解决中。罗纳德·劳勒（Ronald Lawler）就曾说道："一个手段可以有好的意图也可以有坏的意图，自卫中的杀人确实可能并不是其意图的一部分，然而堕胎中的杀人无疑是其意图中的一部分。"④ 诚然，在具体的事态

---

① Ralph Wedgwood, "Review: Scanlon on Double Effect," *Philosophy and Phenomenological Research*, Vol. 183, 1987, p. 466.

② 〔美〕托马斯·斯坎伦：《道德之维：可允许性、意义与谴责》，朱慧玲译，中国人民大学出版社，2014，第1页。

③ Quinn, "Actions, Intentions, and Consequences: The Doctrine of Double Effect," *Philosophy and Public Affairs*, Vol. 18, 1989, p. 335.

④ Ronald D. Lawler, "Review: Abortion: The Myths, the Realities, and the Arguments," by Germain G. Grisez, in *The Thomist: A Speculative Quarterly Review*, Vol. 35, 1971, p. 318.

中，当一个可预见的坏的结果是如此紧密地和一个手段联系在一起时，双重效应原则的拥护者们就必须回答，怎么在如此紧密的联系中区分出"预见"和"意图"。对于这一问题，韦奇伍德给出了一个相对合理的解释。双重效应理论的反对者们常常宽泛地对一个行动进行解读，诸如"堕胎"以及"空袭"，而双重效应理论的支持者们则在相对限定的语境中对一个行动进行解读，诸如"为了救母亲的生命而堕胎"以及"为了摧毁敌方的军事基地而采取空袭"。正是加入了对"确切目的"的描述，才能够刻画出一个手段的"意图"，而"预见"以及"意图"之间的根本区别在于一个坏的结果是否构成了我们的"确切目的"，如果构成的话，那么这时我们就能够说一个行为是出自"恶的意志"，如果没有构成的话，那么这一行为在道德上就是可被允许的。

虽然韦奇伍德强调了区分预见和意图的关键在于一个行为是不是由"恶"的意志来引导的，也就是说是不是由相对限定语境下的"恶"的确切目的所引导的，但是他并没有告诉我们包含了确切目的的"恶"的意图是如何对我们起作用的，菲尼斯则根据阿奎那的"意志"理论对韦奇伍德的理论进行了补充。

（二）根据"意欲"区分"预见"和"意图"

菲尼斯关于双重效应原则的阐述也是建立在"预见"与"意图"严格区分的基础上的，对于菲尼斯而言，"意图"与"预见"区分的关键在于一个可预见的结果是否构成了我们"意欲"的对象。[①] 而菲尼斯为之辩护的根本依据就是阿奎那所作出的"自卫"与"故意杀人"的区分。根据阿奎那的观点，在自卫中导致施害者死亡的行为可以被划分为两种情况，一种是"意欲"施害者的死亡，另一种是"不意欲"施害者的死亡，前一种情况所导致的行为是"故意行为"，而后者所导致的行为是一种"副作用"。菲尼斯所理解的"意欲"不是生理性的欲望或情感，而是经过了实践理性深思

---

① 参见 John Finnis, "Human Acts," in *Intention and Identity*, Collected Essays, Vol. Ⅱ, Oxford University Press, 2011, p. 143。

熟虑的，它体现为一个人能够通过主动的考量和选择为自身的行为作出规划，并为此负有道德上的责任，因此，可以理解为阿奎那意义上的理智的欲望。而双重效应原则的反对者们则似乎忽略了这一点，斯坎伦等人实际上将"意图"与"预见"混淆了，也就是说，将凡是出现在我们的思维中的东西都视为意图的一部分，在其中没有我们的"主动选择"可言。① 菲尼斯曾通过一个通俗的事例阐述意图和预见的区分，一个高血压病人吃降压药来维持自身的健康，但是他预见了降压药对身体的副作用，然而我们没有任何理由说，病人吃降压药是在意欲损害身体。也就是说，一个人在实践思维中所主动选择、追求的那个目的才构成我们的意图，而其他的因素则不是我们意图的一部分。托马斯·内格尔（Thomas Nagel）也同样认为，"当我们拒绝意图一个坏的结果时，其原因在于此时我们的意志是被'恶'（evil）所引导"②。

因此，当双重效应原则的反对者批评支持者无法区分"意图"和"预见"时，实际上是批评者在观念中混淆了"意图"与"预见"，或者说无意去对二者进行区分。这一点还体现在斯坎伦在《道德之维：可允许性、意义与谴责》中对双重效应原则发出的主要批评中。斯坎伦指出，如果一个要实施空袭的人询问自己的决定是否符合双重效应原则，他必须"向内看"询问自己的意图，而这个意图是什么呢？这个意图取决于对结果的设想——假如自己确实实施了空袭的话，到底是怎么想的。③ 由此可见，反对者理解中的"意图"是建立在"结果"之上的，这实际上仍然是将一个事件中的各个环节视为一种物理世界中的"因果联系"，从而归根结底是一种外在的"观察者的视角"。然而从"行为人的视角"出发，在菲尼斯看来，只有一个人所主动意欲、追求的那一目标才能够被称得上是意图，意图的确立是在行动之前，而且我们也无法合理地从一个行动的"结果"出发去追问意图。

① 参见〔美〕托马斯·斯坎伦《道德之维：可允许性、意义与谴责》，朱慧玲译，中国人民大学出版社，2014，第14~15页。
② 参见 Thomas Nagel, *The View from Nowhere*, Oxford Clarendon Press, 1989, p.181.
③ 〔美〕托马斯·斯坎伦：《道德之维：可允许性、意义与谴责》，朱慧玲译，中国人民大学出版社，2014，第14页。

菲尼斯的这种阐述不仅忠实于阿奎那的文本，还与他一以贯之的"内在观点"的方法论一致。

菲尼斯不仅在"意图"及"预见"的区分这一问题上为双重效应原则进行了有力的辩护，还稳固地证立了双重效应原则的条件性问题。对双重效应原则的系统表达，最早可见于盖瑞（J. P. Gury），他给出了双重效应原则成立的四个条件，其中三个是最为关键的，分别为主体的目的必须是道德上可接受的，动机必须是好的或中立的，好的效果必须是直接的。[①] 菲尼斯伦理思想从各个方面对这些条件性的命题进行了充分的说明。从第一点来说，据菲尼斯的基本善理论以及道德理论以一种比较明晰的方式描绘出了"道德目的"的内容；从第二点来说，第二个条件命题不仅仅意味着我们的"意图"或"动机"要基于道德目的，并且暗含了动机和结果之间的相互独立性。菲尼斯的行动理由理论以及意图和结果在道德评价中的优先性理论分别从两方面证立了这一命题。从第三点来说，"好的效果必须是直接的"意味着目的不能证立手段，也即我们不能够用一个坏的手段去达成一个好的目的，这是功利主义所认可的方式，而菲尼斯也通过其道德理论中"绝对性"的观点充分说明了，为什么目的不能证立手段以及通过坏的手段实现好的目的到底错在哪里。

综上所述，在双重效应理论这一当代伦理学界的热门话题上，菲尼斯给出了一个自洽的论证。他不仅回应了针对双重效应理论的批评，还以一种充分、明晰的方式解答了双重效应原则为什么能够成立的问题。

第四节　保障人权的现实关怀

一　从"权利"到"自然权利"

菲尼斯伦理思想不仅仅停留在原理层面，其也有着强烈的现实关怀。实

---

① Boyel, "Toward Understanding the Principle of Double Effect," in P. A. Woodward ed., *The Doctrine of Double Effect*, University of Notre Dame Press, 2011, p. 8.

际上，针对诸多现实的伦理难题，菲尼斯都提出了自己的思考，这些思考广泛地涵盖了生命伦理、法律伦理以及政治伦理等各个方面。从根本上说，菲尼斯对这些问题的讨论，是他的伦理学原理的进一步延伸。基本善及道德原则的理论构成了这些论证的前提，而对基本善的保障以及对道德原则的符合又是这些论证的最终归宿。总的来说，菲尼斯的应用伦理的整体意图是对"人权"的保障，这一权利不是由法律和国家赋予的，而是建立在自然权利之上的，自然权利又是以基本善为实质内容的，对自然权利的保障就构成了菲尼斯应用伦理层面的道德要求。

（一）从权利概念的法学分析到伦理分析

在《自然法与自然权利》一书中的"权利"章节中，菲尼斯对权利理论的历史发展作了回顾，其中他简明地阐述了罗马时期的权利理论、阿奎那的权利理论、近代霍布斯以及洛克以来的权利理论。在菲尼斯的回顾中，他试图描绘出两个解释"权利"的向度，一个是语境上的，一个是内容上的，并试图回答两个方面的问题。首先，除了法律、政治所承认的权利外，是否存在一种伦理层面上的权利？其次，权利到底是一种"利益"还是一种"自由"（选择），抑或别的东西？

在一篇论文中，菲尼斯指出了这样的一种趋势，即"将权利的概念从道德的语境中解放，并将其全面地置于法律及政治的语境之中"[1]。菲尼斯所说的这样一种趋势从霍布斯就开始了，在霍布斯看来，权利典型地体现为自由，而法律即对自由的限制。[2] 因此，对于生活在共同体中的人来说，其权利是法律赋予的。虽然罗尔斯的《正义论》并不依赖于"权利"术语的论证，但当罗尔斯以"正当优先于善"的逻辑以及"排除个人善观念"的方法去构建正义理论时，罗尔斯也倾向于在非道德层面的、纯粹制度化的领域中去使用"权利"的概念，而菲尼斯则认为这种解读权利的方式是错误的，他说道："在权利和美德、共同善以及自然法之间形成对比在根本上是

---

[1] 参见 John Finnis, "Grounding Human Nature in Natural Law," *American Journal of Jurisprudence*, Vol. 60, 2015, p. 213。

[2] Thomas Hobbes, *Leviathan*, Touchstone Press, 1997, p. 178.

一种错误。"①

　　菲尼斯提出这一论断的原因似乎有两个：首先，在这样理解下的"权利"并非"权利"在哲学史中的本来面貌，特别是不符合阿奎那以及罗马法中对"权利"一词的使用；其次，这样的一种对权利的解释将会导致一系列的道德问题，如在堕胎这一具体事件中，我们是否仅仅能够在社会及法律承认的基础上就宣称"我们有权杀死胎儿"？菲尼斯的做法是回归到古典时期的"权利"概念，通过阿奎那以及罗马法中 jus 和 ius 的术语去解读"权利"（right）。阿奎那继承了罗马法中对权利（ius）的解释，认为权利从根本上来说即"正义（jus）之事本身"②，也就是说，权利必须在正义的关系中去理解。对于阿奎那而言，正义从根本上说即一种道德上的正义，因为正义的目标是维护共同善，而共同善又从根本上说是个体之善，这也就意味着权利从根本上说即指的个体充分的自我实现。在菲尼斯看来，近现代以来的理论家都倾向于将"权利"置于正义的语境中理解，权利即正义所要维护的对象，近现代以来的理论家在对权利概念的具体解释上却呈现出了极大的分歧，其分歧恰恰在于对"正义"的理解有所不同，如果正义指的是法律、政治层面的正义，那么此时就有了法律权利或政治权利，如果正义在严格的意义上说是伦理或者道德层面的正义，那么此时就有了菲尼斯称为自然权利的东西。因此，虽然菲尼斯和罗尔斯都曾试图在"正义"的语境中谈论权利和义务，但他们所指的权利是大不相同的。

　　基于菲尼斯的自然法立场，在他的理论中（不限于伦理理论），虽然"权利"的概念可以从法律及政治层面上加以分析，但从根本上说，对权利的保护是一项道德要求，因为权利无非就是个体充分的自我实现，就此而言，"权利观念的核心是人类兴旺的基本方面"③，这一建立在基本善之上的

---

①　John Finnis, "Grounding Human Nature in Natural Law," *American Journal of Jurisprudence*, Vol. 60, 2015, p. 213.

②　菲尼斯指出了阿奎那所谓的正义之"事"包含了正义所关涉的行动、目标以及事态，参见 John Finnis, *Natural Law and Natural Rights*, Oxford University Press, 2011, p. 200。

③　〔英〕约翰·菲尼斯：《自然法与自然权利》，董娇娇、杨奕、梁晓晖译，苏苗罕、张卓明统校，中国政法大学出版社，2005，第 165 页。

权利也被菲尼斯称为"自然权利"。根据菲尼斯的方法论，我们可以将"自然权利"理解为"权利"概念的核心情形，并且是法律、制度所应最终加以保障的。乔纳森·克劳在《自然法与法的本质》（*Natural Law and the Nature of Law*）中对菲尼斯作出了点评："菲尼斯等人提出了善之于权利的逻辑优先性理论。"① 这一评价似乎忽略了菲尼斯对于权利概念的两个方面的分析，在菲尼斯看来，不仅存在法律、政治层面的权利，还存在伦理层面的权利，也即自然权利。在两者的关系上，自然权利起着优先性和前提性的作用。实质上，法律、政府所要确保的个体权利正是以"自然权利"为内容的，而忽略了对个体自然权利的保障及发展的法律权利在严格上说（核心情形意义上的）不是一种"权利"。就如在堕胎这一具体议题上，自由主义者主张法律应赋予公民以"堕胎的权利"，在哈贝马斯看来，"我们（例如作为天主教徒面对自由主义的堕胎法）可能在伦理层面厌恶其他人在法律上被允许的行为。相反，法律上要求我们要对'我们'看上去伦理上不恰当的行为保持宽容"②。然而，这样的一种权利在菲尼斯看来便不是核心情形的权利形式，甚至是扭曲的、败坏的权利形式，因为它破坏了胎儿基本的生命之善，因此只有当"权利"指的是法律层面的权利时，才能说菲尼斯主张"善优先于权利"。

（二）自然权利以基本善为内容

如果存在伦理层面的自然权利，那么菲尼斯的权利理论到底是一种"利益论"还是一种"选择论"？虽然菲尼斯在早年明确了自己不试图在这一框架内阐释自己的权利理论，但近年菲尼斯对权利的阐述却更为明显地倾向于"利益论"③，其中权利所保证的根本利益是作为人类福祉的各个方面的基本善。

---

① Jonathan Crowe, *Natural Law and the Nature of Law*, Cambridge University Press, 2019, p. 2.

② 参见 Habermas, "Reply to Symposium Participants," *Cardozo Law Review*, Vol. 17, 1996, p. 1486。

③ 分别参见菲尼斯的早年作品《自然法与自然权利》及他于 2015 年撰写的《在自然法中奠基人权》（Grounding Human Rights in Natural Law）一文。

实际上，我们可以分别按照两种模式对权利概念进行分析，一种是被称为"三项模式"（three-term）的霍菲尔德模式，即在两个行为着的主体以及一个行为的描述中去阐述权利；另一种是"双项模式"（two-term），也就是将视角聚焦在人和事物之间的关系上。一旦要谈论权利概念的分析，绕不开的是霍菲尔德，霍菲尔德从两个行为着的主体与一个行为的描述这三重关系的事态中描绘出了"权利"的四个范式，即要求权、自由权、权力、豁免权。[①] 霍菲尔德认为所有的权利行为都可以归为这四个范式中的一个或几个的组合。在这四个权利范式中，被霍菲尔德称为严格的权利的是要求权，所谓一个人有要求权指的是如下情形。我们假设有两个权利行为主体 A、B，在他们之间存在一种行为模式 X，当且仅当 B 对 A 负有 X 的义务时，A 拥有 B 应该 X 的要求权。最为典型的是交易行为。交易双方签订契约，买方 A 支付一笔款项购买 B 的商品，B 则在三天后提供给 A 商品，这时 A 有了 B 提供商品给自己的要求权，B 则有提供给 A 该商品的义务。霍菲尔德认为严格意义上的权利存在三个不可或缺的因素：要求方、义务方以及二者赖以建立联系的一种行为模式。而与之相对的是所谓的自由权，自由权解除了义务的约束，在自由权这一权利中，没有来自他者的要求权的约束，因此对应的是，我对他者就不负有一种义务，因此自由权可以表现为这一情形：当 A 没有 B 应该 X 的要求权时，B 有自由不 X。霍菲尔德的分析在"自我"、"他人"以及"行动"之间建立起了联系，这样一种分析下的"权利"具有三重关系。与之相对的权利分析模式是权利的双项模式，这在具体的司法判决中最为常见，也就是将权利定位于一系列在权利行为中得到的好处或利益，也就是说，对一事物或者事态拥有所有权。最为典型的是私有权，如法律认可了这个房子、这个自行车就是"我"的，它以一种无条件的方式宣告了他人对此事物的无权利。

这两种分析权利的模式各有利弊，"三项模式"几乎可以解释我们所遇

---

① 转引自〔英〕约翰·菲尼斯《自然法与自然权利》，董娇娇、杨奕、梁晓晖译，苏苗罕、张卓明统校，中国政法大学出版社，2005，第 161 页。

到的一切"权利"观念，因为霍菲尔德的"术语"并没有仅仅局限在"法律"层面，其同样可以适用于对"自然权利"的分析，其中的一个行为不再是法律行为，而是道德行为，行为所涉及的双方不再是法律人，而是道德主体，但是霍菲尔德并没有明确要求权是建立在"利益"之上的还是建立在"选择"之上的。而权利分析的"双项模式"则消除了这一弊端，双项模式聚焦于"权利"或"利益"本身，这样的一种利益并不随着外部条件的改变而改变，比如说 A 根据合同享有 B 支付给自身一笔钱的权利，之后C 又承担了 B 的这一债务，此时便不存在霍菲尔德所说的"双方行为人"，而有可能是"多方行为人"（A、B、C、D……），然而无论条件如何改变，唯一不变的是 A 享有"这一笔钱"的权利；但是，双项模式也有着自身的弊端，双项模式所确保的权利往往是根据法律或契约来的权利，其中不包括"自然权利"。

菲尼斯的权利理论呈现出对这两种模式优点借鉴吸收，并试图在此过程中克服两种模式各自的缺点的特点。具体来说，通过霍菲尔德的三项模式，菲尼斯超出了法律的视域，将自然权利视为一种"权利"；进一步地，这一自然权利本质上是一种"利益"，其是绝对的、无条件的，这一利益并不随着外部条件关系的改变而改变，这一利益就是"基本善"。为什么说菲尼斯的权利理论最终倒向了"利益论"？首先，菲尼斯对"选择"（自由）理论作出了直接的否定。在一篇晚近的文章中，菲尼斯指出，"将权利和自由联系在一起是一个明显的错误"[①]。其次，结合菲尼斯的基本善理论，菲尼斯将基本善视为人的最为根本的利益，而这样的一种利益并不随着外部条件的改变而改变，也就是说，权利在此聚焦的是"自身对主体有益的事物"，这样的事物独立于外部条件的改变，因此，当菲尼斯说"自然权利是以基本善为内容"时，其所要强调的是基本善的内在价值及其内在地对人类有益。也正因如此，虽然菲尼斯在早期著作《自然法与自然权利》中宣称，他无意解决好处理理论和

---

① John Finnis, "Grounding Human Nature in Natural Law," *American Journal of Jurisprudence*, Vol. 60, 2015, p. 213.

选择理论之间的争议①，然而我们依然可以将菲尼斯的权利理论视为一种利益论。

二 自然权利与自然义务相对应

菲尼斯通过对权利解释中的"自由论"的批判，强调了凡是我们谈及的"权利"，必定是与"义务"相对应的权利，既没有脱离了义务的权利，也没有脱离了权利的义务。两者是相对的范畴，并且建立在同样的内容之上——基本善。当我们说"我"拥有追求基本善的自然权利时，与之相应的是，他人有不去妨碍我对基本善的追求的自然义务。

虽然在菲尼斯的文本中，他没有明确地使用"自然义务"这一术语，但菲尼斯曾在多次谈论"自然权利"时强调，与其相对应的，存在相同层面的"义务"，因此，可以将"自然义务"视为菲尼斯提出的"自然权利"的对应概念，以此区别于法律规定下的"法律权利"与"法律义务"。② 这里的"自然义务"不同于霍布斯以及罗尔斯等人的自然义务，它不受任何所谓的"自然状态"或"原初状态"的限制，而是根植于基本善的。

（一）"权利"与"义务"相互定义

菲尼斯将"权利"与"正义"联系在了一起，并且将正义概念分解为三个要素：以他人为导向性、义务以及平等。这就意味着当菲尼斯谈论"权利"时，其总是有"义务"的"权利"。在这一点上，菲尼斯明显地与霍布斯等人的权利理论所区别开。在霍布斯看来，权利从最为原初的层面来说似乎不存在一种规范性要求，因为霍布斯虽然承认法律意义上的权利只有在国家成立之后才出现，然而他却乐于承认在国家成立之前（自然状态之中），人们享有最为广泛的权利（自由）。霍布斯将法律视为对权利（自由）

---

① 参见〔英〕约翰·菲尼斯《自然法与自然权利》，董娇娇、杨奕、梁晓晖译，苏苗罕、张卓明统校，中国政法大学出版社，2005，第165页。

② 虽然菲尼斯认为法律权利最终也应以自然权利为依据，然而从菲尼斯有意地区别权利概念中的法学分析和伦理分析这一意图出发，将"自然权利—自然义务"的范畴从"权利—义务"的范畴中甄别出来是必要的。

的限制也就意味着霍布斯试图将权利从"规范性"的语句中解放出来。① 权利解释中的"自由理论"（选择理论）者将权利视为自由，就如霍菲尔德在对权利概念的分析中所指出的那样，当权利体现为自由权时，行为人双方不存在义务关系，"当权利的对象是别人的容忍或不作为时，此时的权利就不是要求权，而是自由权"②。

权利是否与义务相对应？在上个部分菲尼斯对权利的解释中，我们可以看出，权利与义务总是相互定义的，"权利"正是"正义关系"中的权利，而正义又包含了"义务"的要素，因此，这句话中所表述的"权利"便有了义务的要求在其中。在此，菲尼斯借用了罗马法对"权利"概念的解释，以此区别于对权利概念的现代解释。罗马法中将权利（ius）表述为 jus。在《法学阶梯》的一个特别的条文中，有着如此的表述："当事人有为了避免阻挡邻居的光线而不能修建筑物的权利（jus）。"③ 在这一语句中，"权利"便具有了一种"义务"的内涵。因此，在菲尼斯的文本中，一个人的权利不再是一种没有义务的自由，而是一种在义务要求下的权利，因此，当我们说一个人有权利时，不仅指他应得某物，还表示这种应得是在他人的"义务"条件下的应得。因此，权利和义务的相互定义可以通过以下方式表现，"权利就是个体通过别人对义务的履行获得的好处"，以及"义务即一个人如果想得到他想要的，什么是必要的"。④ 具体来说，一个人之所以有基于基本善的自然权利，恰恰在于别人有不侵犯基本善的义务。

（二）"义务"与"权利"同等重要

当菲尼斯试图在"义务"的条件下理解"权利"时，就会出现一个逻辑上的质疑，是否义务比权利更为优先？菲尼斯对此的回答是：权利和义务不能分开来看，二者同等重要，而义务在解释力上则更强。

---

① 参见 John Finnis, "Grounding Human Nature in Natural Law," *American Journal of Jurisprudence*, Vol. 60, 2015, p. 213。

② John Finnis, *Natural Law and Natural Rights*, Oxford University Press, 2011, p. 200.

③ 转引自 John Finnis, *Natural Law and Natural Rights*, Oxford University Press, 2011, p. 209。

④ 参见〔英〕约翰·菲尼斯《自然法与自然权利》，董娇娇、杨奕、梁晓晖译，苏苗罕、张卓明统校，中国政法大学出版社，2005，第 169、242 页。

恩斯特·福丁（Ernest Fortin）曾对菲尼斯的权利理论提出批评："菲尼斯虽然强调了权利与义务是相互对应的，然而在二者的关系上仍是模糊的。"[①] 福丁要求菲尼斯回答"权利"与"义务"在道德上何为更根本的。福丁这一针对菲尼斯的批判所立足的文本是《自然法与自然权利》中的一个具体的章节，菲尼斯虽然专门用了一个小节"义务优先于权利？"来讨论这个话题，然而在福丁看来，菲尼斯只有在最后一个自然段中才对这一问题作出了表态，并且是一带而过的。

这一批评是不公正的，实际上，菲尼斯在阐述"权利"与"义务"的相对应的关系时，已经用一种间接的方式回答了这个问题，似乎福丁没有领悟到菲尼斯的这一深层次的意图。菲尼斯笔下的"权利"与"义务"是同等重要的，这体现在如下几点。首先，福丁的这一指责暗示了他的"权利即是自由"的霍布斯主义的立场，也即将权利和义务对立了起来，并且将义务视为对权利的限制，正是在这一立场下，才会出现这样一个问题：如果权利和义务是独立的，那么二者哪个是优先的呢？而菲尼斯对权利的解释则完全不依赖于这一立场。其次，菲尼斯所理解的权利即正义关系中的权利，其本身就已经暗含义务的概念了，当我们说一个人拥有一项权利的时候，必然意味着在其中有一种义务的要求，因此，权利和义务不能够独立于彼此而存在，二者是不可比较的。最后，菲尼斯的论证十分依赖阿奎那的理论，他曾说过，"在阿奎那对正义的理解中，权利与义务同等根本"[②]，当我们说有一项对别人的义务时，其所指向的正是别人的权利。

因此，当我们理解菲尼斯的权利理论时，应当注意到，菲尼斯笔下的权利与义务的关系就如同一枚硬币的两面，虽然两者在表述上是不一样的，但在内容上都是一样的，都是以基本善为对象的，并且共同统一于"正义"的关系之中。但是，菲尼斯也强调了，在解释力上，"义务"比"权利"的

[①] 参见 Ernest Fortin, "The New Rights Theory and the Natural Law," *The Review of Politics*, Vol. 44, 1982, pp. 590-612。

[②] John Finnis, *Aquinas: Moral, Political, and Legal Theory*, Oxford University Press, 1998, p. 170.

话语要更强①，也就是说，菲尼斯倾向于使用"义务"的话语来强调对"权利"的保障和"自然权利"的不可侵犯，但是这并不意味着福丁所说的义务在实质上要优先于权利。

三　立足于"人权"解决现实伦理难题

综观菲尼斯的整个文本，他主要从两个命题出发来对现实的伦理问题进行解答，一个是"人权不可侵犯"，另一个是"意图决定了一个行为的道德性质"。在这两个命题中，第一个命题是更为根本的，因为判断一个意图是不是道德的意图的最终依据仍然在于是否这一意图指向的是对人权的侵犯，因此，归根结底，人权不可侵犯的命题是菲尼斯应用伦理理论的首要命题。菲尼斯将这一命题作为他对生命伦理、政治伦理以及战争伦理等问题论述的前提，诸如在生命伦理的话题下，菲尼斯通过"潜能与现实"的理论指出胎儿从受精卵时就有了实现基本善能力的一种潜能，因此同样享有"生命权"，任何意图杀死胎儿的堕胎行为都是不被允许的；与此相关的是，政府和法律能否正当地赋予公民以堕胎的权利？菲尼斯通过对自由主义的批判指出，将公共领域与私人领域划分开来进而将"正当"与"善"独立开来的方法论从根本上就是错误的，其将导致"堕胎"这一在道德上错误的行为被"允许"，胎儿的生命权将会受到侵犯。在战争伦理的话题上，菲尼斯于早年指出核威慑的政治政策远非"吹嘘"或"口号"，而是道德上的"恶"，因为凡是支持这一政策的公共机构或个人都在"意图"对他人生命权的侵犯。总的来说，在所有话题中，菲尼斯的基本思路都是将生命这一基本善（人权）作为至高无上且不可侵犯的，并且在诸多话题中，菲尼斯着墨最多的便是"堕胎"这一伦理难题，菲尼斯对堕胎难题的讨论也最能体现出他伦理思想现实关怀的整体思路，也正因如此，下文将以"堕胎"为例，阐述菲尼斯将他的基本善理论以及道德理论应用在现实问题的解决中。

---

① 参见 John Finnis，*Natural Law and Natural Rights*，Oxford University Press，2011，p. 210。

（一）人权不可侵犯

菲尼斯往往以"人权"（human rights）为话题开启他的应用伦理思考。对于菲尼斯而言，虽然他将"人权"和"自然权利"在相同的意义上使用，然而具体来说，菲尼斯所讲的"人权"往往指的是"生命权"，而对人权的保护具体来说指的就是对生命权的保护。按照上述菲尼斯对权利的解释，当我们说一个人拥有人权时，在相同的意义上，我们说别人有不侵犯人权的"义务"，因此，"人权不可侵犯"就成了菲尼斯应用伦理的首要道德命题，并被广泛地应用于他对政治伦理、生命伦理以及战争伦理等问题的思考之中。

人权首先是一项自然权利，而非政治或法律权利，菲尼斯仍然通过他很喜欢的柏拉图《申辩篇》中那一则关于苏格拉底与僭主的故事来说明这一点。在菲尼斯看来，当苏格拉底拒绝僭主时，便直接宣告了这样的一种可能性，那就是当公共决议赋予你做某事的权利时，你可以在几乎同一时刻宣称，我没有权利这样做。这时，我们就看到了菲尼斯所说的权利概念的另外一个维度，也即伦理层面权利，同样也是被菲尼斯称为自然权利的东西。而在苏格拉底与僭主的这一则故事中，这一"自然权利"又体现为"生命权"，而生命权就是被菲尼斯视为严格意义上的"人权"。虽然在某些场合，菲尼斯将"人权"视为"自然权利"的同位语[1]，但在所有谈论"人权"的场合中，他指的都是"生命权"，并且在《菲尼斯文集》第三册的导论中明确指出，人权作为一种特殊的自然权利指的是生命权。"人权"的概念同样可以被纳入权利话语的两种分析模式中，从双项模式中，人权可以表述为"任何人都享有生命权"；然而，一个能体现出道德要求的、更能突出人权的至上性的表述是三项模式的表述，即"有义务不去侵犯他人的生命权"。

"有义务不去侵犯他人的生命权"这一表述下的人权是绝对的，其作为

---

① 参见 John Finnis, "Grounding Human Nature in Natural Law," *American Journal of Jurisprudence*, Vol. 60, 2015, p. 217。

一项自然权利不受制于任何法律的制定及政治的话语——"那些被准确定义为基本人权的东西是能够被正当实施的，而不管每个人持有什么样的共同善或公共利益的观念"①。这样的一项权利何以是绝对的？在功利主义者看来，这样的一项权利似乎是站不住脚的，因为他们虽然承认生命是要加以维护的，但当出现了诸如杀害一个无辜的公民就可以救活另外的一百个公民的情形时，这一个无辜的公民并不享受绝对的保护。菲尼斯对权利的绝对性的论证诉诸人与人之间的"平等性"。这一平等不是作为公民在共同体层面的平等，而是作为"自然人"在道德层面的平等，具体来说即人们在把握基本善能力上的平等。从"自我"来说，每个人都通过实践理性主动地把握着基本善，并且在行动中将这一思维中把握到的善变为现实，然而在自我把握基本善以及实现基本善的过程中，通过反思就会理解，这样一种把握基本善以及实现基本善的实践理性能力不仅仅是"我"所拥有的，同样是任何像我一样的人也拥有的。更进一步，"对一个人自己有价值的东西，也会对与其有着相同能力的任何人以一种相似的方式具有价值和意义"②。因此，在菲尼斯看来，人作为一个类，其对这种把握基本善的能力"共享"构成了人权的基础和依据，这一基础不仅仅是"我重要"的根据，同样是"他人重要"的根据，这一根据指出了每一个人都在把握、追求基本善上拥有着尊严。

人权作为一种特殊的自然权利是每个人都享有的，与之相应的，每个人都负有不侵犯他人人权的自然义务，这样的一种自然义务不仅仅是一项道德的要求，同样也是法律及共同体所要加以保障的。如同作为基本善之一的"生命"的价值是客观的、不可通约的一样，人权在此是绝对的，不能沦为任何功利主义计算的牺牲品。

（二）典型示例："堕胎"作为道德上的恶

为什么将菲尼斯在"堕胎"这一问题上的论述单独挑选出来？原因有

---

① 〔英〕约翰·菲尼斯：《人权与共同善》，娄曲亢译，中国政法大学出版社，2020，第 4 页。
② 〔英〕约翰·菲尼斯：《人权与共同善》，娄曲亢译，中国政法大学出版社，2020，第 7 页。

两个。首先，菲尼斯在堕胎这一议题上的讨论最为广泛、最为集中，也最能展现其伦理思想应用在现实的难题中的立足点和基本思路；其次，菲尼斯在论述这一问题时所采用的命题及处理方法能够广泛地运用到对其他现实伦理难题的解决之中。菲尼斯通过堕胎的话题将其"意图"理论进一步带入具体的语境中，并试图将"意图"作为道德评价的标准扩展到所有"人权"的现实话题之上，例如，在《核威慑，道德和现实》一书中，菲尼斯就指出，核威慑政策的道德性质不能够从"结果"加以评定，而只能从"意图"加以评定，凡是支持这一政策的人都是在意图无辜的平民的死亡，甚至是意图着一场屠杀。[1]

菲尼斯在"堕胎"这一议题上的论述可以分为三个方面。第一，是否存在"堕胎"的权利？第二，胎儿是否有"人权"？第三，在什么情形下，我们可以说胎儿的人权受到了侵犯？

首先，是否存在"堕胎"的权利？菲尼斯在这一问题上的探讨是通过他对哈贝马斯以及罗尔斯的批判来展开的。在哈贝马斯看来，为了给个人的选择留下充足空间并且在善观念上保持中立，对伦理和道德作出区分是必要的，"伦理问题和道德问题指向的并非一个方向"[2]，说一个行为或观点是伦理的，在于这个行为或观点指涉的是人们如何看待自己的生活或想成为一个什么样的人；而说一个行为或观点是道德的，在于这个行为或观点的立足点是对他人的平等的尊重的意图。商谈伦理学主张，在所有的商谈方中，我们应该避免采用伦理的视角，而应该用道德的视角去考虑什么对所有人来说是好的。在堕胎这一具体行为上，哈贝马斯主张，"我们（例如作为天主教徒面对自由主义的堕胎法）可能在伦理层面，如过去一样继续厌恶其他人在法律上被允许的行为。相反，法律上要求我们要对

---

[1] John Finnis, Joseph Boyle, Germain Grisez, *Nuclear Deterrence*, *Morality and Realism*, Oxford University Press, 1987, pp. 298-299.

[2] Habermas, "On the Pragmatic, the Ethical and the Moral Employment of Practical Reason," in *Justification and Application：Remarks on Discourse Ethics*, trans. by Ciaran P. Cronin, Cambridge MIT Press, 1993, p. 6.

'我们'看上去伦理上不恰当的行为保持宽容"①。罗尔斯尽可能在自己的公共理性的论述中小心翼翼地避免使用"道德"一词。在《政治自由主义》中，罗尔斯在理性多元事实的前提下，反对将任何所谓的"综合性的哲学或宗教教义"引入公共话语的探讨中，原因在于，这类理论不仅无法在公共环节形成一种共识，更为重要的是，它是个体成员认为的真理，而非公民广泛接受的一般真理。而堕胎问题显然不是一个公共决策的话题，用罗尔斯的术语来说，堕胎的难题可能是基于某种他所说的"综合性教义"（例如基督教哲学或基督教信仰），因此，当一个良善的社会在法律上允许堕胎时，它或许是正当的，虽然在道德上，一些人可能谴责道："作为自由公民，在你自己的情况中，你无须运用（堕胎）的权利，但是你必须承认，在适用于我们中的其他人时，我们的法律是合法的。"② 在菲尼斯看来，自由主义在领悟"权利"的概念时有一种相当的偏执，那即将"权利"仅仅限制在霍菲尔德式的"自由权"中，在其中取消了与他者的义务的关系，从根本上说，将义务视为对权利的一种限制。权利完全是在个人的权能之内，它不受外在观点及他人视角的干涉，这是一种霍布斯式的权利——权利在于做或者不做的自由。就此，决定堕胎或不堕胎就是我们的自由，最终的选择可以化约为个人的道德观念的分歧，而公共机构在此保持沉默。当代主张堕胎权的最有影响力的论述来自朱迪斯·汤姆森，通过小提琴家与撒玛利亚人的比喻，汤姆森指出，在她看来，一个人显然拥有"决定在一个人的身体上发生什么的权利"③，就此而言，禁止一个人堕胎的行为就是对这个人权利的侵犯。这样的一种堕胎权同样也是霍菲尔德意义上的自由权，实际上，在汤姆森所理解的"堕胎权"下，一个人只对自己的生命负责而不对他人的生命负责，从而她提出"没有人在道德上被要求作出巨大的牺牲……为了让

---

① 参见 Habermas，"Reply to Symposium Participants," *Cardozo Law Review*，Vol. 17，1996，p. 1486。

② 参见 John Rawls，"The Idea of Public Reason Revisited," *University of Chicago Law Review*，Vol. 64，1997，p. 798。

③ Judith Thomson，"A Defense of Abortion," *Philosophy and Public Affairs*，Vol. 1，1971，p. 55.

另一个人活着"①。因此，在主张拥有堕胎权的自由主义者看来，一个"权利"典型地体现为一项"自由"，我们在行使这项权利时，没有义务的要求在其中。这样一种对权利的理解与菲尼斯的理解是完全不兼容的，菲尼斯所理解的"权利"是与"义务"相对应的，当且仅当他人对"我"有一种义务时，我们才拥有一项权利，在自由主义的理解中，母亲和胎儿之间并不存在一种"义务"上的联系，因此，母亲可以不顾胎儿的安危而行使自己堕胎的权利。为什么在义务式的权利与自由式的权利中要选择前者？在菲尼斯看来，像自由主义者那样将权利仅仅视为一种自由将会导致如下可怕的后果，为了自己的权利而剥夺另一个人的生命，因此，所谓的"堕胎权"在菲尼斯看来不是一种严格意义上的"权利"，因为在其中取消了与他者之间的义务关系。

其次，胎儿是否有"人权"？菲尼斯曾经指出"人权"的基础在于人在追求基本善能力上的平等，现在的问题是，作为一个还未出生的"胎儿"，他是否享有生命权？在菲尼斯看来，胎儿同样享有生命权，与之相应的，他人拥有在任何时候都不去侵犯胎儿生命权的义务。这一论证的关键是，如何理解胎儿拥有一种追求基本善的能力。如果能够证立这一点，那么便可以合法地赋予胎儿以生命权。在菲尼斯看来，"能力"首先是从"潜能"的角度来理解的，而非从"现实"的角度来理解的，也就是说，不能因为一个人没有现实地将其能力展现出来就否认他拥有一项能力，遵循着亚里士多德对"潜能"与"现实"的阐述，一个潜能正是通过其现实而被理解的，而基于基本善的现实性，预设人类本质中拥有着相同的实现基本善的潜能也是恰当的，对这样一个"潜能"可以一直追溯到"受精卵"，从生理的连续性上说，每个人都来自受精卵，而在受精卵形成后，便开始了身体器官的逐步发育，虽然胚胎的早期器官还没有完全发育成熟，但只要胚胎被给予一定程度的条件，胚胎便会逐步发育，直至个体诞生、成长。因此从生理的连续性上

---

① Judith Thomson, "A Defense of Abortion," *Philosophy and Public Affairs*, Vol. 1, 1971, pp. 61–62.

说，受精卵拥有"追求基本善"的潜能。与此相关的是菲尼斯对于生命开端的定义，除了被较多学者及医学界所采纳的"14 天界限"外，洛克伍德（Michael Lockwood）和东泽尔（Joseph Donceel）则将大脑意识的形成作为生命开端的门槛[①]，而新自然法学派的菲尼斯和格里塞茨则持有胚胎从受孕时就成了一个人，也就有了人格尊严这一立场，其恰恰在此时，胚胎就已经具备了追求基本善的潜能[②]。菲尼斯以及格里塞茨似乎试图绕开"事实"的层面而通过"价值"（追寻基本善的潜能）的层面去给"人"下定义，虽然这样的一种做法遭到了其他理论家的反对，譬如盖瑞特·哈丁（Garret Hardin）曾指责格里塞茨和菲尼斯等人的这一做法——"将潜能视作论据的论证方法就如同将盖房子的蓝图和房子等同起来一样"[③]，然而无论如何，菲尼斯确实提供了一个对生命定义的不同以往的新的思路。综上所述，无论胎儿处于何种阶段，都享有着"人权"，并且他人负有不去侵犯胎儿人权的绝对义务。

最后，在什么情形下，我们可以说胎儿的人权受到了侵犯？菲尼斯将生命权赋予胎儿就不得不回答这么一个问题，是否任何情形（诸如母亲陷入生命危机）都不可以采取堕胎的手术？事实上，菲尼斯虽然强调了胎儿享有着不可侵犯的生命权，然而他在另一方面指出了在一定的条件下是可以进行堕胎手术的，其中的一个决定性条件即不能以直接意图胎儿的死亡为前提。在这里菲尼斯再次诉诸他在道德评价中的双重效应原则，也就是说，当胎儿的死亡无论是作为手段也好，还是目的也罢，当其构成了我们意图的对象时，就是道德上的恶，也就是说，我们意欲胎儿的死亡。但当胎儿的死作为一种副作用出现时，诸如当母亲要求实施手术或者医生实施手术时，仅仅

---

① 参见 Michael Lockwood，"When does a Human Life Begin," in Michael Lockwood ed.，*Moral Dilemmas in Modern Medicine*，Oxford University Press，1985；Donceel，"Immediate Animation and Delayed Hominization," *Theological Studies*，Vol. 31，1970。

② 参见 John Finnis，"Intention and Identity," *Collected Essays* Vol. II，Oxford University Press，2011，p. 288。

③ 转引自 Ronald D. Lawler，"Review：Abortion：The Myths，the Realities，and the Arguments," by Germain G. Grisez，in *The Thomist：A Speculative Quarterly Review*，Vol. 35，1971，p. 312。

意欲着母亲生命的存续，并不意欲胎儿的死亡，虽然作为一个物理事件来说"胎儿死了"，但是其没有出现在我们的意图当中，这一堕胎行为就是道德上可被允许的。就此而言，当菲尼斯说"堕胎"行为中胎儿的生命权被"侵犯"时，其指的是他者意欲胎儿的死亡；当"胎儿的死亡"作为一个物理事件，或者是作为手术（原因）的结果时，这样的一种行为不必然的是道德上的恶，也不必然的说胎儿的生命权被侵犯了。

　　总的来说，在应用伦理学层面，菲尼斯并没有给出太多富有创见性的论述。菲尼斯的论述主要的是围绕他的基本善理论以及道德理论而展开的，将道德难题的论证视为从基本善理论及道德理论出发的推论，因此，菲尼斯的应用伦理思想不应被视为一个单独的部分，而应该被视为他的基本善理论及道德理论的延伸。作为自然法伦理学家，虽然菲尼斯主张存在绝对的道德规范，并且这一绝对性的特征是无例外的，但在对现实伦理难题的解答上，我们也可以发现，菲尼斯悄悄地将一些限制性的因素添加了进来。具体来说，虽然他主张要在任何选择中尊重基本善、尊重人权，然而，这些命题的一个隐含的前提是"在意图中"，也就是说，只要我们不故意地贬损基本善或故意地贬低人权，这样的行为便可以被视为道德上被允许的。正因如此，菲尼斯虽然强调道德原则的绝对性特征，但在具体的伦理难题的解决中，他也为自己留有了余地。但这一点不能和功利主义的立场相混淆，在上面我们指出了，有些功利主义学者认为功利主义原则也是一项绝对性要求——"永远不要做违背最大多数人的最大幸福的事情"，然而通过菲尼斯的辨析，我们可以发现，功利主义所谓的绝对性实际上是一种假象、是内在矛盾的。而整体来说，菲尼斯的论述是自洽的，这是因为，他的意图理论和道德理论是可以兼容的，也就是说，菲尼斯可以前后融贯地同时主张他的意图理论及道德理论。

第五章

传统与现代的融合

——菲尼斯伦理思想的价值与缺陷

　　菲尼斯的伦理思想是自然法性质的，而自然法伦理学有其发展的内在要求，作为一种以绝对的、普遍的道德规范为追求的理论形态，其必须不断回应不同时代下以及不同的哲学语境中针对其发出的挑战。这种要求迫使菲尼斯一方面需要在内容上坚持传统自然法理论的根本立场；另一方面，为了应对现代哲学语境中针对自然法理论的内部和外部的批评，菲尼斯必须在方法论上为自然法伦理学的重建另寻出路，这使得菲尼斯的伦理思想呈现出了极为浓烈的融合性色彩。这一融合性的特征体现在如下的依次递进的命题中。第一，从本体论的角度来看，人类之善与人的本性存在逻辑上的联系，然而从认识论的角度来看，对人类之善的把握是纯粹实践性的，自然法伦理学不是一种从事实到价值的非法推论。第二，人类之善是客观的、普遍的，然而这一客观、普遍的善并非唯一的，而是多元的，并且善的这一普遍性也没有排除人对价值的自由选择（一个人可以在主观上合理地将一种基本善作为自己的人生目标，但是这一选择并没有排斥其他基本善作为客观的价值）。第三，价值是多元的，然而这并非意味着不存在唯一的道德规范，道德原则建立在对基本善的整全理解上，其要求我们不得有意损害任何一个基本善的实现。第四，菲尼斯的理论还呈现出兼具目的论和义务论的色彩：一方面，菲尼斯强调应该在一种绝对性的要求中进行人类完满的活动；另一方面，菲尼斯主张绝对性的道德规范的最终目标在于人类完满。虽然在一些具体的论证上，菲尼斯的伦理思想仍然有所缺陷，这既体现在诸如善的客观性、平等性论证上，也体现在作为一种"完善论"，菲尼斯并没有对"德性"进行定位。然而即便如此，菲尼斯的伦理思想仍然是有价值的，他不仅成功地挽救了自然法伦理学，使其不至于湮没于历史的尘封中，同时在一些伦理学的基本问题上，菲尼斯给我们提供了一些崭新的视角。最后，菲尼斯的伦理思想也具有十分重要的当代意义。

第一节　对传统自然法伦理学的重构

一　自然法伦理学的"祛魅"

作为新自然法学派的最重要的代表，菲尼斯对自然法伦理学的阐释被视为当代自然法理论最具权威的表达，菲尼斯的理论成为当代致力于自然法研究的学者所不可绕过的一个参照，当代任何以"自然法"为话题的讨论和写作都或多或少的要提及菲尼斯的理论，更有甚者，乔纳森·克劳从整体上以菲尼斯为分析和批判的对象完成了他的自然法理论的著作《自然法与法的本质》（*Natural Law and the Nature of Law*）[①]，其中的每一个论点几乎都建立在对菲尼斯理论的反思和批判之上。菲尼斯之所以能够获得如此的声名，很大程度上是因为菲尼斯对自然法伦理学进行了"祛魅"，在这一祛魅过程中，他不仅回应了针对传统自然法理论的种种批评，还构建起了一种更为自洽、更为完备的自然法理论。这样的一种祛魅可以根据核心情形分析法加以分析，似乎在菲尼斯的心中，出现了种种理论困难的传统自然法理论，并不代表自然法伦理学的核心情形，也因此是有缺陷的、可以加以改造的。

（一）对自然法伦理学的挽救

菲尼斯的自然法伦理学带有浓烈的融合性色彩，这体现在两个方面。第

---

① Jonathan Crowe, *Natural Law and the Nature of Law*, Cambridge University Press, 2019.

一，菲尼斯虽然在论述上特别依赖阿奎那的自然法理论文本，但他又超越了传统的解释，用一种当代的视角对阿奎那的文本进行解读并将其吸收到自己的理论体系之中；第二，菲尼斯立足于传统的自然法理论的基本立场为自然法理论进行辩护，然而在方法论上却呈现出现代特征，这不仅体现在他对"事实"与"价值"二分法的采纳，还体现在对一些核心概念的带有现代性的阐释，诸如采纳大卫·威金斯对真理的定义、对朗尼根的认识论的借鉴，以及接受新亚里士多德主义者对"最终目的"的解读等，通过这种融合式的构建，菲尼斯消除了传统自然法伦理学的危机，并赋予其新的活力和生机，具体来说，菲尼斯从如下几个方面对自然法伦理学进行祛魅。

首先，通过对宗教性因素的剥除，菲尼斯将自然法从"天上"拉回到了"人间"。传统自然法理论所面临的首要难题即其与宗教性的"上帝"之间的联系问题，更为具体地说，自然法理论家必须回答这样一个问题：绝对的道德规范是否从上帝那里获得效力？在传统的自然法理论中，道德规范的绝对性与上帝的命令之间存在一种"内在联系"，道德规范要想是绝对的、普遍有效的，一定是出自上帝的意志，这样的一种内在联系，我们不仅可以在克拉克、格劳秀斯的自然法理论中发现，还可以在对阿奎那的传统解释中以及斯多葛学派的自然法理论中发现。而在菲尼斯的理论中，自然法所讨论的"善"及"规范性命题"并不依赖于上帝的存在及意志，自然法原则无非就是实践理性的第一原则，其作为我们实践思维的运行规律，相当于非矛盾律在思辨思维中的运作，因此自然法原则根植于我们的"理性"而非"上帝"。更进一步，传统自然法理论所主张的绝对的道德规范并非通过上帝获得效力，而是依赖于自然法原则所把握的基本善之间的不可通约性，因为每一个基本善都是终极的、无条件的，因此在诸基本善之间不存在一种秩序，也没有一个统一的衡量标准去为基本善进行排序，因此基本善之间是不可通约的，每一个基本善都同等重要，进而，道德原则就必须保障每一个基本善的实现。

其次，通过事实与价值的区分，菲尼斯将自然法伦理学从形而上学中独立出来，维护了其自身的独立性与纯粹性。针对哈特、斯通（Julius Stone）

等人对自然法理论"事实与价值间的非法推论"的指责，菲尼斯指出，人类对基本善的把握并不是一种从事实的人性出发进行的推论。菲尼斯通过基本善与人性之间的两种秩序来说明这一点，从逻辑上以及本体论的角度出发，基本善依赖于人性，正是我们人类的本性决定了我们能够追求什么；然而，从现实上以及认识论的角度出发，我们对基本善的把握是纯粹经验的、归纳性的，而非理论的、演绎性的。福丁曾指出，"菲尼斯的论证方法大体上是演绎性质的"①。事实上，这是一种不公正的评价，在最为根本的问题——基本善的获取上，菲尼斯遵循着阿奎那的方法，同时也是对亚里士多德的经验归纳法的遵循，指出了对基本善的获取来自对实践经验的总结和"洞察"，这一过程既不是自明的也不是通过演绎得来的，而是一个逐步递进、逐步加深的实践过程，因此，自然法命题中不存在一种事实到价值的"非法推论"。

菲尼斯伦理思想的构建从整体上来说即为了应对传统自然法伦理学的危机，针对这些挑战，菲尼斯也进行了回应。而为了消除这些危机，菲尼斯就不得不在坚守自然法伦理学的基本立场的基础上另寻出路，菲尼斯尝试在现代的语境中为自然法伦理学辩护，这样菲尼斯的伦理学就呈现出了传统与现代融合的特征。但是，与之相关的，菲尼斯就必须回答这样一个问题：这样的一种自然法伦理学是否还能够被冠以"自然法"的头衔？

（二）一种较为完备的自然法伦理学

菲尼斯并非唯一的试图重构自然法伦理学的学者，一些当代的自然法理论家为了对自然法理论进行挽救，试图将现代语境凌驾于传统的命题之上，并使传统命题与自身符合，这种做法已经极大地偏离了传统自然法理论的基本立场，其典型地体现在乔纳森·克劳的自然法理论中。在克劳看来，自然法理论所确保的基本善并不是一成不变的，一个时期的最佳生活方式可能不适用于另外一个时期，在农业时代是基本善的事物在工业时代可能不是，因

---

① Ernest Fortin, "The New Rights Theory and the Natural Law," *The Review of Politics*, Vol. 44, 1982, p. 592.

为社会处境在发生着变化，这一切都改变着"善"的形式，"由于自然法本身也在适应我们不断变化的环境，所以它自身也在变化，在几个世纪以前过上完满和谐生活的最佳方式，可能不会是今天的最佳方式了"①。更进一步，自然法所确证的"善"之所以是变化的，根本上是由于人性是变化的，社会的境遇改变了人性，而偶然的人性又造就了自然法在内容上的不同，"人的本性至少在一定程度上是一个偶然性问题，这意味着在逻辑上它本可以是另一种情况。实际上，如果我们相信人的本性会随着社会环境的变化而改变，那么我们的本性就会在我们的整个历史进程中发生变化"②。

在这些论述中，我们可以发现一种滑坡式的妥协，几乎每一个命题都偏离了自然法理论的基本立场。那么克劳的自然法伦理学是否还可以被称为"自然法"理论？以及，同样对传统自然法理论进行改造的菲尼斯的理论，是否还能被称为自然法理论？

上述疑问可以基于核心情形分析法来回答。菲尼斯的工作是尝试融合当代语境与传统的自然法命题，虽然在这一过程中他不得不放弃一些传统理论所维护的立场，如从人性出发的事实推论、上帝的依赖问题等。然而，从整体来看，菲尼斯的理论在核心命题上仍然与传统理论保持着一致，其体现在菲尼斯对自然法的定义当中——"指出行为对错的客观的、普遍的规范性命题"，这样的定义不仅可以囊括所有在历史上出现的自然法理论，还将苏格拉底原则以及康德伦理学包含其中。克里斯托夫·沃尔夫（Christopher Wolfe）给出了传统自然法理论的几个根基性的命题，其中最根本的就是，自然法原则是恒定的、普遍的。③ 这也是自然法理论的核心要义，也正因如此，菲尼斯的理论可以被合理地称为自然法理论。而就克劳的论述来看，如果这些论点不是出现在他以《自然法与法的本质》命名的著作中，很难想象这些理论如何能够是自然法理论。

---

① Jonathan Crowe, *Natural Law and the Nature of Law*, Cambridge University Press, 2019, p. 6.

② Jonathan Crowe, *Natural Law and the Nature of Law*, Cambridge University Press, 2019, p. 7.

③ 参见〔美〕约翰·戈耶特、马克·拉特科维奇、理查德·迈尔斯编《圣托马斯·阿奎那与自然法传统——当代视角》，杨天江译，商务印书馆，2015，第335页。

虽然传统的自然法理论也包含了对绝对性的道德规范的追求，然而，与传统的自然法理论所不同的是，菲尼斯不仅坚持了对绝对道德规范的追求，还回应了外部对自然法理论的批评，使自然法理论呈现出较为完备的状态。也正因如此，菲尼斯的自然法理论可以被视为较为接近"核心情形"的自然法理论，而讨论人性话题以及自然法原则与上帝之间的联系问题的自然法理论，则因为种种缺陷，可以被视为自然法理论的"边缘情形"。因此，菲尼斯的伦理思想是"调和式"的而非"妥协式"的，其虽然在很多方面都对传统自然法理论进行了改造，但是并没有放弃自然法理论的核心命题，并且在对核心命题维护的基础上，回应了外部针对自然法伦理学的种种批评，是较为完备的自然法伦理理论。

二　事实与价值的辩证统一

在菲尼斯的理论中，事实与价值的区分是一个核心的逻辑前提，菲尼斯对自然法伦理学的重构也正是沿着这一命题展开的。正因如此，菲尼斯关于事实与价值二者关系的论述也成为学界关注的重点。一种观点认为，菲尼斯在事实与价值间作出了过度的区分，是没有自然的自然法，持这一立场的有霍尔、维奇及麦金纳尼等人；另一种观点认为，菲尼斯虽然主张事实与价值的区分，但在他的著作中，他仍然多次提出事实与价值之间存在"互动"，这表明菲尼斯在事实与价值关系的论述上陷入了内在悖论。下面将简要介绍并分析这两种观点，并在此基础上提出一个理解菲尼斯事实与价值关系的独特视角，在这一视角下，菲尼斯笔下的事实与价值虽然是分离的，但又存在某种统一性。

（一）关于菲尼斯事实与价值论述的两种观点

先来看第一种观点，在传统自然法伦理思想中，"善"的命题往往来自从人性出发的演绎推论，这样的一种论证方式被菲尼斯视为事实到价值的非法推论，菲尼斯在斩断基本善论证中的事实与价值的关系后，提出了对"善"的把握完全是在实践生活中的经验的、归纳式的，而非理论的、演绎式的，从而将"善"的理论从形而上学（包括哲学人类学）以及心理学中独立出来，这样的一种斩草除根式的论证即被霍尔等人称为"没有自然"的论证方法。①

实际上，在当代自然法语境中，菲尼斯以事实与价值的二分法去论证自然法理论一直是独具一格的。在一些理论家看来，将事实与价值联结在一起并不是什么值得羞耻的事，如麦金纳尼曾指责菲尼斯以及格里塞茨将实践理性视为与自然秩序的知识毫不相干的论点。在他看来，对于某些事实的认知不仅对于我们的思辨活动是必要的，而且对于我们的实践认知也是必要的。就如"小麦对于我们是有好处的，因此我们应当吃小麦"，这似乎并不是一个不合理的非法论证。事实与价值之间并不存在鸿沟，恰恰相反，二者是相互依赖的，当我们说某物是可欲的时候，一方面是说我们事实上在意欲某物，另一方面也是在说，某物的追求将会完善我们，因此，当我们意识到我们应当（ought）追求某物时，我们实际上已经在思辨理性中将其确定为一个真理。其他学者同样对菲尼斯的二分法提出了质疑。维奇教授早在他的《理性之人》（Raional Man）一书中就表达了这样一个思想，我们不必为亚里士多德或阿奎那从实然到应然的推论辩护，形而上学以及实践科学之间也不存在一堵难以打破的分离之墙。具体来说，在《自然法及事实与价值的问题》一文中，维奇举了亚里士多德的一个例子来说明这一点：亚里士多德的物理学以及形而上学在一方面可以视为相互独立的、各自有着自身的第一原则；然而在另一方面，唯有我们先拥有了形而上学的知识，对物理学中的发展变化的规律的解释才是可能的。具体来说，亚里士多德在《物理学》中提出了事物发展变化的重要的三个概念——质料、匮乏和形式，而质料—匮乏—形式的发展原则是事物变化的第一原则，是自明的，不是建立在其他命题的推理之上的。然而，无论这样的一个原则在自然界中是多么的首要及

---

① 需要指出的是，在霍尔的这一指责中，"自然"的术语已经不是菲尼斯所理解的"自然"了，正如在第一部分所提到的，对自然法中"自然"的术语有着三种解释，这三种解释分别将自然理解为阿奎那理解中的"理性"、亚里士多德物理学中的"本性"以及芝诺等人的"客观秩序"，菲尼斯在第一种意义上理解，而其他大多数自然法理论家则在第二种意义上理解。

自明，难道不是应该先对一个物的"存在"有所了解，才能够了解这一"存在者"发展变化的规律吗？也就是说，即使物理学和形而上学是两门独立的学科，有其自身的第一原则，然而没有形而上学的知识就无法进行物理学的解释，"如果一个人没有存在的在先的领会，就永远也不可能有对于变化的存在者的适当的理解，这一点难道不明显吗？"①

再来看第二种观点，在国内学者刘清平看来，菲尼斯没有贯彻他事实与价值二分的立场，这体现在：在《自然法与自然权利》中，菲尼斯虽然将事实与价值二分的立场作为自身的理论前提，然而他又作出了和事实与价值二分立场相矛盾的表述——"从属人处境的事实无疑可以推出人们对属人价值和实践理性要求的基本评判"② 以及 "在对人类事物的描述性解释和用实践的观点去考察人类行动之间有一种相互依赖"。③ 据此，刘清平得出结论，菲尼斯在事实与价值的关系问题上陷入了内在悖论。④

应当如何看待这两种观点？首先，第一种观点是外在批判，这一批判并没有触及菲尼斯的理论逻辑及自洽性。按照上一节对菲尼斯伦理理论的整体分析，可以看到，以事实或形而上学命题为出发点的自然法理论并非核心情形的自然法理论，对于菲尼斯而言，自然法理论的核心情形在于证立一个绝对的道德规范的同时又能够应对其外在的批评，而不是必须把伦理命题建立在事实或形而上学的命题之上。因此，将事实与价值的分离作为证立自然法命题的工具来使用便是合理的。并且，这一批判暗含了这样的一种观点，那就是将"自然法"概念中的"自然"理解为"人性"。而我们也在第一章中指出了，哲学史上对"自然法"概念中"自然"的理解不是只有这一种，菲尼斯就认为"自然"指的是"理性的"（同时也是阿奎那的观点）。也正因如此，这一批判从根本上来说不适用于菲尼斯的理论。

---

① 吴彦主编《菲尼斯与新自然法理论》，商务印书馆，2020，第79页。
② John Finnis, *Natural Law and Natural Rights*, Oxford University Press, 2011, p.17.
③ John Finnis, *Natural Law and Natural Rights*, Oxford University Press, 2011, p.19.
④ 参见刘清平《自然法何以不自然？——菲尼斯自然法理论批判》，《南京社会科学》2020年第2期。

其次，第二种观点是针对菲尼斯理论自洽性的内在批判，诚然，这些论断似乎能够在菲尼斯的文本中找到依据，菲尼斯一方面宣称事实与价值的分离是逻辑上的真理①，另一方面又认为在两者之间存在"互动"②。更为具体地说，在"善"的来源问题上，菲尼斯一方面宣称"善"是无源出的、不证自明的，另一方面又指出"善"是建立在某种"属人事实"之上的。③然而，下文将指出，这两方面的表述是可以融贯地作出的，也就是说，"事实与价值的分离"与"事实与价值的依赖"两种表述是兼容的。就此而言，菲尼斯在事实与价值的关系论述上不存在内在矛盾，而是自洽的。

（二）事实与价值的"分离"与"统一"

应当如何理解菲尼斯所说的"从属人处境的事实无疑可以推出人们对属人价值和实践理性要求的基本评判"，又应当如何理解菲尼斯所说的"事实和价值之间存在一种相互依赖、相互补充的关系"？这两个命题真的和菲尼斯事实与价值二分的立场相悖吗？下面将针对这一批判为菲尼斯作出辩护，该辩护将指出，菲尼斯看似矛盾着的表述是可以融贯地作出的。

对于第一个命题的理解要从《自然法与自然权利》整体语境出发。综观整个文本，菲尼斯并非说我们可以"合法"地从事实推论出价值，而是说，实践把握到的价值可以和事实推论得出的"价值"在内容上保持一致。菲尼斯很清楚的是，通过事实的推论我们无法把握真正意义上的价值，这样的推论是"非法"的。然而这并不妨碍我们通过事实性的方法对实践把握到的价值进行外在的描述。事实与价值间的统一性可以参照亚里士多德的如下表述得到理解。在《形而上学》中亚里士多德如是说道："欲望与理性的基本对象相同。欲望所求为虚善，理性所求为真善。但思想既为起点；欲望自应后于思想，而思想故当先于欲望。"④也就是说，

① John Finnis, *Natural Law and Natural Rights*, Oxford University Press, 2011, p. 33.

② John Finnis, *Natural Law and Natural Rights*, Oxford University Press, 2011, p. 19.

③ 参见刘清平《怎样走出事实与价值的迷宫？——析菲尼斯自然法观念的内在悖论》，《贵州社会科学》2021年第2期。

④〔古希腊〕亚里士多德：《形而上学》，吴寿彭译，商务印书馆，1959，第274页。

通过欲望（事实性的）把握到的善与通过理性（实践性的）把握到的善在内容上是一致的，然而它们所依赖的原则是完全不同的。就如笛卡尔所认为的那样，一方面我们可以通过自身有限的存在发现无限的存在者，另一方面我们可以通过自身有限的完善发现至善，而无限存在者和至善虽然都是"上帝"①，却不是通过同一种方式被我们所把握到的。

这样一种理解模式的系统化可以在斯宾诺莎的形而上学构建中看到，在《伦理学》中，斯宾诺莎提出了一种独特的看待"思维"与"广延"关系的视角——思维与广延作为两个平行的、分离的独立序列都在各自的领域中表达着"实体"的内涵。具体来说，在思维与广延的关系上，一方面，斯宾诺莎承认它们是相互独立的两个系统；另一方面，斯宾诺莎并不否认它们之间不存在一致性，它们各自所代表的因果序列关系在各个环节上是一致的，哪里有物质哪里就有与其相一致的精神属性的存在。② 这样的一种理解模式能够帮助我们更好地解读菲尼斯事实与价值的关系，事实与价值虽然是分离的，但又是统一的。一方面，我们绝对不能从事实的领域推论出价值，事实与价值有着各自的逻辑和原则；另一方面，从事实的领域出发我们可以对实践上的价值进行外在的描述，从而达成在内容上的一致性，这也是菲尼斯为什么说"从属人处境的事实无疑可以推出人们对属人价值和实践理性要求的基本评判"。

关于第二个命题，当菲尼斯提出事实和价值之间存在一种相互依赖、相互补充的关系时，这并非说事实必须建立在价值之上，而价值必须建立在事实之上。就如亚里士多德所提出的，一方面可以通过欲求发现善，另一方面可以通过理性发现善，但前者是"虚善"，而后者是"真善"。这表明即使从事实出发推论出了"善"，这一"善"的发现在来源上也是不合法的，善的合法来源是实践理性而非思辨理性。实际上，当菲尼斯谈论事实与价值之间的一种相互依赖、相互补充的关系时，他所表达的是一种辅助性的"提

---

① 参见〔法〕笛卡尔《第一哲学沉思集》，庞景仁译，商务印书馆，1986，第49页。
② 参见〔荷〕斯宾诺莎《伦理学》，贺麟译，商务印书馆，1983，第60页。

示"（hint）关系，而非决定性的"推演"关系。亚里士多德曾以一种诉诸俗语的方式去寻找善——"（大家都会认为）谁也不愿意一生都处在儿童的心智阶段，即使他一直能从令儿童愉悦的事物中得到最大的快乐"①。据此，亚里士多德提出快乐并非幸福的来源。在《伦理学原理》中，菲尼斯对这一方法作出了极高的评价，这种方法不是告诉我们要用流俗的思维模式处理伦理学上深远的问题，而是在说，我们应留意"常言的经验"并将其作为提示，通过这一提示，我们能够更好地在实践中把握"善"。② 更进一步，事实因素的辅助作用也将在这一情形下展现出来：菲尼斯并非认为所有人都以同等的程度把握着"善"。实际上，对善的洞见可能需要很短的时间，也可能需要很长的时间，诸如有些人可能由于现实条件、疏忽和曲解等种种"经验性"的因素而在基本善的认知及追求上处于劣势③，而一些充分地具备理论知识以及现实条件的人便能更好地把握善。与此相应的，这种提示关系在"事实性"工作的进展中是同样存在的，只有我们对价值有一定程度的理解，我们才能在事实性工作上做得好。就此而言，当菲尼斯指出事实和价值之间存在一种相互依赖、相互补充的关系时，他所讲的是一种辅助性的提示关系，而非决定性的推演关系。

事实与价值的关系问题是菲尼斯重构自然法伦理学的根本问题。在这一问题上，菲尼斯所作的讨论是十分有意义的，他不仅通过这一论述回应了针对自然法伦理学的批评，还为我们提供了理解自然法伦理学的新的可能性。虽然菲尼斯的这一讨论遭到了学界的批评，但通过上文可以看出，菲尼斯的这些论述都是可以得到辩护的，总的来说，菲尼斯关于事实与价值关系的论述是自洽的。

三 自由主义色彩的自然法伦理学

虽然菲尼斯对自由主义者有着诸多的批判，但菲尼斯伦理思想仍然体现

① 〔古希腊〕亚里士多德：《尼各马可伦理学》，廖申白译，商务印书馆，2017，第295页。
② 参见 John Finnis, *Fundamentals of Ethics*, Georgetown University Press, 1983, pp. 17–18。
③ 〔英〕约翰·菲尼斯：《意图与身份》，徐航、王志勇、杨茜译，中国政法大学出版社，2016，第53页注释。

出极为浓郁的自由主义色彩。这不仅仅体现在他所提出的"辅助性原则"（共同善首要地体现为个人之善，而公共机构的唯一职能就是帮助个人实现自治）中，更为根本的是，菲尼斯承认了价值多元的立场，并且摒弃了传统自然法理论中的至善论以及宗教性的上帝因素（即在《政治自由主义》中被罗尔斯称为"综合性的哲学或宗教教义"理论①）。菲尼斯在重构自然法理论的过程中试图找到一条联结传统命题与现代语境的中间道路，其中最为重要的即将自然法理论和价值多元的立场协调起来。

（一）价值的多元主义

菲尼斯列出了七种基本善的目录，而这些善之所以是"基本的"，其恰恰在于每一个善都是终极的，并且彼此之间是不可通约的。因此，基本善理论不仅仅表达了善的多元含义，同时"多元性"就暗示了善之间是不可通约的，而不可通约性就意味着在诸基本善之间不存在一种优先秩序，也彼此不能衡量为更好或更坏、更多或更少，因此我们对诸基本善要一视同仁。就此而言，菲尼斯的自然法理论区别于传统的自然法理论。虽然阿奎那也提出了多种基本善的理论，然而在解释上，学者们一般认为阿奎那的基本善理论中存在一种优先性的秩序，这也表明，虽然在自然法的传统语境中，善可能有"多个"，但严格来说不是"多元"的，因为在传统的理论中依然存在一种压倒性的至善去统摄其他的善。

菲尼斯提出"基本善"这一概念，就已经暗示了他已经尝试摆脱传统自然法理论的"至善论"或"一元论"的语境，力图以一种更为宽松的方式去论证人类的目的所在。但是，菲尼斯的价值多元立场和罗尔斯等人的价值多元主义仍然有所区别，这体现在如下两个方面。

从第一个方面来说，菲尼斯虽然承认价值是多元的，但这些多元的价值并非罗尔斯等人所说的主观"理性偏好"，而是人类完满的客观方面。根据"核心情形分析法"，一个概念或一个理念能够以各种不同的方式加以实现，甚至是表面上看似完全不同的两种事态，背后可能是由同一个理念所驱使。

---

① 参见 John Rawls, *Political Liberalism*, Columbia University Press, 1996, p. 224。

在这无数种的实现方式中，存在一种最为理想、最为完善的核心情形，而一个理念下的一些边缘情形常常由于和核心情形的相似度较低而被认为是另外一种完全不同的事物。在"价值"的情形中同样如此。在自由主义者看来，两种不同的善观念，有可能仅仅是同一种价值的不同具体展现，因此，菲尼斯相信，"对我来说这七个目的似乎是人类行动的一切基本目的，而且结果可能会表明你我可能认可并追求的任何其他目的就体现在了这七个中的全部或者部分的某些方面，或者由其所构成"①。菲尼斯在此也提醒我们，要避免将自己对基本善的态度视为主观的，就如有些人可能将知识作为毕生的追求，而认为游戏、友谊等是不重要的，然而他不能据此否定游戏、友谊等不是客观上重要的价值。

从第二个方面来说，自由主义者所主张的一些"价值"并不能被还原为基本善。诸如罗尔斯将自尊视作一种基本善②，而在菲尼斯看来，尊严或自尊无非是伴随着基本善的实现以及无法实现而展现出来的附属品，就如"快乐"的体验一样，它们不是给我们提供行动理由的那一类事物，而是基本善实现以及无法实现的附带产物，"尊严不可能通过人类行动而直接得到实现或直接受到损害。然而，人的完善的各个方面一旦被破坏或丧失，人的尊严也会受到损害"③。

菲尼斯在重构自然法伦理学的过程中，已经调和了自由主义的多元价值立场和自然法理论的客观价值命题。菲尼斯表明，自由主义语境下的价值多元只是表面上的，各种各样的价值或者善观念都可以还原到一组确定的目录当中——基本善。菲尼斯的这一做法不仅避免了自由主义者对传统自然法理论的"一元主义"以及"至善主义"的批判，还使得菲尼斯的自然法理论明显地区别于传统的自然法理论而彰显出极为浓郁的当代色彩。

---

① 〔英〕约翰·菲尼斯：《自然法与自然权利》，董娇娇、杨奕、梁晓晖译，苏苗罕、张卓明统校，中国政法大学出版社，2005，第77页。
② 〔美〕约翰·罗尔斯：《正义论》（修订版），何怀宏、何包钢、廖申白译，中国社会科学出版社，2009，第48页。
③ 〔美〕杰曼·格里塞茨、〔加〕约瑟夫·波义耳、〔英〕约翰·菲尼斯：《实践原则、道德真理与最终目的》，吴彦译，商务印书馆，2019，第44~45页。

（二）对"善"的自由抉择

当菲尼斯承认有一组客观的善对所有人普遍适用时，他也强调了个人对自己的善的生活进行自由选择的重要性，当菲尼斯说存在七种客观的基本善时，他并非在说所有人对善的观念的选择都是以七种基本善为基础的，而仅仅是在说每一个人对善的判断都可以纳入七种基本善的范畴之中，在此，菲尼斯的论证再次体现出经验主义归纳式的色彩，基本善不是通过理论演绎被我们把握的，而是通过经验归纳被我们"洞察"的，因此对每个人而言什么样的生活才是理想的生活并不是一开始就摆在面前的，而是通过自己的自由选择确立起来的。就此而言，虽然菲尼斯强调了基本善是客观的，然而又强调了，我们通过自由的选择追求基本善。

自由意志（free will）一直是对菲尼斯而言比较重要的一个概念，其不仅仅体现在通过自由意志才产生了道德上的问题，也体现在通过自由意志，我们对人类完满有着自由的把握，诸如当一个人一开始不知道什么样的人生是有价值的时，通过对他自身实践经验的"洞察"（诸如对提问题的兴趣、对答案的渴望），他把握到了"知识"是未来人类完满的一种可能性并决心为之付诸行动，此时，友谊等价值并没有出现在他的审议当中，有可能，在这个人的一生中他都没有将友谊视作人生目标。另外，菲尼斯伦理思想中的主体是"个人"而非"共同体"。在个人与共同体的关系的议题上，菲尼斯也明显地与自由主义的理论相契合。"个体"的自我实现永远是菲尼斯伦理思想的主题，任何假设共同体有其自身目标的理论都是多余的，共同体的唯一职能就是帮助个人实现理性自治，这也是菲尼斯所提出的"辅助性原则"，在个人与共同体的优先性上，个人永远优先于共同体。

需要特别注意的是，即使菲尼斯与自由主义的观点有诸多契合之处，然而并不能将其视为自由主义者。在根本的立场上，菲尼斯的伦理思想是和自由主义的理论格格不入的。在否认存在唯一的至善的基础上，自由主义者否认了存在绝对的道德规范，而这一命题正是自然法伦理学所要证立的。自由主义的基本立场即将"善"和"正当"独立开来。这一对私人领域和公共领域划清界限的做法从根本上来说是将"正当"的道德内涵抹除，"正当"

不再是道德的正当，而是"允许"。① 在哈贝马斯看来，为了给个人的选择留下充足空间并且在善观念上保持中立，对伦理和道德作出区分是必要的，"伦理问题和道德问题指向的并非一个方向"②，说一个行为或观点是伦理的，在于这个行为或观点指涉的是人们如何看待自己的生活或想成为一个什么样的人；而说一个行为或观点是道德的，在于这个行为或观点的立足点是对他人的平等的尊重的意图。自由主义者将"善"与"正当"独立来看的做法在菲尼斯看来将导致一系列道德上的"恶"的出现，诸如在堕胎的问题上，哈贝马斯和罗尔斯会同意，"作为自由公民，在你自己的情况中，你无须运用（堕胎）的权利，但是你必须承认，在适用于我们中的其他人时，我们的法律是合法的"③。而根据菲尼斯的伦理思想，堕胎、同性恋等行为从根本上来说是一种道德上的恶，而绝非仅仅是个人的态度及追求。

综上所述，虽然菲尼斯的伦理思想体现出了一定程度的自由主义色彩，然而只能仅仅将其视为菲尼斯将传统自然法命题和现代语境"折中"的一种尝试，而不能将菲尼斯的理论与罗尔斯等人的理论混同起来，在根本的立场上，菲尼斯的伦理思想是和自由主义者的理论格格不入的。具体来说，在善与正当的问题上，菲尼斯虽然主张个人对善的选择和追求是自由的，但以一种道德上错误的方式去追求自己的善永远是不被允许的，其是一种根本的"恶"。

第二节 目的论与义务论的调和

一 "善"与"正当"间的弱联系

菲尼斯伦理思想的一个重要特征是试图将目的论与义务论两种理论形

---

① 参见 John Finnis，"Discourse，Truth，and Friendship，"in *Reason in Action*，Collected Essays，Vol. Ⅰ，Oxford University Press，2011。

② Habermas，"On the Pragmatic，the Ethical and the Moral Employment of Practical Reason，"in *Justification and Application*：*Remarks on Discourse Ethics*，trans. by Ciaran P. Cronin，Cambridge MIT Press，1993，p. 6.

③ 参见 John Rawls，"The Idea of Public Reason Revisited，"*University of Chicago Law Review*，Vol. 64，p. 798。

态调和起来。在对阿奎那的伦理学进行解读时，菲尼斯指出了目的论与义务论的区分不能够适用于阿奎那的理论。① 实际上，菲尼斯的伦理思想同样呈现出了调和两种理论的尝试，这首先体现在"善"与"正当"的关系中。在菲尼斯所构建的伦理体系中，"正当"的理论虽然建立在"善"的理论之上，然而两者的联系是以一种"间接"的方式存在的。具体来说，虽然菲尼斯的道德原则的提出以基本善为内容，然而道德的规范性要求和每一基本善之间并没有直接的联系，我们即使知道了什么是"善"，追求"善"的行动也不一定是正当的；善与正当之间存在一种间接的联系，道德原则所规定的正当性建立在对基本善的"整全性"理解之上，也正因如此，菲尼斯的伦理思想不是一种典型的"目的论"的思想。

（一）价值多元主义提出的难题

正如麦金纳尼所言，脱离了"目的"谈自然法是不可想象的，所有的自然法性质的伦理学都以一个或一组目的论的学说为根据，"毫无疑问，不可能在没有对终极目的的前述讨论下探讨自然法。自然法的训令一定与目的相关。就其本意而言，一条训令就是一项去做实现其目的的事情的命令"②。传统自然法理论确实是一种目的论，它包含了两个方面的因素——"目的"和"训令"，正如菲尼斯所指出的，自然法性质的伦理学在于给出一个行动上对错的标准，而为这一标准提供保障的，即"善"的理论。然而，作为目的论的传统自然法理论面临这样的一个困难，那就是预设了一个单一的人类目的，而由此就有了一个统一的行动标准，这一理论如何回应价值的多元事实呢？如果存在众多不可比较的"善"，那么何以能够有一个统一的行动上对错的标准呢？罗尔斯等人将"善"与"正当"独立开来同样是出于这样的考虑，如果存在众多的不可比较的善的观念，那么正当性的理论就无法建立在"善"的理论之上。

菲尼斯的伦理思想虽然是自然法性质的，但他的理论区别于传统自然法

---

① John Finnis, *Fundamentals of Ethics*, Georgetown University Press, 1983, p.84.

② 〔美〕约翰·戈耶特、马克·拉特科维奇、理查德·迈尔斯编《圣托马斯·阿奎那与自然法传统——当代视角》，杨天江译，商务印书馆，2015，第81页。

理论的一个关键之处即将"人类目的"视为多元的，因此菲尼斯的伦理思想不是一种"至善论"，这也可以视为菲尼斯将自然法命题与现代语境融合的一个尝试。那么，当菲尼斯接受了价值多元的立场和前提，是否意味着菲尼斯要接受罗尔斯等人所提出的"善"独立于"正当"的命题呢？如果将善视作独立于正当的命题，那么将会导致一种对"善"的破坏的行为是被"允许"的，这种做法将会偏离自然法理论的道德绝对主义的基本立场。因此，菲尼斯必须将自然法命题与"多元目的"结合起来，同时，要解决"善"与"正当"的关系问题。菲尼斯给出的方案是，虽然不存在一个唯一的至善，但这并不意味着不存在一个绝对的行动上对错的标准，正当性理论虽然无法从单一的基本善的命题中延伸出来，但可以从对基本善的整全性理解中延伸出来。这样，菲尼斯就在"善"与"正当"之间建立起了一种宽松的联系。

（二）"善"与"正当"间的间接联系

当用"正当"（right）一词去检视菲尼斯的伦理思想时，首先要明确的是，菲尼斯所讨论的正当是道德上的正当，而非一种合作体制下的正当；是康德伦理学意义上的正当，而非罗尔斯等人自由主义理论中的正当。如前所述，菲尼斯从根本上反对自由主义者对公共领域及私人领域的划分，这种做法的直接结果就是，"正当"的规范性要求将不是一种道德要求。因此，当菲尼斯讨论道德的规范性要求时，他指的即我们应该如何行动才在道德上是正确的。

正如众多学者所指出的，菲尼斯对于"道德"一词的使用有着极为浓郁的当代色彩[1]，菲尼斯将个人对基本善的追求仅仅视为前道德性的，而道德性则体现在自我实现与他人实现之间的关系中。这样的一种处理方式已经内在地包含了菲尼斯关于善与正当间关系的看法。具体来说，首先，"善"与"正当"间不存在直接联系，这是因为每一个善都是终极的，并且基本善之间不存在可通约性，我们不能从诸基本善中直接引申出"正当"的要

---

① 吴彦主编《菲尼斯与新自然法理论》，商务印书馆，2020，第56页。

求；其次，"正当"在内容上依赖于基本善的理论，二者不是以一种直接的方式发生关系的，道德要求建立在对基本善的整全理解之上，也正是通过菲尼斯所提出的诸种"中介原则"，"善"与"正当"之间才建立起联系。

总的来说，在"善"与"正当"关系的论述上，菲尼斯一方面采纳了康德式义务论的做法，将个人对幸福的追求与行动的规范区分开来，但是在另一方面，菲尼斯又与目的论有相似的地方，虽然善和正当有所区别，但不是无关的，两者不存在一种直接的联系，但存在一种间接的联系。从"善"的概念中无法直接引申出"正当性"要求，只有从一种对善的整全性理解的角度出发，才能在"善"与"正当"之间建立起联系。

二 在规范性要求中完善自我

传统的目的论伦理学与人性的话题之间保持着密切的联系，菲尼斯根据他的双重秩序理论站在对"人性"较为冷淡的立场，这不仅使其自身的自然法伦理学被批判为"没有自然的自然法"，还被霍尔指责为"已经摒弃了目的论"①。然而，正如威廉·梅为菲尼斯辩护时所指出的，菲尼斯所摒弃的是功利主义式的目的论，但仍然是对亚里士多德式的（同时也是阿奎那式的）目的论的延续。实际上，虽然一方面菲尼斯宣称自己的思想既不是目的论的也不是义务论的，然而在另一方面，菲尼斯的理论呈现出了兼具两者的特征。

（一）自我实现的多重面向

虽然菲尼斯的理论极大地依赖于阿奎那的伦理学，但是在构建上，如罗伯特·乔治所言，菲尼斯的方法论是亚里士多德主义的。② 虽然菲尼斯将德性视为次要的，并且反对从"功能"出发去讨论善，这使得菲尼斯的伦理思想与亚里士多德的目的论在众多细节上存在差异，但是在根本的问题上，菲

---

① 〔美〕约翰·戈耶特、马克·拉特科维奇、理查德·迈尔斯编《圣托马斯·阿奎那与自然法传统——当代视角》，杨天江译，商务印书馆，2015，第253页。

② Robert P. George, "The Achievement of John Finnis," in John Keown, Robert P. George eds., *Reason, Morality and Law—The Philosophy of John Finnis*, Oxford University Press, 2013, p. 1.

尼斯与亚里士多德保持着一致性，其不仅仅体现在将人类完满视作最高的伦理追求，更体现为通过对亚里士多德目的论的解读发展出一种多元目的论。

与传统的至善主义的目的论不同，菲尼斯的目的论是多元的，也就是说，人类存在众多终极目的。菲尼斯为什么要坚持这样的一种立场？除了回应价值多元主义的挑战之外，可能还在于对功利主义目的论的批判。菲尼斯一直将功利主义视作自己的主要对手，而功利主义就是一种至善主义的目的论，存在最高的善——最大多数人的最大幸福，然而这一命题预设了所有的价值都可以还原为一个单一的因素——"快乐"。这样的一种依靠技术性的"通约"手段构建起来的基本善将会导致一个道德推理的后果——所有的价值都可以按照一个因素去加以衡量，这样就有了"更多"和"更少"之间的比较，进而在具体情形中，可以为了较大的善而牺牲掉较小的善。在这样一种道德推理的形式中，不存在绝对的道德原则，也就是不与任何一种自然法理论兼容。

菲尼斯的目的论虽然借鉴了亚里士多德及阿奎那的理论，然而与这两位哲学家不同的是，在菲尼斯的理论中，他特别重视在个人追寻目的的活动与规范性的要求之间建立起一种联系。菲尼斯既主张每个人都以自身的善的实现而行动，同时又主张这样的一种活动应符合绝对性的道德要求。现在进一步的问题是，每个人在进行自我实现的活动时，应如何处理"利己"与"利他"之间的关系？

（二）"利他"与"利己"的消融

当菲尼斯采取一种目的论的视角去构建起自然法性质的伦理学时，除了明确地反对功利主义的那种目的论外，菲尼斯还必须回答这样的一个问题，那就是如何协调自我实现和规范性要求之间的关系，通俗来说，就是如何处理"利己"和"利他"之间的关系。在维奇看来，菲尼斯的伦理思想归根结底是一种"利他主义"（altruism）[1]，那在此是否意味着，按照菲尼斯所

---

① 参见 Henry Veatch, Joseph Rautenberg, "Does the Grisez-Finnis-Boyle Moral Philosophy Rest on a Mistake?" *The Review of Metaphysics*, Vol. 44, 1991, pp. 807-830。

提供的道德要求去进行的行动将是一种"舍己为人"式的单向度的利他活动呢?

实际上,为菲尼斯的伦理思想贴上"利他主义"的标签是不恰当的,在菲尼斯的文本中,自我实现、友谊以及正义三者是互相定义的。[①] 这样的一种互相定义可以通过三个方面得到理解。首先,根据菲尼斯的理论,一个人的首要的伦理追求是自我实现的活动,然而当我们把握到基本善时,便会意识到这一基本善不仅仅是被我所理解并追求的,其同样是那些与我有着相同的实践思维能力的人所能够理解并追求的,因此对他人的基本善的实现我们要同样尊重。其次,从"友谊"这一基本善来看,一个人的自我实现活动并没有脱离他人的自我实现活动,"友谊"是自我实现活动中的一个重要方面,而友谊正是建立在对他人基本善的实现活动的尊重及促进上,因此脱离了"利他"的自我实现不是一种完整意义上的自我实现。最后,菲尼斯反复强调在利他的活动中不存在"自我牺牲",这可以从两方面加以理解,一方面,对他人的关爱是我们的一种美好的"德性",因此当我们进行"利他"的行动时,实际上也是对自身的提升并帮助我们走向完善[②];另一方面,根据菲尼斯所设想的理想状态,当所有人都按照他所说的道德原则去采取行动时,每个人之间都建立起了一种友谊的关系,也即"我"是为了他者的善而采取行动,与之相应的,他者也是为了"我"的善而采取行动,因此按照这一原则,最终的理想状态是人类完满。

据此,菲尼斯实际上隐含地指出,在自我实现的最终要求之上还有一个更为高阶的要求,也就是成为一个"道德的人"。就如同菲尼斯在讨论幸福时所划分出的"完满的幸福"和"常人所能接纳的幸福"两个层次一样,似乎菲尼斯承认了"道德的自我"是最终的、理想的人生目标,这种做法

---

① John Finnis, "Discourse, Truth, and Friendship," in *Reason in Action*, Collected Essays, Vol. I, Oxford University Press, 2011, p. 48.

② John Finnis, "Reason, Authority and Friendship," in *Reason in Action*, Collected Essays, Vol. I, Oxford University Press, 2011, p. 622.

已经违背了菲尼斯在"基本善"与"道德"之间严格区分的立场了。菲尼斯一方面承认人的自我实现活动是一种道德无涉的活动，是在我们实践理性的指引下产生的自发性活动；然而在另一方面，菲尼斯将"友谊"纳入基本善的行列之中将会模糊基本善的实现活动与道德活动的界限，因为按照菲尼斯的说法，完满的友谊在于双方为了对方的善而行动，如果在自我实现的活动中我们都为了对方的善而采取行动，其本身就已经是道德意义上的活动了，而绝非仅仅是"前道德"的。

三 善良意志指向所有人的幸福

按照菲尼斯对自然法伦理学的宽泛理解，康德的义务论伦理学被菲尼斯视为一种自然法伦理学，因为其同样旨在提出一个绝对的道德规范。这就使菲尼斯的伦理思想呈现出了康德的义务论特征。确实，在《伦理学原理》一书中，菲尼斯不仅一方面通过康德的伦理思想反驳功利主义的通约策略，其还将康德的"人是目的"的道德命令同苏格拉底的"宁愿受过错之苦，也不愿做过错之事"的名言以及"目的不能证立手段"的命题一道视为自然法原则的经典表达。① 然而，虽然菲尼斯的伦理思想与康德的伦理学之间展现出了众多的契合之处，我们仍然不能将菲尼斯的伦理思想视为一种康德式的义务论，这着重地体现在，菲尼斯所理解的绝对性道德规范并不是和人类幸福相悖的，道德要求所指向的正是人类完满。

（一）善良意志的核心地位

菲尼斯的伦理思想区别于传统的目的论并与义务论相似的重要之处在于，其将善良意志摆在了核心的位置。如前所述，菲尼斯特别强调"自由意志"在个人完善和道德生活中的地位和作用，其不仅仅在于个人的自我实现、对基本善的追求是我们实践理性主动把握的结果，更在于我们通过自由意志的选择而负有道德上的责任，而善良的意志则是符合道德要求的意志。因此，菲尼斯等人说道："道德上良善的自由选择是人类个体的最高善

① John Finnis, *Fundamentals of Ethics*, Georgetown University Press, 1983, p. 59.

的本质属性；在这个意义上，我们的理论更类似于义务论的理论。"①

虽然菲尼斯和康德都将善良意志视为自身伦理体系的核心，然而两者却在以下几个方面表现出不同。第一，在善良意志的证立上，康德倾向于从人的理性本质的尊贵性出发将善良意志确立为一种至高无上的价值；而菲尼斯则基于事实与价值二分的立场，明确反对了这样一种从人类"独有功能"出发进行的推论。在论证上，菲尼斯先是确立起人类完满的道德理想，而后才对善良意志进行刻画。第二，在善良意志的运用上，康德似乎将善良意志的运用作为一种缺乏实质性内容的形式化运作，一个正当意志得以可能的条件似乎仅仅是一种形式上的可普遍化立法。这一点也遭到了菲尼斯的反对，在他看来，康德的实践哲学的总原则依然是"逻辑上的"，而非"实践上的"②，普遍立法的最终完成在于逻辑上的成立，只要我们能够在逻辑上"不矛盾"，那么这样的一个目的就是合法的。而在菲尼斯的理解中，如果我们无法通过实践理性确立一个确切的目的，那么我们不仅没有办法解释我们的行动（我们的行动将在某种程度上是缺乏意义的），而且这样一个实践理性的活动也无法给予我们以指引性，以使我们在行动中将实践理性的判断付诸实践。第三，与上述所密切联系的是善良意志的对象问题，在康德看来，善良意志即正当的意志，它不以某一具体的目的（善）为对象（按照康德的说法，如果以一个具体的目的为对象，一个命令式将不会是定言的，而是假言的③）；而在菲尼斯这里，善良意志是对所有基本善有着整全性理解的意志，它是有着实质性的内容的，这一点也是菲尼斯的善良意志理论和康德的义务论伦理学的根本不同之处，下文将详细展开论述。

（二）包含了"幸福"的善良意志

康德并没有将幸福作为善良意志的对象，对于康德而言，一个人出于道

---

① 〔美〕杰曼·格里塞茨、〔加〕约瑟夫·波义耳、〔英〕约翰·菲尼斯：《实践原则、道德真理与最终目的》，吴彦译，商务印书馆，2019，第9页。

② John Finnis, "Commensuration and Public Reason," in *Reason in Action*, Collected Essays, Vol. I, Oxford University Press, 2011, p. 236.

③ 〔德〕康德：《道德形而上学的奠基》（注释本），李秋零译注，中国人民大学出版社，2013，第32页。

德义务所作出的行动是摆脱了主观性欲望的行动，而幸福则是建立在主观欲望之上的一个非常具有不确定性的概念，因此在康德给出的义务论版本中，善良意志和幸福是两个相对的概念。与此种义务论不同的是，菲尼斯等人认为，"道德真理指引人的自由选择趋向于那些能够满足自然欲求的行动"①。菲尼斯所给出的绝对道德规范绝非仅仅是告诉我们应当如何行动，最为根本的，此种道德原则最终的目标在于所有人的自我实现，而这样的一种自我实现不是摆脱了"自然欲求"的自我实现。菲尼斯反复强调，我们对基本善的把握是基于我们对自身"自然倾向"的洞察，而幸福则是那种我们通过实现基本善而期望达到的理想的状态。就此而言，菲尼斯虽然同样以善良意志为道德核心，然而他所讨论的善良意志所指向的是基于人的自然欲求所来的基本善。虽然这样的一种做法会使菲尼斯陷入前面所说的从主观性欲望过渡到客观性善的困难，但在此，菲尼斯的做法可以被视为调和目的论与义务论的一种尝试，也正因如此，乔治在评价菲尼斯的伦理思想时指出，"与功利主义者相像，而与义务论者不同的是，菲尼斯认为伦理思考应该与人类幸福深深地联系在一起"②。

综上所述，菲尼斯的伦理思想是目的论与义务论的兼有，然而这样的一种兼有并非简单的拼凑与杂糅，而是对传统目的论与义务论的扬弃。与亚里士多德传统的目的论所一致的是，菲尼斯以人类完满为最终目的，而作为人类完满的各个方面的基本善则告诉我们哪些构成了我们幸福的客观方面；与传统的目的论所区别的是，人类存在多元的最终目的，并且在对多元目的的追求当中，要符合绝对性的道德规范。与传统义务论者所一致的是，菲尼斯将实践理性作为核心，坚守着人是目的的崇高理念，将道德规范视为任何事态下都不得违反的绝对律令；而与传统义务论者有所区别的是，实践理性的运作并非纯然"形式上""逻辑上"的，而是以具体的基本善为实质内容

---

① 〔美〕杰曼·格里塞茨、〔加〕约瑟夫·波义耳、〔英〕约翰·菲尼斯：《实践原则、道德真理与最终目的》，吴彦译，商务印书馆，2019，第 10 页。

② Robert P. George, "The Achievement of John Finnis," in John Keown, Robert P. George eds., *Reason, Morality and Law—The Philosophy of John Finnis*, Oxford University Press, 2013, p. 1.

的，并且，善良意志也不是与幸福相悖的意志，而是包含了人类完满的意志。

第三节　菲尼斯伦理思想的诸多难题

一　基本善的客观性难题

基本善理论是菲尼斯伦理思想的核心和基础，可以说，菲尼斯的伦理体系正是以基本善为前提进行的演绎所构建起来的。也正因如此，菲尼斯伦理思想的缺陷也集中地体现在基本善论证中的缺陷。可以说，基本善理论很好地展现了菲尼斯伦理思想的整体意图，通过对诸基本善的不可通约性的论证，菲尼斯表达了与功利主义的决裂的态度以及暗示了对康德式的绝对道德规范的追求；通过将朗尼根的认识理论运用到对基本善的认识当中，菲尼斯反驳了伦理学认识理论中的"事实—价值"的非法推论以及直觉主义；通过将上帝从人类目的中剔除，菲尼斯回应了对传统自然法理论的一个重要的挑战。总的来说，菲尼斯的这些论述都是极具针对性且富有启发性的，然而在一些具体的议题上，菲尼斯似乎仍然给读者留下了疑惑，其首要地体现在对基本善的客观性论证中。菲尼斯在这里似乎并没有完全地解决其中的两个难题：第一，如何从个人态度的主观性过渡到基本善的客观性；第二，基本善与人性之间的本体论秩序和认识论秩序何者更为优先。

（一）从"主观性"过渡到"客观性"的困难

维奇曾指出现代伦理学的一个主要特征即将"善"的话题从伦理学的讨论中排除，而将焦点锁定在"正当"的话题之上，原因在于，"我应当做什么"往往是可以普遍化的，而"我喜欢什么"则充满了主观性以及不确定性。① 维奇同时指出，这一论述的前提是将"善"理解为与主观欲求之间

---

① Henry Veatch, Joseph Rautenberg, "Does the Grisez-Finnis-Boyle Moral Philosophy Rest on a Mistake?" *The Review of Metaphysics*, Vol. 44, 1991, p. 812.

存在一致性，而如果将"善"理解为独立于个人的主观态度的话，那么将普遍性、客观性赋予"善"便是可能的，我们不仅可以在康德的伦理学中发现这样的一种善理论，还可以在摩尔的理论中发现这样的一种善理论。实际上，维奇表达了这样的一个观点，如果将善视作个人主观态度的产物，那么将不会有普遍与客观的善；相反，如果存在一种独立于个人的主观态度的善，那么它将是普遍的以及客观的。

在理解维奇这一论述的基础上，我们便可以发现菲尼斯基本善客观性论证中的第一个困难。菲尼斯向我们提供了一个"义务论"版本的道德原则——尊重每一个基本善，而这一道德原则成立的根基在于每一个基本善都是客观的、普遍的，但菲尼斯同时指出，这样的一种"善"又是建立在个人的"倾向"及"兴趣"之上的，我们对基本善的把握来自对我们每个人自身倾向的洞察，甚至有的基本善在我们主动理解、意识到它们之前就已经被我们不自觉地追求了。那么此时就出现了维奇所说的这一难题，如果基本善与主观态度有着直接的联系，那么基本善又何以是客观的呢？这里菲尼斯似乎陷入了进退两难的境地，一方面，如果将基本善视作独立于个人的主观态度的存在，那么要么像传统伦理学那样将"价值"建立在"事实"的基础之上，将善视作从形而上学或哲学人类学中推演出来的产物，要么像摩尔那样，将善视作通过直觉被我们所把握的，而这两种做法都是菲尼斯所极力反对的；另一方面，如果将"善"视作来自个人的主观态度，那么论证一组客观普遍的人类目的又何以可能呢？换句话说，一个自然法的根本命题又是何以可能的呢？这样做的一个直接后果是，如果将"善"视作主观态度所决定的，那么在诸种价值之间进行通约便是可能的，随即导致的便是在某些特定的情形，可以为了一种"更大的善"而牺牲掉其他的善，因此便不会存在菲尼斯所谓的绝对的道德规范。菲尼斯在此似乎陷入了功利主义的矛盾之中，一方面，从"个人"的角度出发，善是由个人快乐的态度所定义的；然而在另一方面，从"所有人"的角度出发，善则体现为最大多数人的最大利益，其又独立于我们个人的主观态度。

（二）"双重秩序"理论的困惑

菲尼斯提出"双重秩序"理论的主要意图在于反对事实与价值的混淆，然而这一理论似乎在善的客观性问题上给菲尼斯自身添了麻烦，该理论指出在善与人性两者之间存在两个不同的秩序：在本体论的秩序上，人性的本质建立起了潜能，潜能建立起了活动，活动建立起了目的；而在认识论的秩序上，我们要想认识人的本性，必须先认识行动，我们要想认识行动必须首先认识到目的。① 菲尼斯坚持在两种秩序中，认识论的秩序占据着优先性的地位，而本体论的秩序则是对认识论秩序在逻辑上的重现。根据这一解释，菲尼斯似乎是在说，并非我们普遍的本性预设了客观的基本善，而是客观的基本善预设了我们普遍的本性。

此时，我们再来看菲尼斯及新自然法学派在给出基本善目录时所反复表达的那样一个命题——"基本善是人类完满的各个不同面向，它们对应于人性所固有的各种复杂特征"②，当菲尼斯给出基本善的具体目录时，他是按照如下方式进行的，他说道："作为生命体，人类有如下的基本善……作为理性存在者，人类有如下的基本善……同时作为动物和理性存在者，人类有如下基本善。"③

在此，菲尼斯似乎在对"善"的解释上，又赋予了本体论秩序以优先性的地位，从我们的不同层次的本性出发刻画出不同的基本善。此时，就会有一个循环论证，菲尼斯强调，只有先在实践领域中找到基本善之后，才能够对人性有所演说。然而，在确定基本善的目录时，菲尼斯又以人性的理论为前提。实际上，这样一种寻找人类善的方式由阿奎那提出，但是可以确定的一点是，在阿奎那的文本中，这样一种人性论还是形而上学式的。菲尼斯的立场是事实与价值的分离，因此他不会承认阿奎那这种论证方式的合法

---

① John Finnis, *Fundamentals of Ethics*, Georgetown University Press, 1983, p. 21.
② 〔美〕杰曼·格里塞茨、〔加〕约瑟夫·波义耳、〔英〕约翰·菲尼斯：《实践原则、道德真理与最终目的》，吴彦译，商务印书馆，2019，第 30 页。
③ 参见〔美〕杰曼·格里塞茨、〔加〕约瑟夫·波义耳、〔英〕约翰·菲尼斯《实践原则、道德真理与最终目的》，吴彦译，商务印书馆，2019，第 31 页。

性。然而，他还是借助了阿奎那的论证方法，由此陷入循环论证的错误当中。菲尼斯如此论证的原因似乎是，如果将基本善的人性基础剥除的话，将会完全偏离托马斯主义的文本，而托马斯的自然法理论是新自然法学派的最为直接的来源。

更进一步的问题是，菲尼斯如果赋予认识论秩序以优先性，那么也就意味着在实践中识别出客观的基本善是最为优先的。根据菲尼斯的认识理论，人们对基本善的认识依赖于实践中对我们流露出的倾向的把握，那么这一倾向是人类的固有的属性内在于本性之中的吗？如果是，那么我们可以说，因为我们有共同的本性，所以基本善也是客观的。但是，这种论证无疑是从事实出发的推论，也因此是与菲尼斯的立场所不相容的；如果这些倾向不是人类固有的属性，而是每个人在生活中表现出来的、因人而异的话，那么便会出现上面所说的如何从"主观性"的欲望过渡到"客观性"的基本善的难题。

因此，"双重秩序"理论似乎给基本善客观性的论证造成了障碍，这体现在两个方面。第一，如何理解本体论秩序在识别客观的基本善中的作用？按照上面的分析，如果本体论秩序是认识论秩序的重现的话，那么本体论秩序便不是那么重要。既然如此，为何菲尼斯又按照本体论秩序来刻画出基本善？也可能正是由于这一模糊，让克劳和简·波特（Jean Porter）等人对菲尼斯发出了如下指责："让基本价值在形而上学上显得不可捉摸"以及"菲尼斯和新自然法理论家是赞同自然主义还是非自然主义观点尚不完全清楚"。[①] 第二，如果对基本善的把握来自每个人的实践生活，那么如何能够在每个人的主观把握之上达成客观的共识？这两个问题是菲尼斯有待回答的。

二 基本善的平等性难题

菲尼斯主张在诸基本善中不存在等级秩序，这一论证依赖于菲尼斯的

---

① 参见 Jonathan Crowe, *Natural Law and the Nature of Law*, Cambridge University Press, 2019, p. 16。

两个命题。首先，每一个基本善都是终极的，不会出现在其他基本善的推理序列中；其次，诸基本善之间是不可通约的，如果诸基本善是可以通约的，就意味着诸基本善可以在同一个单位上比较，也就可以衡量为更高或更低的价值，这样的做法将会导致如下后果：为了一种更大的价值而牺牲掉更小的价值的道德推理策略，这样的一种倾向将会直接威胁到绝对的道德原则。然而在具体论述中，菲尼斯似乎并没有处理好诸基本善之间的平等关系，这体现在如下三个方面。第一，生命似乎是一种基础性的善；第二，宗教似乎是一种整合性的善；第三，实践合理性似乎是一种工具性的善。

（一）生命作为基础的基本善

传统自然法伦理学一般将生命视为更为根本的善，这一点不仅可以在霍布斯以及洛克等人对自然法原则的阐述中发现，同样可以在对传统自然法理论反对者的意见中发现，哈特虽然指出了传统自然法理论的诸多弊病，然而他却承认了一种"最低限度的自然法"——"我们说某些行为在本性上是善的，指的是生存所需的，如果我们的思考到此为止，那么我们就会得到很薄弱的自然法理论：因为这观念最古典的解释就是将自我保存看作关于人类目的和善的错综复杂与争议性的概念中最底层的基底"[1]。虽然在菲尼斯看来，生命和其他基本善拥有着同等的地位，然而在表述上，菲尼斯似乎将其视为更为"基底"和"根本"的善。

在《自然法与自然权利》中，菲尼斯对"生命"是如此定义的："生命这一词语在这里是指使人处于自决的良好状态的活力的各个方面。"[2] 在这里，菲尼斯已经将生命视为条件性或者基底性的善，这是因为，菲尼斯所说的自决（self-determination）无非是说每个人在自我实现上的决定和选择，因此，这一表述可以被解读为，生命是为了使人能够进行自我实现活动而处于良好状态的善。这样一来，生命与其他的基本善相比似乎是更为优先的，

---

① 〔英〕哈特：《法律的概念》（第 2 版），许家馨、李冠宜译，法律出版社，2011，第 170 页。

② 〔英〕约翰·菲尼斯：《自然法与自然权利》，董娇娇、杨奕、梁晓晖译，苏苗罕、张卓明统校，中国政法大学出版社，2005，第 72 页。

因为它是我们追求其他基本善的基础。然而，菲尼斯可能会这样反驳：第一，有人可能并不将生命视为自我实现的目标，而将其他的基本善视为自我实现的目标；第二，可能有人一生仅仅将生命视为自我实现的唯一方面。然而，这两种可能的反驳仍然会给读者造成困惑，如果有人不将生命视为自我实现的一个可能性，而将其他的基本善视为自我实现的理想目标，那么稍加反思就会意识到这样一个问题，没有了生命我们如何能够追求其他基本善？不要忘记菲尼斯在论述基本善的划分依据时，是从"存在者"的层面进行的，如果一个人在生命的善上实现得不好，甚至放弃生命，那么它又何以能够被称为"存在者"呢？又如何能够拥有其他的善呢？另外，如果说有人一生仅仅追求生命的基本善，这实际上是不可能的，因为按照菲尼斯的理论，当一个人决定将生命视作人生目标时，他此时已经运用了"实践理性"的能力，也就是说已经实现了一种"实践合理性"的基本善。因此，一个人不可能脱离实践合理性的基本善而追求其他基本善，这时在生命和实践合理性这两种基本善之间仍然会存在第一个方面的问题，当一个人的生命受到了贬损时，又如何能够很好地使用实践理性的能力呢？

因此，在菲尼斯关于生命这一基本善的表述中，我们可以看出一种将其表述为条件性的以及基底性的善的倾向。除此之外，当菲尼斯将"人权"的解释仅仅限定在"生命权"之中时，同样的问题再次出现了，当菲尼斯说对人权的保障即对人的生命权的保障时，菲尼斯不是在一种宽泛的意义上使用人权的概念，而是在一种相对狭隘的意义上使用人权的概念，对人权的侵犯就是对生命权的侵犯。并且，当菲尼斯将"人权"的概念视为应用伦理的主要话题时，似乎对生命权的保护是在所有现实伦理难题中的一项最为迫切的要求，这不得不使读者思考，是否生命在菲尼斯的伦理思想中是更为重要的善呢？这也是为何罗杰·克里斯普对菲尼斯的基本善理论作出如下判断："生命的价值似乎并不存在于自身，而在于追求其他基本善。"[①]　诚然，

---

① Roger Crisp, "Finnis on Well Being," in John Keown, Robert P. George eds., *Reason*, *Morality and Law—The Philosophy of John Finnis*, Oxford University Press, 2013, p. 28.

将生命和其他基本善视为同等的将会违背我们的道德自觉，菲尼斯曾强调"思想试验"对于我们发现"善"是具有重要意义的，他也借助诺齐克"缸中之脑"的思想试验指出人类之善并不在于欲望上或者精神上的满足和体验。那么相似的，反对者会指出通过一个类似的思想试验，没有人会同意生命是和其他基本善同等重要的，这也是为什么自然法理论家在寻找客观的善的时候，会首先将生命作为确定的内容，不仅传统自然法理论家（洛克、阿奎那）是这么做的，现代的自然法理论家同样是如此做的，在克劳看来，"生命作为一种基本善是根基性的"①。

（二）宗教作为整合性的基本善

对于菲尼斯而言，宗教之所以是一种基本善在于，它是有限存在者与某种无限之间的和谐关系。对这一基本善的追求不仅是对"我们如此何以可能"的追问，还包括对"万物何以可能"的追问。因此，对宗教的追求即对赋予了万物（包括人）以秩序、真、善的存在的追问，虽然菲尼斯强调这一存在并不特指某一宗教中的"神"，然而这一存在的种种特征却恰好对应于基督教中"上帝"的种种特征，其中最重要的就是菲尼斯所说的"全善"的特征。一方面，菲尼斯说，在严格的意义上，上帝不是我们的最终目的；另一方面，在类比的意义上，我们可以说，爱上帝就是爱基本善，因为上帝作为赋予万物以秩序、真、善的存在，所有的善都在上帝那里充分的实现了。因此，我们想要追求所有基本善的实现，就意味着，我们在追求上帝。这样看来，对宗教这一基本善的追求实际上是对所有基本善的实现的追求，也就是说，对宗教这一基本善的追求可以还原为对最为理想的人类完满的追求，因此，宗教这一基本善似乎是一种整合性的善。

菲尼斯的这种处理方式不仅使读者对于其所使用的"宗教"术语感到困惑——指某种超验的存在者或秩序，却又不特指某一宗教中的"神"；还使宗教这一基本善在七种基本善中的地位显得令人困惑：一方面，菲尼斯将对超验存在者的追求视作与对知识、生命、友谊等基本善追求相等的，另一

---

① Jonathan Crowe, *Natural Law and the Nature of Law*, Cambridge University Press, 2019, p. 9.

方面，对超验存在者的追求似乎又暗含了对所有基本善的追求，因为所有的基本善都在这一至善中最为充分的实现了，如果是这样的话，那么又有什么理由将宗教的基本善视作与其他基本善有着同等的地位呢？

（三）实践合理性作为工具性的基本善

实践合理性作为一种基本善似乎在菲尼斯的伦理思想中有着独特的地位。菲尼斯强调事实与价值的区分，并在此基础上提出，对人类之善的把握不是思辨理性的推导过程，而是实践理性的。在菲尼斯的理论中，实践性地去把握基本善就是实践理性的运用。这意味着，实践理性对于菲尼斯的伦理思想而言是一个十分重要的概念，只有通过实践理性的功能我们才能够把握基本善。

根据菲尼斯的解释，实践理智能力便是实践理性在现实中的运用，它要求我们将思维中把握到的基本善落实在行动中。而当我们能够经常性地、成功地将基本善落实到行动中，我们就是在实践理智能力上运用得好，此时，就有了实践合理性这一基本善。菲尼斯多次明确强调这样的一个观点：实践理智的活动内在于我们追求所有基本善的活动中。换句话说，菲尼斯在此暗示我们所有的自我实现活动都是依靠实践理智能力来进行的。这让人不得不发出疑问，作为追求基本善的功能，实践理智的卓越发挥如何与其他基本善相平等。

从菲尼斯的整个理论构建来看，"实践理性"、"实践理智"和"实践合理性"的概念一直充当着"脚手架"，菲尼斯不仅通过这些概念构建起了他的基本善理论，还通过这三个概念（尤其是实践合理性）完成了从基本善理论到道德理论的过渡。这样的做法使这些概念的重要性远远超越了其他概念。那么，有什么理由将实践合理性视为和其他基本善同等重要的，这是菲尼斯有待说明的。

三　脱离"德性"的完善论

菲尼斯在一定程度上遵循着亚里士多德的方法论去进行伦理理论的构建，其不仅体现在对亚里士多德经验式的认识论的借鉴，还体现在通过对亚里士多德"目的"思想的解读构建起基本善的理论，更为根本地体现在将人类完满视作最终的伦理追求。但是与亚里士多德不同的是，在菲尼斯的文本中，自我实现似乎不在于"德性"（virtue）的养成，而在于客观方面的基本善的实现，这种做法使菲尼斯的伦理思想作为一种"完善论"而显得有些奇怪，其不仅偏离了传统的"完善论"的立场，还使菲尼斯在一定程度上偏离了阿奎那的基本立场，使一贯以来极大依赖于对阿奎那哲学解释的菲尼斯在这一问题的论述上显得无从考证。

（一）"德性"的边缘地位

菲尼斯自始至终都将"人类完满"视为自身伦理思想的拱顶石，然而与德性的完善论不同，菲尼斯谈及"德性"的场合却寥寥无几，似乎德性的养成对于菲尼斯而言不是人类完满的必要组成部分。虽然也有学者为菲尼斯的这一问题作出辩护，如威廉·梅曾指出，"格里塞茨以及菲尼斯等人确实肯定了道德生活需要德性，并且提供了一个关于德性的富有教义的探讨"①，然而总的来说，德性的话题处于菲尼斯伦理思想的较为边缘的位置，综观菲尼斯的论述，菲尼斯这么做似乎是出于如下两个考虑。

首先，"德性"的话题暗示着一种"中点"（meson）的方法论，而一种"中点"的事态就意味着不确定性及相对性，这种不确定性及相对性将无法与自然法理论的确定性以及绝对性命题相兼容。虽然亚里士多德在使用"中点"的方法论时，首要考虑的是个人自我实现层面的，但他也将此种方法论延伸到道德规范的问题上。一种较为普遍的观点认为，亚里士多德的伦理学中不存在绝对的道德规范，因为考虑到对"中点状态"的把握，道德判断只有在特定的情形下才有其真实性，那么按照这一方法论，就不存在绝对不变的、普遍的道德规范，在《尼各马可伦理学》中，亚里士多德确实有着如下似乎矛盾的论述，"所有的公正都是可变的，尽管其中有自然的公正"②。

---

① 威廉·梅：《托马斯主义自然法的当代视角》，载〔美〕约翰·戈耶特、马克·拉特科维奇、理查德·迈尔斯编《圣托马斯·阿奎那与自然法传统——当代视角》，杨天江译，商务印书馆，2015，第266页。
② 〔古希腊〕亚里士多德：《尼各马可伦理学》，廖申白译，商务印书馆，2017，第149页。

菲尼斯的道德理论建立在他的自我实现的理论之上，在此菲尼斯似乎有着一种担忧，如果自我实现的方面是不确定的话，那么就不会有客观的基本善，进而就不会有绝对的道德规范。并且，菲尼斯等人曾经指出，"德性"的话题往往暗示了一种特定的社会、文化及宗教中的生活方式，如果将此类德性视作人类完满的目标，那么将不会存在普遍的善——"伦理反思只有在如下情形之下才具有真正的益处：亦即它能够检讨并批判潜在于人们所普遍接受的德性和恶行之中的那些假设"①。因此，如果想要构建起一种健全的自然法性质的伦理学，那么就不能依赖于德性的理论。

其次，"德性"的话题暗示了一种从事实到价值的非法推论。在亚里士多德以及阿奎那的伦理学中，"德性"的目录分别对应于不同面向的"人性结构"，而这些不同面向的人性结构的功能如果能够发挥得好，那么我们就说一个人拥有了一种德性。菲尼斯反复强调应当避免这样的一种发现"善"的方式——从人类的功能出发进行的推论，这一点不仅体现在他反对麦金纳尼等人在解读阿奎那哲学过程中将"人类独有功能"视作出发点的做法②，还体现在他反对康德在寻找人类之善时过于依赖"理性的尊贵"的预设。③菲尼斯反复强调，伦理学的构建不依赖于人性的预设，因此，如果将建立在人性结构之上的"德性"视作人类完满的目标所在，那么此种做法将不可避免地被菲尼斯视为一种从事实到价值的非法推论。

（二）德性存在于"道德"领域

菲尼斯严格区分了"善"和"道德"，基本善不是道德价值，个人对基本善的追求也不是道德追求。道德性体现在采取什么样的方式将基本善现实化，如果以一种有意阻碍他人基本善的实现的方式实现自己的善，就是不道德的选择；相反，如果以一种尊重所有人的基本善的方式实现自己的善，就

---

① 〔美〕杰曼·格里塞茨、〔加〕约瑟夫·波义耳、〔英〕约翰·菲尼斯：《实践原则、道德真理与最终目的》，吴彦译，商务印书馆，2019，第87页。

② Norman Kretzmann, Eleonore Stump eds., *The Cambridge Companion to Aquinas*, Cambridge University Press, 1993, p. 202.

③ John Finnis, *Fundamentals of Ethics*, Georgetown University Press, 1983, p. 120.

是道德上良善的选择。与传统的德性论所不同的是，菲尼斯认为德性和个人完善之间不存在紧密的联系，个人的完善存在于七个客观的基本方面，而不存在于个人的品质之中。

菲尼斯强烈地排斥从"功能"出发去进行伦理学的构建，虽然这一做法是传统伦理学的主要的构建手段，然而在菲尼斯看来，这一做法偏离了他"事实"与"价值"严格区分的基本立场，因此，菲尼斯对于德性的理解便不是传统意义上的理解了。实际上，对于菲尼斯而言，德性无非是种种"性格特征"。如果"德性"不是一种功能的完善的话，那么这一德性就不是"中性"意义上的德性了。对于菲尼斯而言，德性需要按照道德的要求加以评价，一种严格意义上的德性一定是道德的德性——"德性是一个良善的人的完整人格的各个方面"①。道德的判断即完全的实践合理性的判断，而在德性和道德判断之间存在相互依赖、相互影响的过程：一方面，菲尼斯认为对德性的获得依赖于实践中道德选择的作出，当我们在实践中反复作出符合道德要求的选择时，我们就会逐渐形成性格上的稳定的特征；另一方面，德性也有助于我们在实践中作出符合道德要求的选择，真正的德性将有助于我们在选择中始终考虑到"整全性"，并且稳定的德性性格将有助于我们克服掉一些负面的情感性因素，由此引导我们作出道德上良善的选择。在此，菲尼斯对于"德性"一词的使用已经明显地区别于亚里士多德及阿奎那意义上的用法了。

总的来说，菲尼斯对于"德性"的理解已经不是传统意义上的了，它不是一种功能的卓越发挥，而是一系列符合道德要求的性格特征。从根本上说，德性和人类完满不存在必然的联系，德性不是我们的人生目标，只有基本善才是。这种理解下的德性就如"尊严"一般，不是一种"善"，它不提供给我们行动的理由，而是我们在实现基本善的过程中所获得的一系列品质，因此，德性对于菲尼斯而言似乎并非十分必要，而仅仅是一种"副产品"。

---

① 〔美〕杰曼·格里塞茨、〔加〕约瑟夫·波义耳、〔英〕约翰·菲尼斯：《实践原则、道德真理与最终目的》，吴彦译，商务印书馆，2019，第89页。

四 暗含宗教立场的道德理论

正如菲尼斯的基本善理论与形而上学之间的关系让人捉摸不透一样，菲尼斯对待道德理论和上帝之间的关系同样让人捉摸不透。一方面，菲尼斯宣称基本善理论和道德理论的证立绝不依赖于上帝的存在和意志；另一方面，菲尼斯的道德理论恰好与天主教的宗教观点相一致，这就不得不让人对菲尼斯发出质疑，他的自然法伦理理论是否暗含了他的宗教立场。

（一）人类完满的完美图景

菲尼斯的道德原则有消极和积极两种性质。从消极层面上说，菲尼斯禁止我们在实践推理中以一种意图他人基本善的损害的方式进行考量；从积极层面上说，菲尼斯主张我们在实践推理中应当保持与人类完满相一致的愿望。从这一点上说，菲尼斯的道德理论与阿奎那的道德理论保持着相当的一致性。在菲尼斯的解读中，阿奎那的首要道德原则是像爱自己一样爱自己的邻人。而这一道德原则的最终理想状态是人类完满的完美图景。这就不得不让人质疑，这样的一种图景为何带有这么浓烈的宗教色彩？菲尼斯对道德原则的这两方面表述分别在不同的层面与基督教哲学中的道德原则相契合：从消极层面来说，禁止意图他人基本善的损害这一道德原则与"己所不欲，勿施于人"的黄金规则有着高度的相似性，菲尼斯也在一些场合中将黄金规则视为道德原则的具体表述[1]；从积极层面上说，正如阿什利在解读阿奎那伦理学时指出的，"阿奎那所说的所有的基本善都指向了人生的终极目的——所有人与上帝在上帝之城的结合"[2]。也就是说，实际上阿什利将人类完满视为在宗教性的"目的王国"中才可以实现的事态。而菲尼斯虽然承认在人类完满中不存在"超验"因素，但菲尼斯又倾向于认为，将"上

---

[1] John Finnis，"Commensuration and Public Reason，" in *Reason in Action*，Collected Essays，Vol. I，Oxford University Press，2011.

[2] 参见〔美〕约翰·戈耶特、马克·拉特科维奇、理查德·迈尔斯编《圣托马斯·阿奎那与自然法传统——当代视角》，杨天江译，商务印书馆，2015，第221页。

帝"视为我们的"理想目标"能够更好地整合我们的生活①，在这一点上菲尼斯似乎是同意阿什利的观点的。

因此，菲尼斯在构建自己的伦理学体系时似乎没有完全摆脱宗教的语境。原因似乎不是克劳所说的，"是为了回答自然法原则从哪里来的问题"②。菲尼斯在自然法原则从何而来这一问题上是明确的，自然法原则无非是我们实践性思维的运行规律。答案应该是，菲尼斯以及格里塞茨等人在宗教以及"上帝"那里看到了他们的基本善理论以及道德理论能够得以完满表达的理想原型，因此似乎可以被作为一种"辅助性原则"来论证如何可以更好地追求基本善和做道德上良善之人。具体来说，虽然菲尼斯承认，每个人对基本善的把握都是建立在对自然倾向的把握上的，而在有限的存在者的心灵中不存在一种超验的自然倾向，因此，上帝并非我们实质上的最终目的。但是，菲尼斯却肯定了上帝作为理想的模型有助于我们更好地进行自我实现活动和道德活动，菲尼斯似乎认为，一个认真地思考宗教的人，会更有可能成为道德上良善的人，这也是为什么菲尼斯等人说，"仅只有宗教承诺才能够整合整个道德上良善的生活"③。

（二）解决道德难题的宗教立场

菲尼斯不仅提出了宗教性的普世道德原则，还在几乎所有争议性的道德难题上都与保守的天主教立场保持了一致，因此，我们似乎有理由质疑菲尼斯是不是先接受了宗教性的立场，而后才开启自身的伦理体系构建的。

菲尼斯的伦理思想虽然呈现出一定程度的自由主义色彩，然而在一些具体事宜上，菲尼斯的观点则是完全站在了自由主义的对立面，这体现在他对

---

① 参见 John Finnis, *Fundamentals of Ethics*, Georgetown University Press, 1983, p. 147;〔美〕杰曼·格里塞茨、〔加〕约瑟夫·波义耳、〔英〕约翰·菲尼斯:《实践原则、道德真理与最终目的》，吴彦译，商务印书馆，2019，第 105 页。

② Jonathan Crowe, *Natural Law and the Nature of Law*, Cambridge University Press, 2019, p. 3.

③ 〔美〕杰曼·格里塞茨、〔加〕约瑟夫·波义耳、〔英〕约翰·菲尼斯:《实践原则、道德真理与最终目的》，吴彦译，商务印书馆，2019，第 121 页。

堕胎、同性婚姻及婚前节育等一系列问题的看法上。① 菲尼斯虽然承认了善是多元的，并且个人对善的选择是自由的，然而在更为重要的意义上，菲尼斯认为以一种道德上的错误的方式去追求"善"在根本上是"不正当的"。因此，菲尼斯在根本的立场上与自由主义者之间有着极大的不同——正当不仅仅是"允许"或"容忍"，而是被道德所评判的。菲尼斯试图通过一种哲学的论证方式去维护他所暗含的宗教性的立场，在这一点上，菲尼斯似乎在做与阿奎那同样的事。那么，当菲尼斯没有明确地借助宗教的视角时，我们如何能够评判菲尼斯的道德论述中暗含着对特定宗教的偏爱呢？这体现在如下做法上：当菲尼斯一般性地讨论道德原则时，菲尼斯将道德问题置于对基本善追求的"方式"或"手段"的选择中，并且承认"意图"在一个行为的道德判断中占据着核心的位置，并且在"人权"的理论中，菲尼斯将人类平等的基础落位于对基本善追求的能力上的平等，这些论点从一般来看都是没有问题的。问题出现在，当菲尼斯将这些道德命题引申在一些争议性较强的话题上时，菲尼斯的道德理论似乎已经不适用于这些具体的事例了，这时他仍然以一种牵强的、不自然的方式去为其进行辩护，并最终得出与天主教观点一致的结论。

下面将通过两个事例来说明这一点。第一，在堕胎这一事例中，菲尼斯并没有充分地解释如何将追求基本善的能力赋予胎儿，这一点很关键，因为这是胎儿能够享受平等待遇的基础。菲尼斯仅仅是从"潜能"与"现实"的角度出发去进行论证的，然而这一论述却是牵强的、不严密的。虽然我们同意，"潜能"是从"现实"的角度来加以理解的，然而当"潜能"没有得到现实化、展现出来之前，我们如何说这一胎儿有追求基本善的能力呢？菲尼斯似乎在此更进一步退缩到了"基因"的层面去支持上述说法——因为胎儿已经包含了作为人类的完整基因，所以胎儿势必在未来拥有追求基本善的能力，因此我们可以合理地预设胎儿拥有追求基本善的"潜能"，然而

---

① 具体参见〔英〕约翰·菲尼斯《人权与共同善》，娄曲亢译，中国政法大学出版社，2020，第五部分及第六部分。

这种说法不是菲尼斯所谓的从"事实"到"价值"的非法推论吗？在此就能发现，当菲尼斯试图将他的道德理论运用到"堕胎"这一话题上时，这一难题中的各个环节和因素已经无法很好地适用于他的道德理论了，当菲尼斯仍然以一种牵强的、不严密的方式将他的道德观点强加于道德难题之上时，我们就有理由认为菲尼斯实际上是在表达自己的宗教观点。第二，在同性婚姻这一事例中，菲尼斯在他晚期的论文中指出，这一行为之所以在本质上是错的，就在于它违背了婚姻的基本善。① 然而，婚姻的基本善并没有出现在菲尼斯的基本善目录中，并且菲尼斯承认，"我在很晚才开始把婚姻理解为一种人类的基本善"②，作为阿奎那的忠实追随者，菲尼斯不可能忽略阿奎那伦理思想中"婚姻"是多么重要且基本的一种善，然而在早期的著作中，菲尼斯对这一善却缺乏了足够的重视，这也表明菲尼斯似乎是为了回答论证同性婚姻为什么是错的，而后再着手修订自己的基本善理论。

罗伯特·乔治在评论菲尼斯的哲学成就时指出，"菲尼斯运用信仰和理性两个翅膀追求真理"③。虽然在他看来，菲尼斯是在一种相互独立的方式上运用"信仰"和"理性"的，然而通过分析可以发现，无论菲尼斯试图怎样为自然法伦理学祛魅，宣称伦理学科有着自身的第一原则，其并不与上帝或宗教相联系。但是从实质上说，菲尼斯的伦理思想仍然蕴含了一种宗教性的立场，他的道德命题仍然支持了宗教性的教诲，在这一点上，菲尼斯与阿奎那的做法相当一致——为一种宗教性质的伦理学披上"理性"的外衣。

第四节　菲尼斯伦理思想的现实意义

一　丰富了"人权"理论的内涵

"人权"首先是权利的一种，而从权利概念来看，这样的一种特殊的

---

① 〔英〕约翰·菲尼斯：《人权与共同善》，娄曲亢译，中国政法大学出版社，2020，第121页。
② 〔英〕约翰·菲尼斯：《人权与共同善》，娄曲亢译，中国政法大学出版社，2020，第20页。
③ Robert P. George, "The Achievement of John Finnis," in John Keown, Robert P. George eds., *Reason, Morality and Law—The Philosophy of John Finnis*, Oxford University Press, 2013, p. 8.

权利是"自然权利"而非"法定权利",这样的一种权利被认为是普遍地存在于人类社会中,不受法律、政治因素的制约。在人权的论证上,以往对人权的论证常常从自然法（传统的自然法与上帝保持着密切的联系）及人类的共同本质出发,而菲尼斯对人权的论证则不诉诸这两个前提。菲尼斯的人权理论与他的基本善理论有着直接而密切的关系,而基本善在来源上既非"上帝"赋予,也不是从人性出发的推论,纯粹是在生活的实践中被我们认识到的,而与此相关的,菲尼斯关于人权的论证也与传统上不同。并且,一般而言,"人权"都是以消极性的规范性要求得以表达的,在这种表现下,人权表现为"不受他人干涉"的权利,而在菲尼斯的表述下,道德原则不仅有着消极的性质,还有着积极的性质,它不仅告诉我们不要侵犯基本善（人权）,还告诉我们应当促进基本善（人权）的实现,在这个意义上,菲尼斯笔下的"人权"所表达的不仅是一项消极性的要求,同时还是一种积极性的追求。

（一）"人权"论证中的另辟蹊径

"人权"的概念是一种现代化的表达,在历史上,有着与其几乎相同的几种其他方式的表达,如"天赋人权""自然权利"等,这些概念都表达了同一个意思,人类存在一种根本的、不可被剥夺的权利。这样的一种权利由何而来呢？从近代政治哲学家的著作来看,这样的一种权利立足于人类的本性,并且,对这一权利的保障通常被认为是自然法的表达,而自然法又与上帝保持着密切的联系,这就表明近代语境下的"人权"概念常常与"人性"、"自然法"以及"上帝"之间保持联系。一个最为典型的例子就是格劳秀斯的自然权利理论,在格劳秀斯看来,人类有着一种自我保存的本性,并且根据这一本性我们享有自我保存的自然权利,并且这样一种自然权利的最终根据在于上帝。[①]

这样的一种论证人权的方式往往被批判为"虚构"或"宗教性"的,

---

① 具体论证参见 Hugo Grotius, *The Rights of War and Peace*, Book1, edited by Richard Tuck, Liberty Fund, 2005, pp. 91-92。

因为它往往依赖于对人类本性的假设以及带有浓厚的基督教色彩。而菲尼斯的人权论证则不依赖于这两个前提，对于菲尼斯而言，人权无非就是诸基本善，也就是说，人们根据诸基本善而享有人权。而在基本善的论证中，菲尼斯提出了两种秩序理论，从认识论的秩序出发，我们先是认识到了基本善，而后才对人性作出说明。这也就是说，只有我们先把握到人权的内容是什么，我们才能够对人性作出说明，这样的一种人权理论的构建方式颠倒了传统中"人权"与"人性"的关系。并且，基本善虽然构成了自然法的内容，然而菲尼斯的自然法理论并不依赖于上帝的意志或宗教性的因素。正是这两点使得菲尼斯在人权的论证上，呈现出了与传统论证的不同。

菲尼斯的这一论证有何优势？在菲尼斯的理论中，他从两个方面来划分基本善，一种是从人类本质的不同层次出发进行划分，另一种是通过经验式的归纳法，或者说人类学的调查研究法去发现那些贯穿于时空中的对人类持久有益的事物。而根据菲尼斯提出的双重秩序理论，我们可以将第一种方法视为本体论意义上的方法，而将第二种方法视为认识论意义上的方法。也就是说，只有我们先在实践中发现了那些根本上对人类有益的事物，我们才能言说我们的本性，并将基本善和我们的本性联系在一起。也正是基于此，菲尼斯似乎认为，我们对"人权"概念的解释，既不依赖于哲学上的论证，也不依赖于特定的宗教或神，而依赖于对实践中、社会中那些对人类根本有益的事物的关注。传统论证将会产生两个方面的困难：第一，传统论证将人权与人性联系在一起，而关于人性的话题有着诸多的哲学论争，如何在这诸种观点中找到一组普遍确定的人权概念是一个问题；第二，传统上对于"人权"的论证有着浓厚的西方哲学语境及宗教色彩，像自然法、上帝这些概念并未出现在其他社会、宗教的话语体系中，这就产生了一个问题，如果"人权"是一个普遍的概念，那么为何其他民族、其他宗教要认同以"自然法"或"上帝"为依据的人权理论。实际上，《世界人权宣言》在编纂之前专门成立了专家委员会，来为人权概念作哲学上的论证。该委员会在向各个国家和宗教团体进行咨询时，竟然发现，虽然有着不同的文化、政治、宗教的背景，然而却最终能够在人权的内容上达成普遍的一致。虽然有些国家和宗教没有明确地使用"人权"的概念，但有着相同意义上的表达。这也表明，对人权的论证不需要通过哲学上的论证达成共识。[1] 总的来说，菲尼斯在人权的论证上，在一定程度上消除了传统论证中的这两个方面的困难。

（二）"人权"概念的积极指向

在权利概念的历史中，"人权"概念往往在消极性的规范要求中呈现给我们，如在近代的政治哲学家看来，天赋人权或自然权利首要地体现为个人免于遭受他人侵害的权利，格劳秀斯就认为，"所有人根据自然享有防止受到伤害的反抗权"[2]，洛克同样认为，"人们既然都是平等和独立的，任何人就不得侵害他人的生命、健康、自由或财产"[3]。而在现代的《世界人权宣言》中，对人权的表达有两种方式，一种是"人人有权……"，而另一种是"任何人不得……"，然而在这两种表达方式中，所使用最多的就是第二种表达方式。

菲尼斯的人权理论和上述理论相同的是，它们共同地将"人权"视为是一个人最为根本的利益，绝对不能被侵犯。但是，不同的是，根据菲尼斯的理论，当我们谈论人权时，不仅包含着不能侵犯人权的消极性要求，还有着应促进人权实现的积极性要求。菲尼斯所理解的人权在内容上就是诸基本善，而我们在前面谈到了，基本善无非就是人类完满的各个方面，而道德规范建立在基本善的内容之上，并且有着积极的面向和消极的面向。这也表明，根据菲尼斯的理论，人权的概念不仅表达了我们不应当侵犯人权（不应当有意阻碍基本善的实现），还表达了我们应当积极促进他人人权的实现（意愿人类完满）。正因如此，菲尼斯的人权概念似乎在内涵上要比传统意义上的人权概念要更为宽广，它不仅表达了一项消极性的规范性要求，还表

---

① 相关论点参见化国宇《人权概念需要统一根基吗？——〈世界人权宣言〉起草过程中的宗教和哲学论争》，《政法论坛》2020 年第 5 期。

② 具体论证参见 Hugo Grotius, *The Rights of War and Peace*, Book1, edited by Richard Tuck, Liberty Fund, 2005, p.338。

③ 〔英〕洛克：《政府论》（下篇），瞿菊农、叶启芳译，商务印书馆，1982，第 4 页。

达了一种积极性的促进的愿望。

正如诸多理论家所指出的，当代人权理论的复兴与自然法理论的复兴有着密切的联系（著名的自然法学者马里旦就曾积极地参与到《世界人权宣言》的论证和制定当中），这是因为，自然法理论中的自然权利是先于任何特殊的政治体制、法律及宗教的权利，只有这样的一种权利才是绝对的权利，才能构成绝对不可侵犯的基础。菲尼斯的人权理论虽然也是自然法性质的，但是菲尼斯在对自然法理论的改造过程中克服掉人权论证上的一些理论困难，并且适度丰富了人权概念的内涵，具有一定的现实意义。

二 法律应为人们的福祉而存在

当我们谈论到自然法理论时，我们既可以指伦理的自然法理论，也可以指法律的自然法理论。菲尼斯的法律的自然法理论是他的伦理的自然法理论的延伸，并且是他的伦理理论的现实化应用，在这一点上，菲尼斯和阿奎那的看法一样，认为法律无非是在现实中引导、保障人们实现基本善的一种体系。一般来说，法律的自然法理论关注的核心问题是法是否需要道德来证成。而在这一问题上，菲尼斯所给出的答案既不同于分析实证法学派的理论同时也和传统的法律自然法理论有所区别，同他的导师哈特一样，菲尼斯尝试用一种温和的折中方式去化解两种矛盾的对立，然而两者的不同在于，在哈特的观点中，虽然道德和法律存在某种关系，但这是一种外在的偶然关系，在法律和道德之间仍然存在明确的界限。菲尼斯通过核心情形分析法将两种理论内化为了一个体系，并且着重强调了这样一个观念——法律应当为了人们的福祉而存在。

（一）调和分析实证法学与自然法学

自韦伯宣告了社会科学的价值不涉理论之后，分析实证法学派开始迅速崛起，并长期统治了西方的法学界，其代表人物无一不是法理论的大家，诸如奥斯丁、凯尔森以及拉兹。从整体上说，分析实证法学派都坚持着这一立场，法律和道德有着明确的界限，法律的存在是一回事，而对他的批评或评价则是另外一回事。而法律的自然法学派则有着悠久的历史，在近代以前，凡是讨论法学的理论家都首先是哲学家或伦理学家，因此，它们预设了法律应该符合道德上的标准才能够称为法律，这种理论我们可以在西塞罗、阿奎那、格劳秀斯等人的著作中看到。在分析实证法学派占据主流后，自然法学派自二战结束后重新崛起，代表人物有马里旦、拉德布鲁赫、富勒等。从整体上说，自然法学派都或多或少地坚持这样的一个立场，法律需要以道德为依据，由此产生了"恶法非法"（lex iniusta non est lex）的命题。

在上面关于分析实证法学派和自然法学派的一般性概述中，并没有出现哈特及菲尼斯的名字，这是因为，这两个理论家在这一争论中并没有固守于一端，而是尝试将两种理论融合起来。也正因如此，需要注意到，虽然一般我们将哈特视为分析实证法学派的一员而将菲尼斯视为自然法学派的一员，然而两者的理论还是和传统上的论述有所区别。对于哈特而言，他在处理法律和道德之间的关系时展现出了一种矛盾的态度，他一方面将自然法理论斥为"过于形而上学""做梦"，但他在另一方面又宣称法律和道德存在某种关系，这不仅体现在他认为没有一个道德上有缺陷的法律能够长存，还体现在他承认了一种"最低限度的自然法"①。这表明哈特已经想要调和分析实证法学和自然法理论之间的努力，然而从根本上说，哈特最终还是倒向了分析实证法学派，因为在这种阐述下，法律与道德的关系只是一种外在偶然的关系，而不是一种内在必然的关系。

在法律与道德的关系上，菲尼斯的理论则是对哈特理论的进一步推进，法律和道德的关系不再是一种外在偶然的关系，而是一种内在必然的关系，法体系的核心一定是道德，但是这并不意味着法律不能从社会事实中获得效力，就此而言，法律既有着事实上的效力，又有着道德上的效力。实际上，在现代，法哲学家往往以一种实证主义的态度对自然法学者加以批判，由此造成自然法学说和实证主义的对立。然而，在菲尼斯的视野中，实证主义以及自然法学说的对立是不存在的，一个健全的自然法的法律理论既包括将法

---

① 参见〔英〕哈特《法律的概念》（第 2 版），许家馨、李冠宜译，法律出版社，2011，第170 页。

律体系诉说为以实践理性的指引性为内容，也将法律体系诉说为有纯粹的事实上的来源的命题。因此，法律实证主义对自然法理论的攻击实质上是不存在的。只不过，法律的自然法理论区别于法律实证主义的地方在于，法律不应当单单从社会事实中寻找权威的来源，同时更应该在伦理反思中寻找来源。并且与哈特将法律的事实渊源视为法律权威的核心来源相反，菲尼斯将伦理反思中所确认的善以及实践理性作为法律权威的核心来源。因此，在菲尼斯的视角中，一个法律从两方面获得其效力或者权威，一方面从其作为一种纯粹的社会事实获得效力，另一方面从其作为能够指引人们追寻善的规范中获得效力。而在两种效力之中，后者是法律体系的核心，因此，法律从根本上而言是为了实现"善"。由此出发的一个特殊命题即"恶法非法"的命题，当我们说到"恶法"时实际上已经在指这样的一个"恶法"是"法"，这是就其存在的事实上的效力而言的；而当我们说这样一个法"非法"时，我们不是说这样的一个法不是一种"法"，而是说这样的一个"法"不是核心意义上的法，而是法的一种歪曲及败坏，是法的一种边缘情形。因此，虽然它具有事实上的效力，却不具备伦理或道德上的效力。

（二）"恶法非法"命题中的伦理精神

在"恶法非法"这一争议性的话题上，我们为什么要采纳菲尼斯的解释？菲尼斯解释的优势体现在如下两个方面。第一，菲尼斯的解释化解了分析实证法学和自然法理论的矛盾，菲尼斯实际上将两种理论流派融为同一体系，菲尼斯的法律的自然法理论既包括分析实证法学的命题，同时包含自然法学派的命题，他既主张法律因其事实渊源而具有强制力，又着重强调法律的核心情形应建立在道德的基础之上，脱离了此基础，法律便会是扭曲的法，是法律的边缘情形。第二，菲尼斯的论述贯彻了核心情形分析法，而哈特虽然十分强调这一方法，但是在法律与道德的关系这一话题上，没有贯彻该方法。哈特在提出核心情形分析法时，他所强调的是要区分出一个概念的核心含义和边缘含义，并尝试在一个更为包容的范围内去理解一个概念。然而如果哈特能够将核心情形分析法贯彻到底，他肯定不会得出这么一个结论——"自然法学者在做梦"。实际上，在哈特心中，他已经将法律的核心情形理解为建立在事实渊源上的法，并且，不假思索地将自然法理论从法学中剔除。这样的一种做法已经违背了他自己所一直使用的核心情形分析法，他应当承认的是，即使自然法学派的理论并非解释法律的核心理论，然而作为解释法律的一种方式（情形），它也不至于被批判为"一个非常简单的谬见"。

菲尼斯对于"恶法非法"命题的阐述，实际上表达了这么一个伦理命题，法律应当指引人们实现自身的福祉。就如在第一章中所讨论过的，菲尼斯所理解的"法"不是奥斯丁、凯尔森所理解的法，法不是外在的强制，而是指引性的规则，也就是说，法律必须能够被人们所主动认同并加以适用。这时，我们会发现，菲尼斯对"法"的理解实际上暗含了他对"善"的理解，菲尼斯将"善"理解为行动的理由，意味着"善"具有一种指引性的力量，能够激发人们去行动。因此，当我们谈论菲尼斯的理论体系时，应当注意到，实在法（positive law）和自然法（natural law）中的"法"（law）具有相同的内涵，都指的是一种指引性的规则。当菲尼斯说，一个道德上有所缺陷的法律虽然具有事实上的强制力，却失去了道德效力时，菲尼斯是在说，这样的一个法已经失去了它的"指引力"，而指引力即法的核心内涵，因此，失去指引力的法严格意义上来说不是法。这也解释了为什么法律应当为了人们的福祉而存在，如果法律不是指向了"善"的法则的话，那么这样的一种法又如何能够具有指引力呢？这样的一个法又如何能够被人们主动认同并加以遵循？建立在这种法律之上的法治又如何能够长久呢？分析实证法学派希望将法律的存在和法律的评价这两个方面区分开，但是他们忽略了重要的一点，法体系或法治是为了遵守他们的"人们"而建立起来的，如果法体系或法治不能够反映人们的追求，成为人们行动的理由的话，这样的一种法体系又有何存在的必要呢，也正是在这一点上，富勒将法治视为一种"协作的事业"，以此表明，应当将道德因素纳入法体系当中。

总之，菲尼斯关于"恶法非法"的论述不仅将分析实证法学的理论和自然法学的理论融入一个体系当中，更为重要的是，菲尼斯通过这一命题表达了这样一个伦理精神——法应当为了人们的福祉而存在，只有如此，一个法才能具有指引力、才能被人们主动接受并加以遵循，法治才能够得以有效运行。

三 坚守"刺猬的正义"

古希腊流传着这样一句诗，"狐狸知道得很多，但刺猬只知道一件大事"，这样的一句诗后来被人们熟知，源自哲学家以赛亚·柏林（Isaiah Berlin）的一篇文章《刺猬与狐狸》，在这篇文章中，柏林描绘出了两种类型的思想家，狐狸型的思想家认为万物各异，我们不能够以一个统一的标准去进行衡量；而刺猬型的思想家则认为，我们应该以一种一贯的原则去面对这个世界。后来，德沃金（Dworkin）出版了《刺猬的正义》（*Justice for Hedgehogs*）一书，在这本书中，德沃金主要思考的就是价值统一性的问题。菲尼斯同样是一个刺猬型的思想家，他认为不仅存在客观的价值，还存在绝对的行动标准。实际上，几乎所有传统自然法伦理学者都是刺猬型的思想家（除开上面谈到过的乔纳森·克劳，他的理论是否还能够被冠以"自然法"的名称还有待商榷），他们希望以一个普遍的、绝对的道德规范去评价所有的人类行动，而菲尼斯就是这些刺猬型思想家的一个现代的典型。

从哲学的发展脉络来看，在当代的哲学语境和社会语境中，狐狸型的理论家似乎更容易受到青睐，更容易获得人们的同情和认同，而刺猬型的理论家则往往被认为是过时的、停滞不前的"老学究"。现代社会俨然是一个价值多元的社会，而价值多元的社会告诉人们这样一个道理，每个人的善观念都是不同的，不存在一个统一的理论或原则去解释每个人的道德观念，基于此，自由主义者指出，"正当"的理论应该与"善"的理论区分开来，应当在社会合作或商谈的环境中去寻找。我们在前面说到过，菲尼斯的伦理思想呈现出一定程度的自由主义色彩，这体现在菲尼斯破除了传统自然法伦理学的至善主义，坚持人们在善生活上选择的自由优先性，并且菲尼斯的道德理论也和哈贝马斯的这一论点很相近，"说一个行为或观点是道德的，在于这个行为或观点的立足点在于这样一个基础之上——对他人的平等的尊重的意图"①。即便如此，菲尼斯在最为根本的"善"与"正当"的问题上与自由主义者格格不入，菲尼斯认为人们的行动存在绝对的对与错，并且这样的一种绝对的对与错正是建立在"善"的理论上的，菲尼斯在他的众多著作中都多次反对罗尔斯将"善"和"正当"区分开来的做法，根据菲尼斯的理论，虽然人类之善是多元且不可通约的，但是通过诸种"中介原则"仍然可以从"善"理论中引申出"正当"的理论。菲尼斯的道德原则是一项绝对的命令，在任何情形下都不能有意损害基本善的实现，这也是菲尼斯所坚守的"刺猬的正义"。

正如霍尔丹所认为的，"菲尼斯对普遍的人权以及人的尊严的强调是现代自由主义的一种有力的补充及推进"②，菲尼斯在面对多元价值的挑战时，并没有采取一种退缩的态度而将"善"与"正当"或者像哈贝马斯所说的"伦理"与"道德"的领域完全割裂开来，从而将正义视为与"善"无关的，而是积极地寻找弥补两者的办法，这不仅是自然法伦理学所必须面对的当代难题，还是一种对伦理学原理内在的、深入的思考。在前面提到过，虽然菲尼斯在"中介原则"来源上并没有给出细致而精致的论证，然而这种尝试不仅于自然法伦理学内部回应了传统自然法理论的质疑，在传统命题与现代语境中建立起了一座联结之桥，赋予了自然法伦理学以新的生命力，使其不至于湮没于历史的尘封之中；并且从现实的角度来说，菲尼斯的理论为我们在当代价值多元冲突的社会中，寻找解决道德难题的出路提供了有益的启示。具体来说，菲尼斯的"刺猬型"正义理论是较为完备、逻辑上自洽的理论，这样的一个理论需要两个不可或缺的支点，客观的善以及绝对的道德原则。通过核心情形分析法，菲尼斯将诸种表面上纷繁复杂的价值归类为

---

① 参见 Habermas, "On the Pragmatic, the Ethical and the Moral Employment of Practical Reason," in *Justification and Application: Remarks on Discourse Ethics*, trans. by Ciaran P. Cronin, Cambridge MIT Press, 1993, p. 6。

② John Haldane, "Reasoning about Human Good, and the Role of the Public Philosopher," in John Keown, Robert P. George eds., *Reason, Morality and Law—The Philosophy of John Finnis*, Oxford University Press, 2013, p. 54.

了几个确定的方面，这种做法既体现出对不同价值的尊重，又体现了刺猬型的"统一性"精神；而在绝对的道德原则的论证上，菲尼斯的道德理论也不是难以适用的空洞的理论，这一道德理论一方面在内容上被诸种基本善所填充，在适用上，菲尼斯也通过将"绝对性"与"意图"理论的融合，拓宽了道德理论适用的空间。

总的来说，就如前面所谈到的，自然法伦理学作为一种致力于论证"统一性""绝对性"的理论形态，它自身必须能够回应不同时代所提出的挑战，并尝试在这些挑战下生存，这也是自然法伦理学发展的内在要求。实际上，主战场正是狐狸与刺猬的交锋，这个历史甚至可以追溯到古希腊哲学中"一"与"多"的争论。而菲尼斯的理论与其说是从外部反对狐狸型的理论，毋宁说是从内部化解狐狸和刺猬之间的对立。菲尼斯的自然法伦理学之所以能够一经提出便受到广泛关注并被视为当代自然法理论的权威，离不开菲尼斯积极地面对这两者之间的交锋。作为融合式的理论家，菲尼斯不仅赋予了自然法伦理学以新的生命力，使其不至于沦落为哲学教材中的一段"历史"，并且尝试让自然法理论在现代的道德、法律及政治氛围中生存。虽然在一些具体的论证上，菲尼斯的解释尚欠说服力，然而从整体上来说，菲尼斯复兴自然法伦理学所取得的成果是值得认可的。

结　语

　　在当代，我们为什么还需要自然法性质的伦理学？自然法伦理学给国内学术界的印象似乎是一种"过时"的学问，因为它过于形而上学，宗教性质过于浓重，且无法应对现代场景。可从研究上看，国内学术界对自然法伦理学的认知似乎还停留在过去，对自然法伦理学当代形态的研究还远远不够。从某种程度上说，中国的自然法研究仍然处于较为薄弱的阶段。实际上，自然法伦理学代表了伦理学理论最为本始的追求，这样的一种理论致力于证立为什么存在普遍、客观的善，以及为什么有着绝对的正确与错误的行为。纵使传统自然法伦理学存在种种理论上的困难，纵使在现代的哲学圈内谈论"普遍""绝对"这些术语已经不再时兴，然而不可否认的是，自然法理论家一直在勇敢地面对这些困难和质疑，实际上，这也是自然法理论发展的内在要求，作为一种追求普遍性、绝对性的理论，它必须回应不同时代提出的挑战，这一点最为集中地体现在菲尼斯的理论中。毫不夸张地说，如果菲尼斯的导师哈特在法学领域开创了"后哈特时代"，那么菲尼斯无疑在自然法领域开创了"后菲尼斯时代"，是任何研究自然法伦理学的学者都绕不开的重要人物。菲尼斯的理论表明，传统自然法理论中的形而上学及宗教性因素只是一种外在因素，不足以构成对自然法伦理学的毁灭性打击，并且现代哲学立场也有着与自然法理论融通的可能。在前面也谈到过，菲尼斯于国内学术界的受关注度远远无法匹配他在国际学界的知名度，这一方面可能是因为自然法的研究在国内尚处于较为薄弱的阶段，另一方面可能是菲尼斯的语言使用过于晦涩、难懂，这使中译本的《自然法与自然权利》给读者带来了一些阅读及理解上的困难，甚至连法学院的学生在提到菲尼斯时也是"谈虎色变"，这造成了菲尼斯的理论在国内学术界一直没有受到足够的重视。值得高兴的是，近两年来，菲尼斯著作的中译本开始在国内不断出版，其中大多数都是菲尼斯的伦理学著作，并且国内学术会议及论文发表也渐渐地出现了菲尼斯的名字，这表明菲尼斯的理论在国内学术界已经渐渐地开始产生影响。正因如此，笔者希望在这一股新兴的浪潮下，通过此书的撰写推动国内学术界对菲尼斯理论的进一步认识，同时澄清一些自然法伦理学研究中的基本问题。

参考文献

英文文献

Alasdair McIntyre, *Whose Justice? Which Rationality?* Notre Dame University Press, 1988.

Bernard Lonergan, *Insight*, University of Toronto Press, 1957.

Christine M. Korsgaard, *Self-constitution*: *Agency, Identity, and Integrity*, Oxford University Press, 2009.

David Hume, *A Treatise of Human Nature*, The Floating Press, 2009.

David Wiggins, "Truth, Invention and the Meaning of Life," *Hertz Philosophical Lecture*, 1976.

Derek Parfit, *Reasons and Persons*, Oxford University Press, 1984.

Donceel, "Immediate Animation and Delayed Hominization," *Theological Studies*, Vol. 31, 1970.

Engberg-Pederson, *Aristotle's Theory of Moral Insight*, Oxford University Press, 1983.

Ernest Fortin, "The New Rights Theory and the Natural Law," *The Review of Politics*, Vol. 44, 1982.

Garrett Cullity, Berys Gaut eds., *Ethics and Practical Reason*, Oxford University Press, 1997.

G. E. M. Anscome, "Action, Intention and Double Effect," *Proceedings of* the American Catholic Philosophical Association, Vol. 56, 1982.

G. J. Warnock, *Contemporary Moral Philosophy*, London Macmillan Press, 1967.

Habermas, "Reply to Symposium Participants," *Cardozo Law Review*, Vol. 17, 1996.

Hans Kelsen, *General Theory of Law and State*, Harvard University Press, 1945.

Hart, *The Concept of Law*, Oxford University Press, 1961.

Henry B. Veatch, *Rational Man: A Modern Interpretation of Aristotelian Ethics*, Indiana University Press, 1962.

Henry Veatch, Joseph Rautenberg, "Does the Grisez-Finnis-Boyle Moral Philosophy Rest on a Mistake?" *The Review of Metaphysics*, Vol. 44, 1991.

Henry Veatch, "The Natural Law and the Is-Ought Question," *The Catholic Lawyer*, Vol. 26, 1981.

Hugo Grotius, *De Jure Belli ac Pacis*, trans. by Kelsey, Oxford University Press, 1925.

J. L. Mackie, *Hume's Moral Theory*, Routledge Press, 1980.

J. L. Mackie, "Self-refutation—A Formal Analysis," *The Philosophical Quarterly* 14, 1967.

John Finnis, *Aquinas: Moral Political, and Legal Theory*, Oxford University Press, 1998.

John Finnis, *Fundamentals of Ethics*, Georgetown University Press, 1983.

John Finnis, Germain Grisez, "The Basic Principles of Natural Law: A Reply to Ralph Mcinerny," 26 *Am. J. Juris*, 1981.

John Finnis, "Grounding Human Nature in Natural Law," *American Journal of Jurisprudence*, Vol. 60, 2015.

John Finnis, Joseph Boyle, Germain Grisez, *Nuclear Deterrence, Morality and Realit*, Oxford University Press, 1987.

John Finnis, *Moral Absolutes—Tradition*, *Revision*, *and Truth*, The Catholic University of America Press, 1991.

John Finnis, *Natural Law and Natural Rights*, Oxford University Press, 2011.

John Finnis, "Natural Law and the Is - Ought Question: An Invitation to Professor Veatch," 26 *Cath. Law*, 266, 1981.

John Finnis, *Reason in Action*, Collected Essays, Vol. I, Oxford University Press, 2011.

John Finnis, "What is Philosophy of Law," *American Journal of Jurisprudence*, Vol. 59, 2014.

John Keown, Robert P. George eds. , *Reason*, *Morality and Law—The Philosophy of John Finnis*, Oxford University Press, 2013.

John Rawls, *A Theory of Justice*, Oxford University Press, 1972.

John Rawls, *Political Liberalism*, Columbia University Press, 1996.

John Rawls, "The Idea of Public Reason Revisited," *University of Chicago Law Review*, Vol. 64, 1997.

Jonathan Crowe, *Natural Law and the Nature of Law*, Cambridge University Press, 2019.

Joseph Raz, *Practical Reason and Norms*, London Hutchinson Press, 1975.

Judith Thomson, "A Defense of Abortion," *Philosophy and Public Affairs*, Vol. 1, 1971.

Max Rheinstein ed. , *Max Weber on Law in Economy and Society*, Harvard University Press, 1954.

Michael Lockwood ed. , *Moral Dilemmas in Modern Medicine*, Oxford University Press, 1985.

Mortimer J. Adler, *Aristotle for Everybody*, *Difficult Thought Made Easy*, Touchstone Press, 1978.

Norman Kretzmann, Eleonore Stump eds. , *The Cambridge Companion to*

Aquinas，Cambridge University Press，1993.

Quinn，"Actions，Intentions，and Consequences：The Doctrine of Double Effect，" *Philosophy and Public Affairs*，Vol. 18，1989.

Ralph McInerny，"The Principles of Natural Law，" *The American Journal of Jurisprudence*，Vol. 25，1980.

Ralph Wedgwood，"Review：Scanlon on Double Effect，" *Philosophy and Phenomenological Research*，Vol. 183，1987.

Raz ed. ，*Practical Reasoning*，Oxford University Press，1978.

Richard Taylor，*Good and Evil*，Macmillan Press，1970.

Sergio Tenenbaum ed. ，*Desire*，*Practical Reason and the Good*，Oxford University Press，2010.

Thomas Aquinas，*Summa Theologica*，Christian Classics Press，1981.

Thomas Hobbes，*Leviathan*，Touchstone Press，1997.

Thomas Nagel，*The View from Nowhere*，Oxford Clarendon Press，1989.

William E. May，"Review：The Morality of Nuclear Deterrence，" *Review of Politics*，Vol. 50，1988.

Wittgenstein，*On Certainty*，edited by G. E. M. Anscombe，G. E. von Wright，Basil Blackwell Press，1969.

中文文献

〔英〕阿拉斯代尔·麦金泰尔：《现代性冲突中的伦理学：论欲望、实践推理和叙事》，李茂森译，中国人民大学出版社，2021。

〔古希腊〕柏拉图：《理想国》，郭斌和、张竹明译，商务印书馆，1986。

《柏拉图全集》（第1卷），王晓朝译，人民出版社，2017。

北京大学哲学系外国哲学史教研室编译《古希腊罗马哲学》，商务印书馆，1961。

〔美〕博登海默：《法理学：法律哲学与法律方法》，邓正来译，中国政法大学出版社，2017。

戴一飞：《约翰·菲尼斯访谈录》，《法哲学与法社会学论丛》2010年期。

〔法〕笛卡尔：《第一哲学沉思集》，庞景仁译，商务印书馆，1986。

〔美〕富勒：《法律的道德性》，郑戈译，商务印书馆，2005。

〔英〕哈特：《法律的概念》（第2版），许家馨、李冠宜译，法律出版社，2011。

〔德〕海德格尔：《存在与时间》（修订译本），陈嘉映、王庆节译，生活·读书·新知三联书店，1999。

化国宇：《人权概念需要统一根基吗——〈世界人权宣言〉起草过程中的宗教和哲学论争》，《政法论坛》2020年第5期。

〔美〕杰曼·格里塞茨、〔加〕约瑟夫·波义耳、〔英〕约翰·菲尼斯：《实践原则、道德真理与最终目的》，吴彦译，商务印书馆，2019。

〔德〕康德：《道德形而上学的奠基》（注释本），李秋零译注，中国人民大学出版社，2013。

〔德〕拉德布鲁赫：《法学导论》（修订译本），米健译，商务印书馆，2013。

刘清平：《怎样走出事实与价值的迷宫？——析菲尼斯自然法观念的内在悖论》，《贵州社会科学》2021年第2期。

刘清平：《自然法何以不自然？——菲尼斯自然法理论批判》，《南京社会科学》2020年第2期。

陆幸福：《自然法理论的认识论难题——菲尼斯的解决方案及其反思》，《法制与社会发展》2019年第2期。

〔美〕罗伯特·乔治：《约翰·菲尼斯的成就》，童海浩译，《法律与伦理》2019年第2期。

〔美〕罗斯特·诺齐克：《无政府、国家和乌托邦》，姚大志译，中国社会科学出版社，2008。

〔英〕洛克：《政府论》（下篇），瞿菊农、叶启芳译，商务印书馆，1982。

〔英〕洛克：《自然法论文集》，李季璇译，商务印书馆，2014。

〔意〕圣多玛斯·阿奎纳：《阿奎纳著作集·论万事》，吕穆迪译，安徽人民出版社，2013。

〔意〕圣托马斯·阿奎那：《哲学基础》，吕穆迪译，译林出版社，2016。

〔荷〕斯宾诺莎：《伦理学》，贺麟译，商务印书馆，1983。

田夫：《菲尼斯新古典自然法理论的渊源》，《国家检察官学院学报》2013 年第 4 期。

田夫：《菲尼斯自然法理论研究》，方志出版社，2015。

〔美〕托马斯·斯坎伦：《道德之维：可允许性、意义与谴责》，朱慧玲译，中国人民大学出版社，2014。

〔意〕托马斯·阿奎那：《神学大全》（第 4 册），周克勤、高旭东等译，台湾碧云学社出版社，2008。

〔意〕托马斯·阿奎那：《神学大全》（第 6 册），周克勤、高旭东等译，台湾碧云学社出版社，2008。

〔意〕托马斯·阿奎那：《〈政治学〉疏证》，黄涛译，华夏出版社，2013。

万俊人：《维特根斯坦的伦理学演讲》，《哲学译丛》1987 年第 4 期。

吴彦：《法哲学的视界》，商务印书馆，2021。

吴彦：《菲尼斯实践哲学概要》，《苏州大学学报》（法学版）2019 年第 2 期。

吴彦主编《菲尼斯与新自然法理论》，商务印书馆，2020。

吴一裕：《菲尼斯新自然法理论研究——自然法上"善"的追寻》，法律出版社，2009。

〔古希腊〕亚里士多德：《尼各马可伦理学》，廖申白译注，商务印书馆，2017。

〔古希腊〕亚里士多德：《形而上学》，吴寿彭译，商务印书馆，1959。

杨天江：《英语世界自然法理论复兴中的格里塞—菲尼斯学派》，《苏州大学学报》（法学版）2019 年第 2 期。

杨祖陶、邓晓芒编译《康德三大批判精粹》，人民出版社，2001。

〔法〕耶夫·西蒙：《自然法传统——一位哲学家的反思》，杨天江译，商务印书馆，2016。

〔美〕约翰·戈耶特、马克·拉特科维奇、理查德·迈尔斯编《圣托马斯·阿奎那与自然法传统——当代视角》，杨天江译，商务印书馆，2015。

〔美〕约翰·罗尔斯：《正义论》（修订版），何怀宏、何包钢、廖申白译，中国社会科学出版社，2009。

〔美〕约翰·罗尔斯：《政治自由主义》，万俊人译，译林出版社，2000。

〔英〕约翰·菲尼斯：《人权与共同善》，娄曲亢译，中国政法大学出版社，2020。

〔英〕约翰·菲尼斯：《行动中的理性》，刘坤轮译，中国政法大学出版社，2016。

〔英〕约翰·菲尼斯：《意图与身份》，徐航、王志勇、杨茜译，中国政法大学出版社，2018。

〔英〕约翰·菲尼斯：《在自然法中奠基人权》，童海浩译，《法律与伦理》2020年第1期。

〔英〕约翰·菲尼斯：《自然法理论》，吴彦编译，商务印书馆，2016。

〔英〕约翰·菲尼斯：《自然法与自然权利》，董娇娇、杨奕、梁晓晖译，苏苗罕、张卓明统校，中国政法大学出版社，2005。

图书在版编目（CIP）数据

约翰·菲尼斯伦理思想研究／唐东哲著 . --北京：
社会科学文献出版社，2024.12. --（中原智库丛书）.
ISBN 978-7-5228-4787-0

Ⅰ.B82

中国国家版本馆 CIP 数据核字第 20249J0H09 号

中原智库丛书·青年系列

约翰·菲尼斯伦理思想研究

著　　者／唐东哲

出 版 人／冀祥德
组稿编辑／任文武
责任编辑／王玉山　李艳芳
文稿编辑／胡金鑫
责任印制／王京美

出　　版／社会科学文献出版社·生态文明分社（010）59367143
　　　　　　地址：北京市北三环中路甲 29 号院华龙大厦　邮编：100029
　　　　　　网址：www.ssap.com.cn
发　　行／社会科学文献出版社（010）59367028
印　　装／三河市龙林印务有限公司

规　　格／开　本：787mm×1092mm　1/16
　　　　　　印　张：17.25　字　数：266 千字
版　　次／2024 年 12 月第 1 版　2024 年 12 月第 1 次印刷
书　　号／ISBN 978-7-5228-4787-0
定　　价／88.00 元

读者服务电话：4008918866